A TEOLOGIA DO POVO
Raízes teológicas do Papa Francisco

Juan Carlos Scannone

A TEOLOGIA DO POVO

Raízes teológicas do Papa Francisco

Dados Internacionais de Catalogação na Publicação (CIP)
(Câmara Brasileira do Livro, SP, Brasil)

Scannone, Juan Carlos
    A teologia do povo : raízes teológicas do Papa Francisco / Juan
Carlos Scannone ; [tradução Jaime A. Clasen]. – São Paulo : Paulinas,
2019. – (Coleção Francisco)

    Título original: La théologie du peuple : racines théologiques
du pape François
    ISBN 978-85-356-4526-2

    1. Cristianismo - América Latina 2. Francisco, Papa, 1936- -
Contribuição para a teologia da libertação I. Título. II. Série.

19-26560   CDD-230.209

Índice para catálogo sistemático:
1. Francisco, Papa : Teologia do povo : Cristianismo   230.209

Maria Paula C. Riyuzo - Bibliotecária - CRB-8/7639

Título original da obra: La théologie du peuple – Racines theologiques du Pape François
© Éditions Lessius, 2017

1ª edição – 2019

Direção-geral: *Flávia Reginatto*
Editores responsáveis: *Vera Ivanise Bombonatto*
João Décio Passos
Tradução: *Jaime A. Clasen*
Copidesque: *Ana Cecilia Mari*
Coordenação de revisão: *Marina Mendonça*
Revisão: *Sandra Sinzato*
Gerente de produção: *Felício Calegaro Neto*
Projeto gráfico: *Manuel Rebelato Miramontes*
Diagramação: *Jéssica Diniz Souza*
Imagem de capa: *Servizio Fotografico L'Osservatore Romano*

Nenhuma parte desta obra poderá ser reproduzida ou transmitida
por qualquer forma e/ou quaisquer meios (eletrônico ou mecânico,
incluindo fotocópia e gravação) ou arquivada em qualquer sistema
de banco de dados sem permissão escrita da Editora. Direitos reservados.

Paulinas
Rua Dona Inácia Uchoa, 62
04110-020 — São Paulo — SP (Brasil)
Tel.: (11) 2125-3500
http://www.paulinas.com.br
editora@paulinas.com.br
Telemarketing e SAC: 0800-7010081
© Pia Sociedade Filhas de São Paulo — São Paulo, 2019

SUMÁRIO

Siglas e abreviaturas... 7

Prefácio 9

Prólogo.. 13

PRIMEIRA PARTE
Abordagem histórica

Capítulo I. A teologia argentina do povo e da cultura................. 21

Capítulo II. Lucio Gera: teólogo *do* povo e *desde* o povo............. 47

SEGUNDA PARTE
Para uma teologia inculturada

Introdução 65

Capítulo III. "Povo" e "popular" na realidade social, na pastoral
e na reflexão teológica.. 73

Capítulo IV. Sabedoria popular e teologia inculturada.............. 99

Capítulo V. Pertinência da sabedoria popular no *ethos cultural*:
uma alternativa teológica 123

Capítulo VI. Religiosidade popular, sabedoria do povo
e teologia popular 165

TERCEIRA PARTE
Perspectivas teológico-pastorais
do Papa Francisco

Introdução 183

Capítulo VII. A agenda inacabada do Vaticano II,
Gaudium et spes e o Papa Francisco 185

Capítulo VIII. *Evangelii gaudium* e a teologia do povo 209

Capítulo IX. A inculturação do Evangelho
na *Evangelii gaudium* 223

Capítulo X. O sujeito comunitário da espiritualidade
e da mística populares 237

Capítulo XI. Quatro princípios para a construção
de um povo segundo o Papa Francisco 257

Índice onomástico 279

SIGLAS E ABREVIATURAS

AG	*Ad gentes*
CELAM	Conselho Episcopal Latino-americano
CLAR	Confederação Latino-americana de Religiosos
COEPAL	Comissão Episcopal de Pastoral
DAp	*Documento de Aparecida*
DP	*Documento de Puebla*
EG	*Evangelii gaudium*
EN	*Evangelii nuntiandi*
GS	*Gaudium et spes*
HSD	Homilia em Santo Domingo
ICN	*Iglesia y comunidade nacional*
ISD	La Iglesia frente a la situación de dependencia
LC	*Libertatis conscientia*
LN	*Libertatis nuntius*
LS	*Laudato si'*
PD	Povo de Deus
PRP	Pueblo, religión del Pueblo e Iglesia
TP	Teologia do povo
UCA	Universidad Católica Argentina

PREFÁCIO

Se os teólogos latino-americanos da libertação afortunadamente ajudaram a Igreja, depois do Vaticano II, a escutar melhor o clamor dos pobres, a originalidade da "teologia (argentina) do povo" consistiu em indicar que essa escuta deveria tomar os caminhos de uma história cujos protagonistas são os povos e as suas respectivas culturas. No que diz respeito à América Latina, e mais especificamente à Argentina, essa história foi marcada de maneira decisiva por uma evangelização que pede para ser seguida e renovada, a fim de dar todos os seus frutos de justiça e de sentido. A piedade popular, especialmente, se revela aí verdadeira espiritualidade em ato(s), na qual a inspiração evangélica suscita um humanismo cristão de solidariedade e de abertura em cujo interior a política, a ética e a mística tendem a avançar de comum acordo.

Juan Carlos Scannone mostra, com força, que a teologia não poderia ser estranha a essa cultura de um povo pobre e crente, no qual ela é levada a reconhecer uma forma de "sabedoria" especificamente cristã, da qual é preciso aprender a se alimentar para estar à altura de suas responsabilidades. Teologia do povo e da sua cultura evangelizada, ela certamente levará em conta as mediações tanto científica quanto filosóficas exigidas pela inteligência da fé, voltando, porém, sem cessar, para beber nas fontes vivas de um Evangelho atestado pela experiência crente dos pobres, dos pequenos e dos simples. E bem poderia ser que essa prática "inculturada" da teologia, cuja intenção universal nunca se separa de um solo conscientemente particular, representa uma verdadeira "alternativa" com relação a uma teologia demasiado abstratamente acadêmica, voltada sobre suas certezas doutrinais.

A TEOLOGIA DO POVO

O grande interesse dessa iniciação à "teologia do povo" e às suas relações com "a cultura" é, então, que, ao exibir as "raízes teológicas do Papa Francisco", ela indica, ao mesmo tempo, de onde provém, espiritualmente não menos que intelectualmente, o soberano pontífice e como esse enraizamento encontra nele um prolongamento ao mesmo tempo mais singular e mais universal. Com efeito, com o estilo e a convivência que lhe são próprios, esse papa argentino consegue dirigir-se a todas as pessoas e a todos os povos: a "cultura do encontro" que ele pratica coloca o acento no papel do Espírito, em ação na diversidade das culturas que ele convida a entrar na dinâmica de uma universalização compartilhada. A inculturação do Evangelho chama a uma efetuação em modos múltiplos, passa pelos encontros e reconhecimentos interculturais nos quais se atesta precisamente o seu sentido metacultural. É permitido ler um "sinal dos tempos" no "clima espiritual" novo que marca, assim, este pontificado e a maneira como o seu falar verdadeiro chega a atingir um mundo que talvez nunca tenha tido tanta necessidade dele.

Porque esta é, sem dúvida, a ambição última de toda teologia verdadeira: contribuir para fazer ou para deixar ressoar a mensagem evangélica no seu significado universal, traduzindo-a de maneira tão justa quanto possível, em função de um contexto sempre particular de experiência. Saudaremos, portanto, a pertinência de uma reflexão que ilumine o sentido libertador da espiritualidade popular da qual os pobres da América Latina dão testemunho, na esperança de deixar entrar hoje um pouco do "ar fresco do Sul" nos "espaços secularizados do Norte, nos quais Deus 'brilha por sua ausência'".[1] A verdade é que cabe, então, aos sujeitos que se dizem "esclarecidos" da modernidade, escutar essa provocação que vem de alhures – das margens da mundialização – para buscar aí não um modelo a imitar,

---

[1] Tomo estas citações da página 236 do livro de nosso autor, que faz referência a um trabalho de Bernhard Welte sobre a "possibilidade de uma nova experiência religiosa".

mas uma incitação que os ajude, mais ainda por sua mentalidade e seu método do que pelos seus conteúdos, a sair do conforto de suas próprias certezas e inventar de maneira diferente, sempre a partir e no interior de um contexto sociocultural particular, novos caminhos de experiência para uma fé livre e racionalmente exposta aos desafios, a compartilhar com todos, do mundo futuro.

Francis Guibal

PRÓLOGO

Quando foi eleito um papa que veio "do fim do mundo", a simplicidade de sua saudação (*"buona sera!"*), dos seus gestos, das suas palavras e das suas atitudes tocou profundamente, desde o começo, não apenas o "povo fiel de Deus", mas, além desse primeiro círculo, aqueles que o cercam, a começar pelo povo de sua diocese de Roma e pelos inumeráveis peregrinos que do mundo inteiro se dirigem para lá.

Por este motivo, num segundo tempo, muitos começaram a se interrogar sobre o fundo não somente teologal, mas também *teológico*, desse tipo de atitudes pastorais profundamente humanas e evangélicas. O Colegio Mayor de San José (subúrbio de Buenos Aires), onde eu moro e onde Bergoglio viveu por 18 anos como estudante, provincial, reitor e capelão, começou a receber as visitas de numerosos jornalistas, biógrafos, ensaístas e pensadores de diversos países e línguas; eles estavam em busca de informação não apenas sobre a vida e o apostolado do novo pontífice (inclusive sobre histórias a seu respeito), mas também sobre a teologia que suas reflexões, seus ensinamentos, suas decisões e o seu estilo de vida pressupõem. E muitos deles ouviram, então, falar pela primeira vez da *teologia argentina do povo* e da sua relação com as teologias latino-americanas muito mais conhecidas, as da libertação e da opção preferencial pelos pobres.

Eu me lembro de que, antes mesmo do *Osservatore Romano*, uma jornalista de *La Croix* chegou no Colegio Mayor, o que mostrava bem o interesse suscitado pelo novo papa na "filha primogênita da Igreja". Pouco depois, foi o diretor da revista jesuíta francesa *Études* que me pediu informações sobre Bergoglio. Mais tarde ainda, no decorrer do ano durante o qual trabalhava na *Civiltà Cattolica* de Roma, houve outra jornalista francesa, Bernadette Sauvaget, que teve comigo duas entrevistas que ela redigiu depois e publicou com o meu nome, sob o título *Le pape du peuple* (Paris, Cerf, 2015). Lembro tudo isto apenas para mostrar o que esteve na origem da redação deste livro, a saber, a sadia e inteligente curiosidade do povo francês e francófono sobre o novo papa.

Acontece, por outro lado, que, antes mesmo da publicação das entrevistas que acabo de mencionar, um amigo de longa data, Pierre Sauvage, jesuíta belga, diretor-geral da editora Lessius, também entrara em contato comigo a fim de tornar conhecido na Europa o enraizamento teológico do Papa Francisco na teologia do povo, praticamente desconhecida nesse continente. Foi essa louvável intenção que levou, finalmente, à composição deste livro. A sua finalidade é contribuir para uma compreensão mais profunda não somente do pensamento, mas também, e sobretudo, da ação do Papa Francisco, da orientação do seu governo da Igreja, bem como de seu diálogo sincero e aberto com as religiões, os povos e as culturas, com vistas a favorecer, em nossa época de globalização, a paz, a solidariedade e a justiça para com os pobres e os excluídos.

Então, este livro começa, após o prólogo, com uma abordagem histórica (primeira parte): o primeiro capítulo apresenta a teologia do povo em suas origens, suas características e suas etapas, até a sua situação atual, e também em sua relação com as outras correntes da teologia da libertação. Um segundo capítulo é dedicado à figura teológica de seu representante mais importante, Lucio Gera (1924-2012), reconhecido como teólogo não somente *do* povo, mas também *desde* o povo. Toda a segunda parte está dedicada a essa teologia do povo *enquanto* teologia inculturada. Explicito aí, em primeiro lugar, em que sentido se fala de "povo" e de "popular", tanto a propósito do povo de Deus como de povos do mundo (cap. III). Estudo, em seguida (cap. IV), a importância da sabedoria popular para toda a teologia inculturada e para cada uma das figuras que a encarnam em todas as culturas da terra. Tomo como exemplo a importância desse tipo de sabedoria no *ethos* das culturas latino-americanas, o que permite propor uma abordagem suscetível de ser universalmente aplicada às outras paisagens culturais (cap. V). Finalmente, abordo a questão da teologia popular na sua relação com a piedade e a espiritualidade populares e também com a teologia como ciência (cap. VI). A terceira e última parte desenvolve vários aspectos decisivos da teologia e da pastoral do Papa Francisco, mostrando o seu enraizamento na teologia argentina do povo e nas relações entre esta com o magistério social latino-americano; porque tanto essa teologia como também esse magistério constituem uma continuação inculturada, embora de alcance universal, da mudança de paradigma e de método teológicos realizada no Concílio Vaticano II, especialmente na *Gaudium et spes* (cap. VII). A partir daí é, portanto, possível desenvolver a maneira como a teologia do povo se encontra em relação direta com o roteiro do soberano pontífice, ou seja, com a Exortação apostólica *Evangelii gaudium* (cap. VIII). Termino aprofundando, a partir dessa mesma exortação, temas centrais para Bergoglio: a inculturação do Evangelho (cap. IX), a compreensão do sujeito comunitário da espiritualidade e da mística populares (cap. X) e, finalmente, os quatro princípios "bergoglianos" para a construção e a conduta de um povo, seja ele o povo de Deus ou os povos do mundo. Ainda que essa terceira parte justifique o subtítulo do livro, ao coroar e levar ao seu acabamento o que foi exposto nas duas primeiras partes, mostra efetivamente que as raízes teológicas e pastorais de Francisco se encontram na "teologia do povo", embora vá mais longe e as leve a um nível mais universal, porém, numa mesma orientação de ação e de pensamento.

Ao recuperar a minha correspondência com Pierre Sauvage, eu me apercebi de que, para fazer com que ele conhecesse a teologia argentina que marcou e continua a marcar Bergoglio, enviei a ele uma primeira redação – feita para uma publicação chilena – do que compõe agora os primeiros capítulos – introdutório – do livro atual e da sua primeira parte. Tinha, então, também recomendado a leitura de um dos meus livros, *Évangélisation, culture et théologie*, a segunda parte de uma trilogia dedicada à teologia e à filosofia da libertação, assim como elas estão em ação especialmente nas versões argentinas desses dois movimentos. Acontece que justamente a segunda parte do livro atual constitui uma nova redação – publicada dentro de horizontes mais universais – dos quatro capítulos mais importantes dessa obra precedente. Por outro lado, não pude não levar em conta, como pano de fundo, cursos que dei como professor convidado para a cadeira "Teologia intercultural", no quadro profissional (*Fachbereich*) da "teologia católica" da Universidade de Frankfurt, e que foram publicados sob a forma de livro.[1]

Finalmente, o segundo capítulo (da primeira parte) e os capítulos da terceira parte constituem uma reelaboração de artigos redigidos, em sua quase totalidade, para *La Civiltà Cattolica* e outras revistas romanas, e cuja finalidade era tornar conhecidos, a partir do "centro", os pressupostos teológicos e pastorais do Santo Padre vindo da "periferia". A única exceção é o capítulo sete, que foi, primeiro, escrito para celebrar, na Universidade de Georgetown, os 50 anos do Vaticano II e, especialmente, da constituição pastoral *Gaudium et spes*, com a sua influência sobre a mudança de paradigma e de método teológicos na teologia latino-americana e em Bergoglio, primeiro papa a ter sido ordenado sacerdote após o concílio. De sorte que toda esta terceira parte tem como objeto de estudo as perspectivas teológicas e pastorais de Francisco, o seu enraizamento no concílio, no magistério social latino-americano e, sobretudo, na teologia do povo; ao sublinhar evidentemente a criatividade que lhe permite seguir essa orientação elevando-a ao nível de uma problemática renovada e

---

[1] Refiro-me aos meus dois livros: em espanhol, *Evangelización, cultura y teología*, Buenos Aires, Guadalupe, 1990 (2. ed., Buenos Aires, Docencia, 2011, com "Observações preliminares" de Guillermo Rosalino).

original (a sua) e levando-a a ter acesso a um plano mais universal. Para isso, eu me contento em comentar, nos últimos capítulos (VIII a IX), o roteiro de Bergoglio como papa, a saber, a sua Exortação apostólica *Evangelii gaudium* (EG), sem esquecer a sua primeira encíclica inteiramente pessoal, *Laudato si'* (LS). Nesta última, ele cita um dos meus artigos sobre o tema que lhe é muito caro: "a irrupção do pobre" na Igreja, na sociedade e na teologia, um acontecimento compreendido doravante como "experiência de salvação comunitária" (LS 149), que não ocorre apenas na América Latina, mas também, como um sinal dos tempos, de maneira universal, nos povos pobres e nos pobres dos povos.

PRIMEIRA PARTE

ABORDAGEM HISTÓRICA

CAPÍTULO I

A teologia argentina do povo e da cultura

Quando, no festival de Rimini de 2013, o Padre "Pepe" (José) Di Paola, pároco argentino de uma paróquia rural, fez referência à pastoral do Papa Francisco, quando este era arcebispo, nas favelas de Buenos Aires, ele se proclamou, ele e seus companheiros, "filhos da teologia do povo (TP), difundida pelo Padre Gera", e acrescentou: "Na Argentina, há duas pessoas muito importantes com as quais nós nos formamos na TP, Lucio Gera e Rafael Tello", ele mostrava, assim, o laço, pelo menos indireto, dessa teologia com a pastoral popular daquele que era então o cardeal Bergoglio e com seu amor preferencial pelos pobres. Temos duas confirmações desse laço. De um lado, quando Gera morreu, em 2012, Bergoglio mandou sepultá-lo na catedral de Buenos Aires como perito do Concílio Vaticano II e das Conferências do Episcopado Latino-americano em Medellín (1968) e Puebla (1979). Por outro lado, quando um discípulo de Tello, o Padre Enrique Bianchi, publicou, também em 2012, um livro sobre Tello,[1] o próprio Bergoglio apresentou-o ao público. Isso constituiu uma espécie de recuperação, devido ao fato de que Tello tivera dificuldades com um arcebispo anterior, o Cardeal Aramburu.

---

[1] Cf. ENRIQUE C. BIANCHI. *Pobres en este mundo, ricos en la fe: la fe de los pobres en América Latina resgún Rafel Tello*. Buenos Aires: Agape, 2012; Ver também: FRABRICIO FORÇAT. En las nacientes de la pastoral popular. Rafael Tello entre los peritos de la COEPAL. *Stromata* 71 (2015), p. 145-159.

No contexto global da teologia latino-americana da libertação, a teologia argentina do povo tem uma *especificidade* que lhe dá a sua singularidade. Hoje, o seu estudo é particularmente interessante por causa de sua influência sobre a orientação teológica e pastoral do Papa Francisco, bem como sobre o seu "plano de ação", a sua Exortação apostólica *Evangelii gaudium*.[2]

No primeiro capítulo deste livro, referir-me-ei às *origens históricas* dessa teologia no seu *contexto* próprio (A); em seguida, tratarei da maneira como ela compreende a relação entre o *povo* e os *pobres*, porque considero que aí está um de seus *núcleos* de interpretação tanto da Palavra de Deus como da realidade histórica latino-americana e argentina (B); num terceiro momento, exporei as *convergências e as diferenças* com as outras correntes da teologia latino-americana da libertação, assim como elas deram lugar a saudáveis *críticas e enriquecimentos* recíprocos (C); para terminar, direi apenas uma palavra sobre as diferentes *gerações* dessa teologia argentina e sobre o seu *momento atual*.

A. Surgimento e contexto

Embora se possa falar de uma teologia argentina antes do Concílio Vaticano II,[3] não é sobre ela, mas sobre a teologia argentina *pós-conciliar* que concentrarei a minha atenção. Durante o concílio, porém, ocorreram dois fatos importantes: (1) em Roma, por ocasião desse concílio, peritos conciliares provenientes de diversos países latino-americanos tiveram a ocasião de se encontrar e travar conhecimento; entre eles estava Lucio Gera, da Argentina; (2) em 1964,

---

[2] Ver a minha obra: *Le pape du peuple. Bergoglio raconté par son confrère théologien, jésuite et argentin* (entretiens avec Bernadette Sauvaget), Paris, Cerf, 2015.

[3] Cf. JUAN CARLOS MACCARONE. La teologia en Argentina. Segunda mitad del siglo XX. ¿Tradición o ruptura? *Teología* 60 (1992), p. 155-168; o autor estuda essa teologia desde os anos 1930.

houve também um encontro de teólogos – e principalmente dos ditos peritos – na faculdade franciscana de Petrópolis (Brasil), sendo um dos objetivos fazer da problemática da Igreja latino-americana o objeto de uma pesquisa teológica. Entre os pioneiros que participaram desse evento, estavam o peruano Gustavo Gutiérrez, o uruguaio Juan Luis Segundo e o argentino Gera, o qual já mencionamos.[4]

Em 1968, antes de Medellín, Gutiérrez dera uma conferência cujo título – "Para uma teologia da libertação" – deu o seu nome à reflexão teológica que nascia então no clima do concílio e sua aplicação à nossa América.[5] Essa linguagem e essa abordagem foram assumidas tanto na Conferência de Medellín (1968) como nos tempos que se seguiram; esse foi também o caso na Argentina, sobretudo para o próprio Gera – perito nessa conferência – e os teólogos da COEPAL (Comisión Episcopal de Pastoral), bem como pelo Movimento de Sacerdotes para o Terceiro Mundo, que nasceu em resposta ao Manifesto dos Bispos do Terceiro Mundo (15 de agosto de 1967).

A COEPAL tinha sido instituída após o concílio, em 1966, pela Conferência Episcopal de Argentina, a fim de pôr em prática um plano nacional de pastoral no espírito do Vaticano II.[6] Ela era composta por diversos bispos (Marengo, Zaspe e Angelelli), teólogos, especialistas em pastoral, religiosos e religiosas; além de Gera e Tello, todos os dois professores da Faculdade de Teologia de Buenos Aires, e havia aí também os padres diocesanos Justino O'Farrell

---

[4] Cf. ROBERTO OLIVEROS. *Liberación y teología. Génesis y crecimiento de una reflexión. 1960-1977.* Lima: CEP, 1957, p. 52s.

[5] Esta conferência foi publicada mais tarde em Montevidéu; ver *MIEC-JECI* (1969).

[6] Sobre a COEPAL, cf. SEBASTIÁN POLITI. *Teología del pueblo. Una propuesta argentina a la teología latinoamericana (1967-1975)*, Buenos Aires, Castañeda, 1992, cap. 4; MARCELO GONZÁLEZ. *Reflexión teológica en Argentina (1962-2010). Aportes para un mapa de sus relaciones y desafíos hacia el futuro*, cap. 2. Buenos Aires, Docencia, 2010. Sobre os sacerdotes para o Terceiro Mundo, cf. JOSÉ PABLO MARTÍN, *El Movimiento de Sacerdotes para el Tercer Mundo*, Buenos Aires, Guadalupe, 1991.

(anteriormente da Congregação de Don Orione), Guillermo Saénz (do movimento rural da Ação Católica), Gerardo Farrell (especialista em doutrina social da Igreja), Juan Bautista Capellaro (do movimento Mundo Melhor), os jesuítas Fernando Boasso e Alberto Sily (todos os dois do CIAS – Centro de Investigación y Acción Social), o biblista passionista Mateo Perdía, as irmãs Aída López, Laura Renard, Esther Sastre, entre outras. Essa comissão foi precisamente o lugar de nascimento da *teologia argentina do povo*; ela marcou já de maneira sensível a Declaração do Episcopado argentino em San Miguel (1969) – particularmente o documento VI, sobre a pastoral popular – que aplicava Medellín ao país.

Embora a COEPAL cessasse de existir no começo de 1973, vários de seus membros continuaram a se reunir e se renovar como grupo de reflexão teológica, sob o impulso e a direção intelectual de Gera. Este último trabalhou também em Puebla como perito, foi membro da equipe teológica e pastoral do CELAM, teve forte influência teológica e pessoal dentro do movimento já citado dos Sacerdotes para o Terceiro Mundo e, mais tarde, fez parte da Comissão Teológica Internacional. A sua teologia é mais oral do que escrita, ainda que ela comporte importantes escritos e muitas de suas intervenções orais foram oportunamente gravadas e depois postas por escrito.[7]

O contexto político argentino dessa época estava marcado pelo governo militar de Onganía (uma ditadura, porém, não tão cruel como a que se seguiu, de Videla), a proscrição do peronismo desde

---

[7] Encontra-se uma seleção de suas obras editadas por Virginia R. Azcuy, Carlos M. Galli e Marcelo González em: Lucio Gera, *Escritos teológico-pastorales*: *I. Del preconcilio a la Conferencia de Puebla (1956-1981)*; *II. De la Conferencia de Puebla a nuestros días*, Buenos Aires, Ágape, 2006-2007. Pode-se fazer referência também aos meus artigos: Los aportes de Lucio Gera a la teología en perspectiva latino-americana. In: RICARDO FERRARA; CARLOS M. GALLI (dir.). *Presente y futuro de la teología en Argentina. Homenaje a Lucio Gera*. Buenos Aires: Paulinas/Facultad de Teología de la UCA, 1997, p. 121-141, e Lucio Gera, un teólogo "del" Pueblo, *La Civiltà Cattolica* 3934 (21 mar. 2015), p. 539-550.

a sua queda em 1955, a repressão do movimento operário peronista, o surgimento da futura guerrilha, mas também um fenômeno novo, devido provavelmente às circunstâncias que acabamos de indicar: muitos intelectuais, professores e estudantes universitários progressistas apoiavam agora o peronismo – o que não tinha acontecido durante as presidências de Perón – como resistência popular diante dos militares e do movimento de protesto social. Foi então que nasceram, na Universidade de Buenos Aires, as cadeiras ditas "nacionais" de sociologia, com figuras emblemáticas como Justino O'Farrell (já citado), Gonzalo Cárdenas, Alcira Argumedo, José Pablo Feinmann e a filósofa Amelia Podetti, entre outros.

O primeiro dentre eles, Justino O'Farrell, foi de fato a ligação entre as cátedras e a COEPAL, na medida em que fazia parte dos dois grupos e tinha nos dois um papel importante.[8] Foi assim que a *história latino-americana e argentina* (real e escrita) distanciou-se tanto do liberalismo como do marxismo e deu-se a sua conceptualização com categorias como "povo" e "antipovo", "povos" e "impérios", "cultura popular", "religiosidade popular" etc.

No caso de Gera e da COEPAL, tratava-se do *povo de Deus* – categoria bíblica privilegiada pelo concílio para designar a Igreja – e dos *povos*, especialmente o argentino. Para eles, de fato, não se tratava apenas da "emergência do laicato no interior da Igreja, mas também da *inserção da Igreja no percurso histórico dos povos*",[9] enquanto sujeitos de história e de cultura, destinatários e receptores da evangelização, e, também, na medida em que eles são já evangelizados, igualmente portadores de evangelização. Penso que a *teoria da dependência* teve

---

[8] Sobre o "polo" Justino O'Farrell, cf. M. González, *Reflexión teológica en Argentina*, p. 75-83 (com bibliografia); sobre o "polo" Rafael Tello, ibid., p. 83s. Escritos inéditos de Tello estão atualmente em vias de publicação, especialmente *La Nueva Evangelización*. *Escritos teológico-pastorales I*, Buenos Aires, Ágape, 2008; *Pueblo y Cultura*, Buenos Aires, Patria Grande, 2011.

[9] Cf. C. M. GALLI. Epílogo. In: L. GERA. *Escritos teológico-pastorales*, v. I, p. 879.

também a sua influência sobre eles – como sobre o resto da teologia latino-americana da época –, mas que ela não foi compreendida primeiro a partir da realidade econômica, mas a partir da dominação *política* (imperial), incluindo a economia; essas duas dimensões se encontram retomadas na linha evangélica da *libertação integral* do pecado, até em suas consequências *sociais e estruturais*.

B. O povo e a opção pelos pobres

1. O povo-nação e o lugar do pobre

A categoria "povo" é ambígua não por causa da sua pobreza, mas por causa da sua riqueza. Com efeito, por um lado, ela pode designar o povo-*nação* e, por outro lado, as *classes* populares. A reflexão da COEPAL a utiliza, sobretudo, em sua primeira acepção: compreende-a a partir da unidade plural de uma *cultura*, enraizada numa *história* comum e no projeto para um *bem comum* compartilhado. Mas são os *pobres* que, pelo menos *de fato*, na América Latina, são os guardiões da cultura própria de seu povo, enquanto sujeitos *estruturantes de sua maneira de conviver*:[10] são os seus interesses que coincidem com um *projeto histórico de justiça e de paz*. Porque, na América que é a nossa, eles vivem oprimidos por uma situação de injustiça estrutural e de violência institucionalizada.[11]

Sendo assim, *a opção preferencial pelos pobres*, reconhecida em Medellín e explicitada formalmente em Puebla (1979), não se opõe absolutamente à opção dessa conferência para a *evangelização da cultura e das culturas* dos povos; *de fato*, as duas coincidem. E

---

[10] Cf. III CONFERÊNCIA DO EPISCOPADO LATINO-AMERICANO. *Documento de Puebla*. Buenos Aires: Conferência Episcopal Argentina, 1979, n. 414.

[11] Sobre a problemática desse parágrafo, cf. FERNANDO BOASSO, *¿Qué es la pastoral popular?*, Buenos Aires, Patria Grande, 1974. O autor afirma que não exprime apenas o seu pensamento pessoal, mas o da COEPAL.

provavelmente também *de direito*, na medida em que são os pobres – os únicos João Povo,[12] sem os privilégios do poder, do ter ou do saber – que encarnam e manifestam melhor e mais autenticamente o comum de um povo.

Por conseguinte, para a "escola argentina" o povo não é compreendido tanto a partir do território ou da classe social como a partir da cultura como "estilo de vida comum do povo". Eu me lembro de que uma vez perguntei a Boasso por que a COEPAL tinha dado tanta importância ao tema da cultura; ele me respondeu que tomara isso do n. 53 da Constituição pastoral *Gaudium et spes* (GS). Em todo caso, a redação do n. 386 do DP (de que um dos principais responsáveis foi Gera) mostra como esse documento conciliar foi lido numa perspectiva latino-americana e argentina: Puebla insere as palavras "em determinado povo" no interior da citação não textual dos parágrafos 53a e b de GS (que não contém esta fórmula). Embora o sentido conciliar mais humanista de cultura desses dois parágrafos esteja orientado para o que o concílio aborda apenas em seu terceiro parágrafo (GS 53c), a saber, seu "aspecto histórico e social", que chama também de seu "sentido sociológico e etnológico". Por conseguinte, Puebla relê GS 53a e b a partir da ótica de 53c, o que muda o ângulo de abordagem de sua compreensão da cultura. Numa reunião de professores das Faculdades de Filosofia e de Teologia de San Miguel com os da Faculdade de Teologia da Universidad Católica Argentina (UCA), imediatamente após Puebla, perguntei a Gera se os redatores se tinham dado conta dessa mudança de ótica e ele me respondeu que não. Quer dizer que se trata aí de um ato espontâneo e não refletido, devido provavelmente ao novo lugar hermenêutico (a América Latina) a partir do qual o texto era interpretado; os bispos

---

[12] Juan Pueblo é um personagem criado em 1918 e significa: *uma pessoa comum* do povo. Equivale, na prática, ao brasileiro *joão-ninguém*.

tampouco se aperceberam dessa mudança de ponto de vista, pois não houve objeção.

Essa teologia da pastoral popular não minimiza absolutamente os *conflitos* sociais agudos que a América Latina vive, mas, sim, na sua compreensão da ideia de "povo", privilegia *a unidade*. Ela não pensa a *luta de classes* como determinante e não considera a unidade somente como a sua resolução futura ou escatológica, numa *sociedade sem classes*; isso não impede que se conceda o seu lugar histórico ao conflito – inclusive de classe –, concebendo-o a partir de uma unidade *prévia* do povo. De sorte que a injustiça institucional e estrutural é compreendida como uma *traição* para com o seu próprio povo pelo *antipovo*. A partícula "anti" pressupõe a pertença ao povo daquele que o oprime pessoal e estruturalmente. Por isso essa teologia reconhece tanto a "situação de pecado" que o subcontinente latino-americano vive como os inumeráveis "pecados estruturais" que lhe dão a sua configuração; é disso que temos de nos libertar a fim de sermos fiéis à unidade plural do povo na comunidade dos povos.

No entanto, como diz Luis Maldonado, quando se fala de "povo" como nação e como classe, é preciso evitar cair no dilema conceitual e propor mais uma abordagem dialética e sintética, porque aí se trata de "um termo analógico e não totalmente equívoco", embora "se possa dar lugar a numerosos equívocos se não se tomar cuidado".[13]

Em minha opinião, esse uso analógico está fundado sobre o laço semântico, histórico e provavelmente também ontológico que há entre os dois sentidos ou entre as realidades às quais eles se referem respectivamente. Há uma correlação *semântica* porque as duas acepções fazem referência a um sujeito coletivo e visam ao que, nele, é *comunitário* e *comum*. O laço *histórico*, que existe na América Latina, consiste no fato de que os pobres e os simples (dos quais se fala em

---

[13] LUIS MALDONADO. Religiosidade popular. In: CASANIO FLORISTÁN; JUAN JOSÉ TAMAYO. *Conceptos fundamentales de pastoral*. Madrid: Cristiandad, 1983, p. 879.

Evangelii nuntiandi 48) são entre nós os que conservam melhor a memória histórica comum e condensam, assim, melhor a cultura comum, fruto da mestiçagem cultural fundadora e de sua primeira evangelização. Além do mais, as suas aspirações e a sua luta pela justiça, pela libertação, pela comunhão e pela participação estão na linha do projeto histórico-cultural da grande nação latino-americana, projeto influenciado historicamente pelo sentido cristão do homem. Finalmente, o laço *ontológico* provável entre os dois significados baseia-se no fato de que a simplicidade dos simples é concedida ao comunitário e ao comum e, embora ela não esteja *a priori* isenta de alienações, preserva-o mais facilmente da desfiguração que nasce dos privilégios do poder, do ter ou do saber. Além disso, o sofrimento dos pobres tende por si mesmo a abri-los à pobreza de espírito e ao reconhecimento de sua não autossuficiência ou de sua pobreza ontológica.

O *Documento de Puebla* reúne os dois significados na sua unidade porque, por um lado, diz da religiosidade popular que "trata-se da forma ou da existência cultural que a religião adota em um povo determinado" (DP 444) e, por outro, acrescenta que "esta religião do povo é vivida de preferência pelos 'pobres e simples' (EN 48), mas abrange todos os setores sociais e, às vezes, é um dos poucos vínculos que reúne os homens em nossas nações politicamente tão divididas" (DP 447). Na mesma perspectiva, depois de ter falado da cultura latino-americana surgida da mestiçagem cultural (DP 409) e impregnada de fé católica (DP 412 e 413), o documento acrescenta: "é uma cultura que, conservada de um modo mais vivo e articulando toda a existência nos setores pobres, está marcada especialmente pelo coração e suas intenções" e articula toda a existência (DP 414).

Por isso, na América Latina, a opção preferencial pelos pobres inclui uma dimensão de opção pelos valores evangélicos e humanos de sua cultura e de sua religiosidade populares – que são os valores da cultura histórica latino-americana; e a opção pastoral pela evangelização da cultura implica, em seu cerne, a opção preferencial pelos pobres.

2. A religião do povo

O que foi dito até aqui não deixa de ter importância para a consideração da *religiosidade popular*. Por um lado, com efeito, considera-se a *religião* (ou, ao contrário, a atitude negativa com respeito ao religioso), na esteira de Paul Tillich, como o *núcleo* da cultura de um povo e, por outro, dessa vez com Paulo VI, faz-se referência à piedade "dos pobres e dos simples" (EN 48). Também aí, porém, a oposição é apenas aparente, se é verdade que, pelo menos *de fato* na América Latina, e provavelmente também *de direito*, são os pobres e os simples que preservam melhor a cultura comum com os seus valores e símbolos religiosos que tendem por si mesmos a serem compartilhados por todos e que podem ser, em nossos países, o germe, entre os pobres também, de uma conversão aos pobres, a fim de obter a sua libertação e, assim, a de todos. Eis por que a religião do povo, se é evangelizada de maneira autêntica, longe de ser considerada como um ópio, tem um potencial não somente de evangelização, mas também de libertação humana, como a leitura popular da Bíblia mostrou e continua a mostrar de fato.

Pode-se, pois, considerar Puebla como uma *continuação* autêntica de Medellín, embora a opção preferencial pelos pobres, até na sua compreensão estrutural, ficou enriquecida pelo recurso à *história*, pelo projeto de uma evangelização da cultura e pela valorização teológica e pastoral da *piedade popular* (sendo estes dois últimos temas tomados da Exortação pós-sinodal EN, 1975). Parece que se pode provar também que, de seu lado, o Sínodo de 1974 abordara estes dois últimos pontos sob a influência da "teologia argentina do povo"; tanto graças a intervenções de bispos latino-americanos durante esse sínodo como pela mediação daquele que se tornaria o Cardeal Eduardo Pironio. Foi assim que Paulo VI recolheu essas contribuições em sua exortação pós-sinodal e que esta, por sua vez, foi aplicada por Puebla (1979) à nossa América, sendo enriquecida por novas contribuições, entre as quais se pode contar aquela, já citada, de Gera na "Evangelização da cultura", bem como a do chileno de Schönstatt Joaquín Alliende, em sua *Religiosidad popular*.[14]

Uma das novidades mais relevantes, em minha opinião, está na importância que Puebla concede, na linha da teologia argentina, ainda que sem exclusivismo, à categoria de "sabedoria popular", nas duas seções do documento que já foram citadas mais acima (a saber: DP 413 e 448). Nos dois casos, essa sabedoria popular é posta em relação com a religião do povo e com um conhecimento sapiencial que não substitui o conhecimento científico, mas que a situa, a completa e a confirma de maneira existencial. Mais tarde, a linha teológica argentina considerará essa ideia como uma chave para estabelecer uma mediação entre a piedade popular e uma teologia *inculturada* na América Latina.[15]

C. Uma corrente no interior da teologia da libertação?

A seguir, adotarei um estilo mais ligado ao testemunho pessoal, na medida em que se trata de relatar experiências pessoais e eclesiais que fazem parte, em minha opinião, da história da teologia em nosso continente.

Em 1982, distingui quatro correntes dentro da teologia latino-americana da libertação. Entre elas estava a "teologia argentina do povo", um nome que Juan Luis Segundo deu a ela, ao criticá-la, e

---

[14] Joaquín Alliende se refere com elogios ao que ele chama de "escola argentina de pastoral popular" nas Diez tesis sobre pastoral popular. In: *Religiosidad popular*. Salamanca: Sígueme, 1976. p. 119.

[15] Ver o meu livro *Evangelización, cultura y teología*.

A TEOLOGIA DO POVO

31

que Sebastián Politi também adotou, porém tornando-se o seu defensor. Gutiérrez a caracteriza como "uma corrente com características próprias dentro da teologia da libertação", e Roberto Oliveros, ao mesmo tempo que a reconhece como uma versão dessa teologia, chama-a, de maneira mais pejorativa, de "teologia populista".[16] Mais tarde, essa classificação – que não é, evidentemente, a única possível – foi adotada pelo então secretário do CELAM, e que se tornaria o Cardeal Antonio Quarracino, quando ele apresentou, em 1984, a primeira Instrução para a Doutrina da Fé sobre a teologia da libertação (*Libertatis nuntius*); ela foi igualmente aceita por teólogos da libertação como João Batista Libanio, mas também por adversários de sua corrente principal, como Alberto Methol Ferré e o Cardeal Moreira Neves.[17]

Entre os "acentos próprios" mencionados por Gutiérrez, há aqueles que indiquei mais acima e que são de caráter *temático*, por exemplo, a importância reconhecida à cultura e à religião populares. Mas há também outros que são de ordem *metodológica*: a utilização da *análise histórico-cultural*, preferida à análise sociocultural, sem por isso eliminar esta última; o seu emprego, como mediação para conhecer e transformar a realidade, de ciências mais *sintéticas e hermenêuticas*

---

[16] O artigo que escrevi é: La teología de la liberación. Caracterización, corrientes, etapas, *Stromata* 48 (1982), p. 3-40; ele foi redigido para: Karl Neufeld (ed.), *Prolblemi e prospettive di teologia dogmatica*, Brescia, Queriniana, 1983. Faço alusão a Juan Luis Segundo, *Liberación de la teología*, Buenos Aires, Lohlé, 1974, p. 264; ao título de S. Politi, *Teología del Pueblo*, a Gustavo Gutiérrez, *La fuerza histórica de los pobres* (Lima, CEP, 1988, p. 372) e a Roberto Oliveros, *Liberación y teología*.

[17] As minhas referências são as seguintes: Antonio Quarracino, Algunos aspectos de la "teología de la liberación". Líneas doctrinales y pastorales del documento. In: *Osservatore Romano* 819 (set. 1984), p. 567; João Batista Libanio, *Teologia da libertação. Roteiro didático para um estudo*, São Paulo, Loyola, 1987, p. 258s; Alberto Methol Ferré, Da Rio de Janeiro a Puebla: 25 anni di storia, *Incontri*, 4 (1982), p. 4: bem como a exposição oral do Cardeal Lucas Moreira Neves no Seminário do CELAM sobre: A metodologia teológica na América Latina, Bogotá, 28 de outubro a 1o de novembro de 1993.

como a história, a cultura e a religião, que servem para completar ciências mais *analíticas e estruturais*; o enraizamento dessas mediações científicas num conhecimento *sapiencial* e num discernimento *por conaturalidade* afetiva que os confirmem; um afastamento crítico em relação ao *método marxista* de análise social, bem como a *estratégias* de ação e a categorias de compreensão correspondentes a ele.

De minha parte, penso que as contribuições dessa corrente enriqueceram a teologia da libertação em seu conjunto, assim como outras correntes colaboraram para que a teologia argentina não caísse num certo *culturalismo* ou *romantismo* populista, na medida em que ela reconheceu não somente o conflito, mas também o *fato* da luta de classes, sem considerá-la, no entanto, como o "princípio hermenêutico determinante" (LN X-2) para a compreensão da sociedade e da história. Aliás, embora houvesse adversários da teologia da libertação que pretendessem utilizar certas correntes dessas contra outras, penso que, no final das contas, não tiveram êxito, e que se produziu antes uma fecundação mútua entre essas orientações, no respeito pelos diferentes contextos sociais e geoculturais. Nesse sentido se pode reconhecer nas diferentes linhas da teologia da libertação não apenas "teologias *em contexto*", mas também uma *inculturação* latino-americana da teologia.

Bem compreendidas, as Instruções da Congregação para a Doutrina da Fé de 1984 e 1986 ajudaram a prevenir contraposições extremas, aliás, não seguidas pela maioria dos teólogos da libertação. Afinal de contas, o próprio João Paulo II, em sua mensagem de 9 de abril de 1986 aos bispos do Brasil, concedeu uma legitimação eclesial a essa teologia, ao reconhecê-la não somente como "oportuna, mas como útil e necessária" e, portanto, como "uma etapa nova" na reflexão teológica e pastoral da Igreja.[18]

---

[18] Cf. mensagem de João Paulo II aos bispos brasileiros. *Osservatore Romano* 904 (1986), §5. Disponível em: <http://w2.vatican.va/content/john-paul-ii/pt/letters/1986/documents/hf_jp-ii_let_19860409_conf-episcopale-brasile.html>.

O segundo encontro do Escorial (1992) – 20 anos após o primeiro, do qual também participei[19] – foi para mim uma prova tangível dessa fecundação mútua entre a corrente principal da teologia da libertação e a corrente especificamente argentina. Com efeito, esse encontro deu um espaço importante às problemáticas da cultura, do novo imaginário sociocultural, da sabedoria popular etc., por exemplo, através das exposições de Pedro Trigo, Diego Irarrázabal, Antonio González, Víctor Codina, entre outros.[20] A ponto de, após uma dessas intervenções, o editor italiano Rosino Gibellini aproximar-se de mim e perguntar-me se estava satisfeito com essa aproximação global que ele notava com a escola argentina.

Alguns anos mais tarde, em setembro de 1996, os dirigentes do CELAM, em ligação com as autoridades da Congregação para a Doutrina da Fé (e, entre elas, os que eram então o Cardeal Ratzinger e o Arcebispo Bertone), reuniram-se em Schönstatt, na Alemanha, com um grupo relativamente pequeno de teólogos e peritos latino-americanos, a fim de refletir sobre o "futuro da teologia na América Latina". Pedia-se que eles desenvolvessem quatro temas, a saber, a *teologia da libertação*, a *doutrina social da Igreja*, o *comunitarismo* e a *teologia da cultura*.[21] Eu participava também desse encontro e perguntei aos organizadores por que tinham escolhido esses temas. A resposta foi a seguinte: porque consideravam que eram *os mais*

---

[19] Desde essa época, a minha exposição era feita a partir da ótica da teologia do povo: cf. Teología y política. El desafio actual planteado ao linguaje teológico latinoamericano de liberación. In: INSTITUTO FE Y SECULARIDAD. *Fe Cristiana y cambio social en América Latina. Encuentro de El Escorial (1972)*. Salamanca: Sígueme, 1973, p. 247-281. Na mesma obra se pode encontrar o extrato de meu seminário: Necesidad y posibilidades de una teología socioculturalmente latinoamericana. Ibid., p. 353-375.

[20] Cf. JOSÉ COMBLIN; JOSÉ IGNACIO GONZÁLEZ-FAUSS; JON SOBRINO (ed.). *Cambio social y pensamento Cristiano en América Latina*. Madrid: Trotta, 1993.

[21] Ver: LUCIANO MENDES DE ALMEIDA et al. *El futuro de la reflexión teológica en América Latina*. Bogotá: CELAM, 1996. Título da minha exposição: "O comunitarismo como alternativa viável". Ibid., p. 195-241.

importantes (ou *entre* os mais importantes) para a teologia latino-americana do terceiro milênio. O primeiro deles foi confiado ao próprio Gustavo Gutiérrez, e o quarto – em razão dos problemas de saúde de Gera – a seu discípulo Carlos Galli, com a ordem de apresentar a teologia de seu mestre. Então se reconhecia um papel decisivo, para o futuro teológico da América Latina, tanto ao tronco principal da teologia da libertação quanto à corrente argentina. Seja dito de passagem – eu sou testemunha – que, após a brilhante exposição de Gutiérrez, Ratzinger elogiou explicitamente o seu cristocentrismo e o seu sentido da gratuidade.

Nesse mesmo ano, em novembro, a Faculdade de Teologia da Universidade Católica de Louvain, seção de língua neerlandesa, organizou outro encontro em torno da questão de uma eventual *mudança de paradigma* na teologia da libertação, seja na passagem de "um paradigma *socioeconômico* a outro, *cultural*".[22] Pretendia-se, assim, pôr em evidência uma eventual mudança de rumo que teria oposto as diferentes orientações dessa teologia. Aproveitei-me, pois, do meu encontro com Gutiérrez em Schönstatt para perguntar-lhe o que ele pensava disso. Ele me respondeu que o tema da cultura estivera presente desde o começo e que não havia, pois, tido mudança de paradigma, mas apenas de *acento*. E essa foi também a resposta majoritária daqueles que participavam desse encontro de Louvain: a angustiante preocupação social e econômica pela libertação não somente continuava, mas tinha se radicalizado, amplificado e aprofundado, graças à consideração da cultura. Em minha opinião, houve aí uma fecundação recíproca entre as diferentes abordagens, e isso para o maior bem do povo latino-americano e de sua libertação, bem como para o crescimento da teologia em nossa América.

---

[22] Cf. GEORGES DE SCHRIJVER (ed.). *Liberation Theologies on Shifting Grounds. A Clash of Socio-economic and Cultural Paradigms*. Leuven: University Press/Peeters, 1998.

D. Diferentes gerações e a situação da teologia do povo na Argentina hoje

1. Da primeira geração à geração atual

Na apresentação do meu livro *Évangélisation, culture e théologie,* Carlos Galli distinguiu três – e até quatro – gerações na corrente da teologia do povo: ele situa Gera e os outros peritos da COEPAL na primeira, a mim na segunda e a ele, com certo número de colegas seus contemporâneos, na terceira. Mais tarde, Marcelo González situará na segunda geração Gerardo Farrell, não obstante membro e secretário da COEPAL, por razões de idade e de produção teológica, bem como Pablo Sudar e, na terceira, Galli e a ele mesmo.[23] Não se deve tampouco esquecer de que Orlando Yorio pertence também à segunda geração: esse jesuíta se fez notar pela sua leitura dos sinais dos tempos, com o conflito entre subversão e repressão, na história do povo argentino, e ele sofreu na sua própria carne um tempo de "desaparecimento" ou de prisão clandestina, com tortura e exílio. Mais tarde, no clero diocesano, ele se tornou o principal animador teológico e espiritual dos Seminários Populares de Formação Teológica (até a sua morte em 1999).[24]

Além do mais, aqueles que mais tarde publicaram juntos o livro *A mitad del camino. Una generación de teólogas y teólogos argentinos* [Na metade do caminho. Uma geração de teólogos e teólogas

---

[23] Cf. C. M. GALLI. Evangelización, cultura y teología. El aporte de Juan Carlos Scannone a una teología inculturada. *Stromata* 47 (1991), p. 205-216; ver também: M. GONZÁLEZ. *Reflexión teológica en Argentina*, p. 124-144.

[24] Entre as obras de Orlando Yorio, indicamos: El acontecimiento argentino como lugar teológico. *Revista bíblica* 37 (1975), p. 61-92; *Tanteando pactos de amor. Reflexiones en los Seminarios de formación teológica (1989).* Buenos Aires: Nueva Tierra, 1999.

argentinos][25] fazem parte da geração seguinte, embora nem todos sejam representantes da teologia do povo. Entre estes últimos destacam-se Galli e González, já mencionados, bem como Víctor Manuel Fernández (hoje arcebispo e reitor da UCA) – que, ao lado de Galli, desempenhou um papel importante na redação de Aparecida –, Marcelo Trejo, Guillermo Roselino etc. Estes últimos fazem parte do número crescente de teólogos e teólogas do interior do país. Essa geração manifesta, em minha opinião, mais pluralidade e diversidade teológicas do que a da COEPAL, o que está conforme à característica dos tempos novos, na Igreja e no povo da Argentina. Haveria, finalmente, uma quarta geração que seria formada hoje por representantes mais jovens: numerosos deles escreveram ou escrevem teses ou dissertações sobre os que os precederam, continuam a orientação deles de maneira original e, às vezes, regional, especialmente, ainda que não somente, na Faculdade de Teologia da UCA.[26]

Finalmente, para caracterizar a *situação atual* dessa corrente teológica, destacarei apenas algumas de suas últimas colaborações mais significativas, a saber: uma importante contribuição para a sua *eclesiologia* (2); novas reflexões sobre o *povo* e a sua *cultura* (3), bem como sobre a *piedade popular* hoje na Argentina e na América Latina (4).

---

[25] M. GONZÁLEZ; CARLOS SCHICKENDANTZ (dir.). *A midad del camino. Una generación de teólogas y teólogos argentinos*. Córdoba: EDUCC, 2006. Trata-se da autoapresentação de 22 teólogos e teólogas católicos e não católicos.

[26] Entre outros citamos especialmente: ANTONIO M. GRANDE. *Aportes argentinos a la teología pastoral y a la nueva evangelización*. Buenos Aires: Ágape, 2011. Trata-se de uma tese doutoral (da quarta geração), orientada por Galli (terceira geração), sobre Gera, Farrell e Scannone (primeira e segunda gerações).

A TEOLOGIA DO POVO

2. "O povo de Deus nos povos do mundo"

Trata-se do título da tese doutoral de Carlos Galli, uma tese orientada por Gera e publicada somente em parte em 1994.[27] Esse trabalho não apenas sintetiza e sistematiza em sua primeira seção, histórica e positiva, tudo o que a teologia contemporânea (pré-conciliar, conciliar e pós-conciliar) europeia e latino-americana trouxe para esse tema desde os anos 1930 até o final dos anos 1980, mas consegue também, na sua segunda seção, especulativa, propor uma significativa "compreensão sistemática da catolicidade, da encarnação e do intercâmbio entre o povo de Deus (PD) e os povos do mundo". Aí se trata, no julgamento de muitos, de um verdadeiro acontecimento na caminhada de uma *eclesiologia inculturada* que chega à sua autorreflexão teológica, bem como de uma contribuição importante na eclesiologia do povo de Deus em geral, a partir dos pressupostos da teologia argentina do povo.

Para compreender a caminhada da reflexão eclesiológica sistemática de Galli, pode ser útil considerar o plano da segunda seção. Ele começa estudando, de maneira ainda separada, o povo de Deus "e" os povos: ele aborda, antes de tudo, o povo "de" Deus (enquanto *povo* de Deus, povo *de* Deus e povo de *Deus*) e, depois, os povos do mundo. Numa segunda parte, ele aprofunda a relação deles, mas ainda numa direção unilateral, considerando o PD "para" os povos, enquanto PD universal e missionário. Depois, num terceiro tempo, ele coloca de maneira mais profunda a sua *inter*-relação, a partir da prioridade teológica do PD, considerando o PD "nos" povos: a encarnação (em geral) do PD, a sua encarnação "nos" povos, bem como o sujeito histórico "entre" os povos e a união "entre" o PD e

---

[27] Cf. C. GALLI. *El pueblo de Dios en los pueblos del mundo. Catolicidad, encarnación e intercambio en la eclesiología actual.* A tese foi defendida na Faculdade de Teologia da UCA em 1993. Um dos capítulos foi publicado com o título seguinte: La encarnación del pueblo de Dios en la Iglesia y en la eclesiología latinoamericanas. *Sedoi* 125 (1994).

o mundo dos povos. Finalmente, a quarta parte estuda mais diretamente essa inter-relação, concedendo, em seguida, uma atenção especial à segunda relação, a saber, a relação que se estabelece a partir dos povos. Ele considera, então, a PD "a partir" dos povos. Para fazer isso, ele se serve da categoria de intercâmbio: ele considera primeiro o intercâmbio "entre" o PD e os povos para chegar, no final das contas, a uma compreensão englobante, "o povo 'de' Deus como *povo 'de' povos*". É, portanto, a partir de uma releitura inculturada de "Pentecostes – um Espírito e numerosas línguas" – que ele reinterpreta a expressão *laos ex ethnon* e chega a uma nova formulação eclesiológica compreensiva. Como já disse, esta formulação permite descobrir – de acordo com a experiência eclesial latino-americana e argentina, bem como segundo a mente da teologia do povo – a pertença *eclesiológica*, e não puramente histórica, das culturas no "*intercâmbio* maravilhoso" da inculturação. A *catolicidade* do PD dá, assim, lugar a uma nova compreensão enquanto "*encarnação* do PD nos povos".

Esse simples percurso pelo fio condutor da segunda seção não pode evidentemente dar conta da riqueza eclesiológica dessa obra, tanto no plano histórico como especulativo. Mas aqui não é o lugar de fornecer um comentário detalhado dela. Basta indicar que subjacente a ela não está uma pura erudição, mas a compreensão sistemática, a partir da teologia do povo, das diferentes contribuições eclesiológicas da teologia contemporânea do PD, bem como o trabalho especulativo que permite pensar as diversas relações entre o PD e os povos do mundo. Isso se encontra realizado aqui graças ao emprego das categorias centrais de *catolicidade, missão, encarnação e intercâmbio*, refletindo sobre o significado de conjunções e preposições centrais (*e, de, para, em, entre, desde*), utilizando a categoria de *sujeito* (por exemplo, o PD e os povos como *sujeitos* coletivos que comunicam entre si os seus bens), bem como ao recorrer a diferentes esquemas teológicos e filosóficos para pensar, entre outros problemas, as oposições de *contrariedade e relação* (Santo Tomas e Hegel são, nesse ponto, as suas fontes de inspiração) etc. Trata-se, portanto, em minha opinião, de uma das contribuições mais importantes da "escola argentina" para a teologia latino-americana contemporânea e até para a teologia simplesmente.[28]

3. Novas reflexões sobre o povo e a sua cultura

Como toda a teologia da libertação, a corrente argentina emprega o método "ver, julgar, agir" e, para o seu ver crente, utiliza, portanto, a mediação interdisciplinar das ciências humanas e sociais. Também a reflexão teológica sobre o povo e a ação pastoral e social que corresponde a ela não pode ser a mesma que a dos anos 1960-1970, visto que ela deve levar em conta fatos que surgiram tanto na sociedade e na cultura como no plano do mundo globalizado, no que diz respeito à América Latina e à Argentina.

De fato, provavelmente em reação contra o individualismo competitivo do neoliberalismo e a fragmentação social que ele provoca, houve e continua a haver no mundo e no nosso continente *a emergência da sociedade civil,* enquanto distinta tanto do mercado como do Estado.[29] Isso começou provavelmente com a luta pelos direitos da população negra nos Estados Unidos, o sindicato *Solidarnosc* na Polônia, a revolta contra Marcos nas Filipinas, bem como com os movimentos pacifistas, ecológicos, feministas etc. Depois, isso continuou com novas ações sociais na América Latina, como as mães

---

[28] Volto aqui ao que disse em meu artigo: Perspectivas eclesiológicas de la "Teología del pueblo" en Argentina. In: FERNANDO CHICA; SANDRO PANIZZOLO; HARALD WAGNER (ed.). *Ecclesia Tertii Millenii Advenientis.* Omaggio al P. Ángel Antón. Casale Monferrato: Piemme, 1997, p. 686-704, especialmente 701s.

[29] Uma obra clássica sobre esse tema é a de Jean L. Cohen e Andrew Arato, *Civil Society and Political Theory,* Cambridge/Londres, MIT Press, 1992. Sobre a América Latina, remeto ao meu artigo: "El comunitarismo como alternativa viable", p. 194-241 (com bibliografia).

e avós da Plaza de Mayo e outros grupos de classes múltiplas, as marchas silenciosas em Cajamarca, contra o assassinato impune de Maria Soledad Morales, os movimentos dos "sem terra" no Brasil, das etnias na Bolívia, no Equador e no sul do Chile, os voluntários e ONGs de todo tipo. Contra a impunidade, pela justiça, pelos espaços verdes etc., todos esses movimentos, apesar de sua diversidade, tendem a se coordenar em rede: *redes* de saúde, de solidariedade, de fábricas recuperadas pelos trabalhadores etc. Todos lutam e trabalham por interesses que lhes são bem próprios, mas que são também "universalizáveis" – segundo a expressão de Adela Cortina – como a justiça, a vida, o trabalho, o respeito pela criação, a não impunidade etc. Muitas vezes, a pastoral popular *acompanha* essa auto-organização do povo que se torna protagonista de sua história, sobretudo a auto-organização dos pobres e daqueles que tomaram partido por eles, que estão com eles e para eles. Não afirmo que o individualismo e a fragmentação indicados acima estejam superados, e sim que, "lá onde abundou o pecado superabundou a graça", aqui também ocorreu este outro fato positivo que se opõe a eles: verdadeiro *sinal dos tempos* que convida a esperar contra toda esperança.

Uma das formas desse surgimento novo da sociedade civil na América Latina é o *neocomunitarismo*, sobretudo *de base*, em todas as dimensões da existência: religiosa, cultural, econômica, social e até política. Em correspondência com um tecido social renovado, ocorre, no plano do *imaginário coletivo*, uma nova *mestiçagem cultural de imaginários* de que nos falam, por exemplo, Pedro Trigo, para a grande Caracas, ou Jorge Seibold, para a grande Buenos Aires.[30]

---

[30] Cf. PEDRO TRIGO. Imaginario alternativo al imaginario vigente et al revolucionário. *Iter* 3 (1992), p. 61-99; *La cultura del barrio.* Caracas: Centro Gumilla, 2004; *Relaciones humanizadoras. Un imaginario alternativo.* Santiago do Chile: Universidad Alberto Hurtado, 2013. Cf. também: JORGE R. SEIBOLD. Imaginario social, trabajo y educación. Problemática actual en medios populares del Gran Buenos Aires. In: J. C. SCANNONE; GERALDO REMOLINA (coord.). *Ética y economía. Economía*

Assim, na periferia das grandes cidades latino-americanas, estamos em busca de uma nova *síntese vital* entre os valores das culturas populares, principalmente os valores dos *bairros pobres*, e outros valores, próprios da modernidade e da pós-modernidade. Porque, graças aos "novos pobres", quer dizer, a classe média empobrecida e dos universitários, profissionais e agentes pastorais que optaram pelos pobres, outro fenômeno importante ocorreu, a saber, uma *mediação* sociocultural entre a *sabedoria popular* do povo, sobretudo pobre, e as contribuições da *ciência e da tecnologia modernas*. Um exemplo, entre outros, é fornecido sobre esse ponto pela aliança – devido ao serviço de voluntários, sobretudo cristãos – entre catadores de material descartado no sul de Buenos Aires e cientistas da Universidade Tecnológica Nacional, a fim de obter a reciclagem de descartes por esses catadores com a assistência técnica dessa universidade.

Na terceira parte deste trabalho, abordarei de maneira renovada o tema desses movimentos populares, assim como eles ocorrem nos diferentes continentes, e mostrarei a importância que o Papa Francisco dá a eles para o futuro da humanidade.

4. Nova síntese vital na religião do povo

Se é verdade, como disse precedentemente, que fatores novos aparecem na cultura do povo argentino (e dos povos latino-americanos), tanto no imaginário coletivo como no tecido social que corresponde a ele, essa transformação se manifesta de maneira ainda mais evidente na *piedade popular*, sejam quais forem as suas ambiguidades eventuais e a necessidade de um discernimento. Faço referência à religiosidade popular de comunidades eclesiais de base, de círculos bíblicos, de grupos carismáticos de oração, bem como de expressões

---

de mercado, neoliberalismo y ética de la gratuidade. Buenos Aires: Bonum, 1998, p. 369-408; Ciudadanía, transformación educativa e imaginario social urbano. In: J. C. SCANNONE; VICENTE SANTUC (coord.). *Lo político en América Latina. Contribución filosófica a otro modo de hacer política*. Buenos Aires: Bonum, 1999, p. 463-511.

de massas como as peregrinações de jovens a Luján, a pastoral de santuários, como o de San Cayetano – patrono do pão e do trabalho –, em Buenos Aires, ou, nessa mesma cidade, a nova devoção a Nossa Senhora Desatadora dos Nós, incluindo também comunidades não católicas como os pentecostais ou religiões afro-americanas que chegaram à Argentina partindo do Brasil.

A religião popular latino-americana soube *resistir* aos ataques da Ilustração e do secularismo, mas abriu-se à *pluralidade* das expressões e das confissões religiosas. Ademais, vários estudos indicam que coexistem nela, sob modo mais ou menos sintético, os três *imaginários* mencionados anteriormente, a saber: 1) o imaginário *tradicional* do catolicismo popular de raízes ibéricas e indígenas (mais ou menos mestiçadas, com predominância de umas ou de outras), mas também, segundo as zonas e os países, de raízes afro-americanas ou ligadas à imigração, sobretudo italiana e/ou alemã. Alguns chegam a afirmar que os próprios cultos não católicos continuam a se mover no interior da *matriz cultural* do catolicismo popular.[31] 2) O imaginário *moderno*, promovido pelos Estados, pelo mercado e pela escola pública, mas também, em suas formas religiosas, por numerosos agentes pastorais. 3) Enfim, o imaginário *pós-moderno*, que é frequentemente difundido através dos grandes meios de comunicação social e pelo pluralismo religioso.[32]

Vê-se, pois, que, no sentido *tradicional* da transcendência e da proximidade de Deus, da festa e da gratuidade, das devoções aos

---

[31] Para o caso do Brasil, cf. Pedro Rubens, *Discerner la foi dans des contextes religieux ambigus. Enjeux d'une théologie du croire*. Paris: Cerf, 2004, p. 24. Creio que se pode dizer quase o mesmo da religiosidade popular não católica na Grande Buenos Aires.

[32] Cf. J. R. SEIBOLD. Imaginario social, religiosidad popular y transformación educativo. Su problemática en medios populares del Gran Buenos Aires. In: GERARDO FARRELL et al. *Argentina, tiempo de câmbios*. Buenos Aires: San Pablo, 1996, p. 323-388. O que o autor diz da Grande Buenos Aires, pode ser aplicado analogicamente à maioria dos subúrbios das grandes cidades latino-americanas.

santos e aos defuntos, bem como da sensibilidade sapiencial, juntam-se elementos *modernos*: uma maior responsabilidade adulta dos leigos – que, a partir do âmbito religioso, se estende também à realidade histórica e social –, a busca de meditações *eficazes*, a abertura a novas organizações religiosas *livres* do povo, a interpretação popular da Palavra de Deus escrita (e não apenas transmitida oralmente), novos estilos mais *participativos* de exercício da autoridade nas Igrejas etc. A isso se acrescentam outros fatores *pós-modernos*: maior *participação feminista*, refletida, consciente de si e, às vezes, *reivindicativa* nas Igrejas, formas flexíveis de organização em *redes* e não piramidais, a importância concedida à experiência e ao testemunho religioso pessoalmente *sentidos*, a revaloração do *místico*, do *mágico* e do *miraculoso* (as curas), um novo enraizamento em relações *imediatas de grupo* no quadro de uma sociedade friamente funcional. Aparecem, assim também, elementos ambíguos, até negativos, da pós-modernidade, como a porosidade, o ensimesmamento e o sincretismo religioso.[33]

Ultimamente, em Aparecida (2006), a Igreja soube discernir, em parte graças à influência da teologia argentina, elementos de *espiritualidade e de mística populares* na piedade popular latino-americana.[34] Gustavo Gutiérrez, ao evocar a exigência de "beber em seu próprio poço", já tinha mostrado que as virtudes teologais encontravam entre os pobres (sobretudo entre aqueles que Ignacio Ellacuría chamava de "pobres com espírito") um espaço comunitário e

---

[33] Sobre a *síntese vital* de imaginários distintos, pode-se ver o que eu já dizia há mais de uma década no meu artigo: La religión en América Latina del tercer milenio. Hacia una utopia realizable, *Stromata* 51 (1995), p. 75-88. Hoje ainda se encontram os aspectos ambíguos assinalados anteriormente. Cf. o meu trabalho: Situación religiosa actual en América Latina, *CIAS* 55 (206), p. 157-172.

[34] Cf. V CONFERÊNCIA GERAL DO EPISCOPADO LATINO-AMERICANO E DO CARIBE. *Aparecida. Documento final*, disponível na internet, n. 258-265, sobretudo n. 262.

coletivo de vida espiritual; e, mais recentemente, Jorge Seibold retoma essa orientação ao introduzir o termo "mística popular".[35] Levar em conta essa realidade constitui hoje um novo desafio para a teologia e a pastoral latino-americana da religiosidade popular. Penso até que uma releitura latino-americana da *fenomenologia da doação*, do seu *método* e do conceito de "fenômeno saturado" de Jean-Luc Marion, poderia ajudar não somente a aprofundar a compreensão dos fenômenos religiosos indicados e do que têm de vida crente, mas também para fazer surgir com mais força o seu *potencial evangelizador* e, por isso mesmo, *libertador* em todas as dimensões da sociedade e da cultura, dirigindo-nos mais para uma sociedade mais justa, mais humana e mais solidária.[36]

Surge assim, nos meios populares latino-americanos e argentinos, um novo *círculo hermenêutico*: as novas experiências vividas, tanto socioculturais como religiosas, são aclaradas à luz da Palavra de Deus, em vista de uma leitura renovada dos sinais dos tempos na história, especialmente aqueles que foram citados acima do neocomunitarismo, da nova mestiçagem cultural e da espiritualidade popular; enquanto, numa segunda fase do mesmo círculo, essas experiências particulares suscitam uma releitura renovada da Palavra e da fé da Igreja, na medida em que elas "permitem pôr em evidência aspectos da Palavra de Deus, cuja riqueza total ainda não tinha sido

---

[35] G. GUTIÉRREZ. *Beber en su propio pozo. En el itinerario espiritual de un pueblo.* Lima: CEP, 1983 [há tradução brasileira pela Editora Vozes e Editora Loyola]; J. R. SEIBOLD. *La mística popular.* México: Buona Prensa, 2006.

[36] Cf. o meu trabalho: La trascendencia como intrínsecamente constitutiva de ética y política, *Budhi* 13 (2009), p. 325-334. Sobre os fenômenos saturados, cf. Jean-Luc Marion, *Étant donné. Essai d'une phénoménologie de la donation*, Paris, PUF, 1997; *De surcroît. Études sur les phénomènes saturés*, Paris, PUF, 2001. Ver também: J. C. Scannone; Roberto Walton; Juan Pablo Esperón (ed.), *Trascendencia y sobreabundancia. Fenomenología de la religión y filosofía primera*, Buenos Aires, Biblos, 2015.

plenamente percebida".[37] Mas, "para que tal reflexão seja verdadeiramente uma leitura da Escritura e não uma projeção sobre a Palavra de Deus de um sentido que ela não contém... é preciso estar atento para interpretar a experiência, da qual se parte, à luz da tradição e da experiência da própria Igreja" (ibid.). Segundo o biblista argentino Horacio Simián-Yofre, chega-se a essa correspondência semântica quando há analogia de *atitudes pragmáticas* entre o próprio texto e seus intérpretes numa novidade de situação e de experiência.[38]

E. À guisa de breve conclusão

É, portanto, possível afirmar que a teologia argentina do povo, "corrente que tem acentos próprios no interior da teologia da libertação" (G. Gutiérrez), contribuiu, a partir da sua perspectiva inculturada e em contexto, para a breve, mas já rica, tradição teológica latino-americana. Pode-se esperar que, com a renovação das suas gerações, ela continuará a dar a ela maturação e crescimento, para o bem de nossos povos, especialmente os pobres e os excluídos, e para a vinda do Reino de Deus entre nós. Hoje, em todo caso, a sua influência é universal, pois de fato ela constitui uma das raízes teológicas da pastoral e do estilo de governo do Papa Francisco.[39]

---

[37] CONGREGAÇÃO PARA A DOUTRINA DA FÉ. Instrução *Libertatis conscientia* (1986), n. 70.

[38] Cf. HORACIO SIMIÁN-YOFRE. Epistemología y hermenéutica de liberación. *Actas del IV Simposio Español y I Simposio Bíblico Hispano-americano*. Grenade, 1992.

[39] Ver os meus artigos: Papa Francesco e la teologia del popolo, *La Civiltà Cattolica* 3930 (15 mar. 2014), p. 571-590, sobretudo p. 579-590; El papa Francisco: ¿teólogo del pueblo? *Criterio* 2414 (maio 2015), p. 44-47.

CAPÍTULO II

Lucio Gera: teólogo *do* povo e *desde* o povo

Depois de ter feito uma apresentação geral da "teologia do povo" no primeiro capítulo, neste que se segue esboçarei alguns traços decisivos da teologia de seu principal representante, Lucio Gera. Ainda há pouco tempo, Gera era pouco conhecido fora da Argentina e praticamente desconhecido fora da América Latina, embora certos trabalhos seus tivessem sido traduzidos para o italiano. O prefácio, não assinado, dessa tradução devida a Enzo Bianchi, apresenta o autor com as seguintes palavras: "O teólogo latino-americano Lucio Gera, filho de venezianos emigrados, é conhecido na Argentina como um dos representantes mais eminentes da 'teologia do povo', dita igualmente 'desde o povo'".[1]

Aí está exatamente a razão do interesse atual pela sua pessoa e sua teologia, a saber, de fato, numerosas perspectivas teológico-pastorais do Papa Francisco e, principalmente, de sua Exortação apostólica *Evangelii gaudium* (EG) não se compreendem, em seu fundamento, sem o contexto da teologia do povo e da cultura[2] e, por conseguinte, sem uma referência mais ou menos direta a Gera.

---

[1] Cf. L. GERA. *Religiosità popolare, dependenza, liberazione*. Bologne: Centro Ed. Dehoniano, 1978, p. 5.

[2] Alguns preferem chamá-la de "teologia da cultura", porque ela considera o povo como sujeito criador de cultura.

Neste capítulo, não pretendo dar uma síntese de toda a sua teologia, mas apresentar apenas dois pontos centrais, os quais a referida tradução italiana já levava em conta no final dos anos 1970, em razão de sua importância especial; sem me limitar a eles, partirei especialmente desses dois textos traduzidos. Na primeira parte, eu me concentrarei no primeiro deles, porque ele me parece apresentar um núcleo totalmente fundamental do pensamento desse teólogo, a saber, a sua concepção do "povo", a sua relação com o povo de Deus, bem como a sua valorização teológica da religião do povo, sobretudo na América Latina. A segunda parte se dedicará a outro ponto eclesiológico central: a relação entre evangelização e libertação na missão da Igreja, com a sua ligação íntima com a opção preferencial pelos pobres.[3] Por parcial que seja, parece-me que essa exposição permitirá não somente tocar em pontos de vistas centrais da teologia de Gera, mas também mostrar muitos dos pressupostos teológicos e pastorais do Papa Francisco.

A. Os povos da terra, o povo de Deus e a piedade popular

Os anos situados entre a Conferência de Medellín e a Conferência de Puebla foram, na América Latina, muito ricos em criatividade e em controvérsias teológicas. Aliás, a Exortação sinodal *Evangelii*

---

[3] Os dois textos de L. Gera são: Pueblo, religión del Pueblo e Iglesia (PRP). In: CELAM. *Iglesia y religiosidad popular en América Latina. Ponencias y documento final.* Secretariado geral do CELAM (Bogotá, 1977, p. 258-283), e La Iglesia frente a la situación de dependencia (ISD). In: L. GERA; ALDO BÜNTIG; OSVALDO CATENA. *Teología, pastoral y dependencia.* Buenos Aires: Guadalupe, 1974, p. 9-64. Na segunda parte, levarei também, especialmente, em conta: Evangelización y promoción humana. In: C. M. GALLI; LUIS SCHERZ (coord.). *América Latina y la doctrina social de la Iglesia II: Identidad cultural y modernización en América Latina.* Buenos Aires: Paulinas, 1992, p. 23-90. Estes três trabalhos foram republicados em L. Gera, *Escritos teológico-pastorales,* v. I (p. 715-745 e 661-717) e v. II, p. 297-364.

nuntiandi (EN) tinha introduzido no magistério universal um tema novo, o da religiosidade popular, de modo que o Conselho Episcopal Latino-Americano (CELAM) pediu, então, a Joaquín Alliende, teólogo pastoral do Chile, a organização de um encontro sobre esse tema. Nesse contexto, Gera apresentou a contribuição da qual falarei; ela marca, em minha opinião, uma etapa importante não somente na exposição pública do seu pensamento, mas também no pensamento da teologia do povo.

A introdução parte de abordagens muito caras a Gera: por um lado, a capacidade do pastor de descobrir no aqui e agora a exigência de *novas* respostas do povo diante de novos desafios, num momento preciso de sua história; e, por outro lado, a valorização de outro conhecimento, mais existencial, pela via da identificação afetiva, pela "conaturalidade afetiva que o amor dá",[4] uma via complementar com relação às que as ciências humanas realizam.

1. Povo: em que sentido?

Evidentemente, aqui se trata de um sujeito coletivo, de uma comunidade, ou seja, de uma pluralidade unificada por um elemento comum que a determina e lhe dá forma. Segundo a maneira como se concebe esse elemento comum, falar-se-á de um povo nação ou de setores, ditos populares dessa nação.

---

[4] Cf. PAPA FRANCISCO. *Evangelii gaudium* n. 125 e 119. Em Gera, como para o papa, é evidente a ligação com o "conhecimento por conaturalidade", desenvolvido por Santo Tomás, a propósito do dom da sabedoria. Estendo essa relação não somente à teologia dos *sentidos espirituais* em Orígenes, Bernardo de Claraval, Boaventura, Inácio de Loyola, Karl Rahner, Hans Urs von Balthasar, mas também à "inteligência sensitiva" do filósofo espanhol Xavier Zubiri, *Inteligencia sentiente: I. Inteligencia y realidad*. Madrid: Alianza, 1980.

a) O povo nação

Esse primeiro conceito de povo é o que Gera prefere. Ele não o aborda a partir do território ou da raça, mas enquanto unificado por uma mesma cultura ou por um estilo de vida comum que se concretiza, ademais, numa vontade determinada e numa decisão política de se unir, de se autodeterminar e de se auto-organizar para realizar um bem comum. O povo nasce, então, de uma cultura comum e de condicionamentos históricos que dão a uma comunidade a possibilidade de solidariedade política. No que me diz respeito, acrescento que pode haver, no mesmo povo, compreensões concretas diferentes e até opostas do bem comum, mas que o que prevalece é o "querer e o agir" com vistas a realizar esse bem comum.[5]

Gera põe a sua compreensão da cultura em relação com um *ethos* cultural, ou seja, com a maneira como um povo organiza a sua consciência coletiva, em referência principalmente à sua escala de valores. Lembremos que Ricoeur, a propósito de culturas nacionais,[6] afirma que há nelas um núcleo ético-mítico, ético porque implica valores, mítico porque se exprime sobretudo de forma simbólica.

A questão que se coloca em seguida é saber se a América Latina tem uma ou várias culturas. Gera toma uma posição intermédia: reconhece a cultura mestiça como tendencialmente unificadora e dominante, mas em oposição, contraditória, desde os Burbons, com uma cultura esclarecida, de orientação secularista. Galli, discípulo de Gera, prefere, por sua vez, falar de uma "unidade plural"[7] analógica entre as diferentes culturas latino-americanas.

---

[5] Eu acho que, sob a concepção de Gera, está a de Suárez, reinterpretada ao dar uma importância especial à cultura. Sobre o filósofo de Granada, ver o meu artigo: Lo social y lo político según Francisco Suárez. Hacia una relectura latinoamericana actual de la filosofía política de Suárez, *Stromata* 54 (1998), p. 85-118.

[6] Cf. PAUL RICŒUR. Civilisation universelle et cultures nationales. In: *Histoire et vérité*. Paris: Seuil, 1955, p. 286-300.

[7] Cf. C. M. GALLI. Introdução ao tomo II. In: C. M. GALLI; L. SCHERZ (coord.). *América Latina y la doctrina social de la Iglesia*, p. 12.

b) Os setores populares

Há outra compreensão do povo, próxima da categoria de *classe* social, que designa principalmente, até exclusivamente, a parte pobre e laboriosa do povo-nação, ao opô-la aos setores não populares ou antipopulares. Gera acha esse sentido exclusivo demasiado rígido e não histórico, porque constata que, na história e na realidade atual das nações, há toda uma série gradual de nuanças na pertença ao povo ou ao antipovo. Faz-se parte deste último *na medida histórica* em que se oprimem os outros, em que são excluídos do bem comum e em que se rejeita a cultura comum. Por isso, embora as elites sejam frequentemente antipopulares, não o são necessariamente, porque isso depende, em cada caso, de seu lugar social, ético e histórico (pessoal e estrutural). Isso não impede que grupos determinados *tendam* objetivamente a pertencer ao povo: assim acontece com os pobres, porque a sua falta de poder e de riqueza lhes dá mais facilmente a consciência de precisar dos outros e, portanto, de solidariedade. Se bem que o pertencimento ao "povo" seja uma realidade ética e histórica que exige atitudes morais, uma escala de valores e estruturas que lhes correspondam.

2. A Igreja e os povos

a) Evangelização das culturas

Numa nova etapa, Gera explica que a pastoral da Igreja não se dirige apenas aos indivíduos, mas também aos povos como tais: trata-se de evangelizar as suas culturas, como EN 20 convida, mas, à imagem de Cristo, levando em conta de maneira preferencial os pobres, que são habitualmente os mais abandonados. De sorte que, ao se referir aos povos e às suas culturas, essa pastoral considera todas as dimensões, inclusive estruturais, de seus estilos de vida, nas quais se trata de encarnar o Evangelho, quer dizer, tanto as dimensões religiosa, cultural, no sentido estrito, como a dimensáo social, política, econômica etc.

De seu lado, a hierarquia da Igreja póe a serviço do povo de Deus, encarnado nos povos e nas suas culturas, um discernimento da autenticidade de sua fé e de seu "senso da fé" inculturada; ela lê também os sinais dos tempos nos seus impulsos e aspiraçóes, o que implica que a pastoral náo esteja somente voltada *para* o povo, mas que ela parta também *do* povo, como já pedia o documento do episcopado argentino sobre a pastoral popular (San Miguel, 1969, em aplicaçáo de Medellín à Argentina), para cuja redaçáo Gera tivera um papel eminente.

b) A religião do povo

Chamamos de "religião" a nossa relação de comunháo com o sagrado, com o divino, com Deus. Em si mesma, essa relação é acompanhada de representaçóes simbólicas e narrativas, bem como de atitudes de respeito e de atração diante do Mistério sagrado que Rudolf Otto descreve como *"tremendum et fascinans"*. A elas corresponde um sistema de mediaçóes exteriores como ritos cultuais, palavras (livros, dogmas, fórmulas, oraçóes...) e formas éticas de conduta (costumes, leis...). Quer dizer que a interioridade existencial do religioso se objetiva, se comunica e se institucionaliza em comunidades religiosas.

Para Gera, como para Tillich, o fundamento de toda cultura se encontra na religião (ou na irreligião), porque esta está em relação com o *sentido último* da vida e da convivência que impregna os sentidos não últimos. Por isso, ela está em ligação com a experiência humana do *limite* (morte, pecado, fracasso, contingência ontológica) vivido *como* limite e até *além do* limite.

Por outro lado, o nosso autor recusa tanto a interpretação secularista da religião, que a considera alienante porque negaria a autonomia da razão e da liberdade humanas, como a sua compreensão sacralizante, que nega essa autonomia legítima e tende a sacralizar, quer dizer absolutizar e solidificar, as mediações.

No que se refere à religiosidade latino-americana, Gera a caracteriza de maneira tipológica segundo dois critérios relativos às representações do divino e às atitudes correspondentes. O primeiro põe o acento sobre o poder de Deus e se exprime de preferência na oração de pedido e no culto; o segundo considera Cristo como modelo e mestre de sabedoria, sua resposta é uma ética de caminhada em seu seguimento.

A fé que se encarna num povo incultura-se, por isso mesmo, na sua religiosidade, até chegar ao núcleo propriamente ético, simbólico e religioso, de sua cultura. Segundo Gera, isso ocorreu historicamente na cultura latino-americana considerada na sua forma mais característica. Poder-se-ia dizer que esta é o análogo principal no interior da unidade plural (analógica) destacada por Galli. Nela não há apenas sementes, mas também *frutos* do Verbo de Deus, devidos à semente da primeira evangelização e às suas luzes, não obstante suas sombras. De onde, por um lado, a importância que nela toma a mediação poética e artística, enquanto, por outro lado, sua oposição é radical ao secularismo e à rejeição da simbolização.

No final desse percurso, nosso teólogo desenvolve cinco critérios de discernimento da fé cristã na religião de um povo: 1) as relações pessoais com Deus, com Cristo e com a Virgem; 2) a consciência de um pertencimento; 3) o sentimento de fraternidade e de solidariedade com os outros; 4) a relação com os defuntos; 5) a relação com o culto e os sacramentos, a começar pelo Batismo. Como já foi indicado, para Gera, na América Latina, a religião do povo, na sua forma principal, é um catolicismo popular (cf. DP, 444).

B. Evangelização, dependência, libertação

1. Ser cristão em situação de dependência e de libertação

O texto que comentei na primeira parte (PRP) convida a pastoral da Igreja a partir do próprio povo e da sua situação diante de Deus, segundo uma leitura crente dos sinais dos tempos. ISD faz, então, a sua interrogação sobre a situação do povo latino-americano na atualidade e julga que ela é caracterizada pela tomada de consciência da dependência e do desejo correlativo de libertação, o que provoca uma crise de toda a pastoral anterior.[8] Ele segue Medellín ao fazer a pergunta: "O que significa ser cristão hoje na América Latina?", pergunta que faz tanto aos leigos como aos pastores. Por um lado, com efeito, a situação de dependência-libertação é chamada a mudar *historicamente* a maneira de viver a fé e de praticar a pastoral na América Latina hoje, mas, por outro lado, se essa realidade é vivida *na fé e desde a fé*, a resposta, tanto prática como pastoral, adquire uma especificidade cristã. Em minha opinião, para Gera, assim como para o Papa Bergoglio hoje, o importante não é apenas discernir o aqui e o agora a partir do Evangelho, mas discernir também o *caráter evangélico* da opção que se toma a partir daí.

Para mostrar o que há da experiência da dependência, nosso autor não recorre apenas às ciências humanas, mas, como fazia já em PRP, serve-se do ato carismático e sapiencial do conhecimento "por conaturalidade" do político e do profético e, mediante esses dois métodos, interpreta os sintomas que afetam a maioria do povo

---

[8] Do mesmo Gera, temos um trabalho complementar quase contemporâneo de ISD: Cultura y dependência a la luz de la reflexión teológica, *Stromata* 30 (1974), p. 169-224. Trata-se de uma exposição dada no ano anterior nas Jornadas Acadêmicas das Faculdades de Filosofia e de Teologia de San Miguel sobre "Dependência cultural e criação de cultura na América Latina".

latino-americano, seja a pobreza, a mortalidade infantil, os baixos salários, a perda dos direitos civis, o subdesenvolvimento, o isolamento numa situação conflitiva dominada pelo imperialismo.

Ao mesmo tempo, no entanto, ele constata que já está em ação a memória de acontecimentos libertadores que ocorreram nessa história, bem como a imaginação criadora na esperança de projetos de futuro, realmente possíveis, de paz e de justiça. Finalmente, ele se pergunta se e até que ponto a Igreja pode contribuir *objetivamente*, a partir do Evangelho, para o processo da libertação latino-americana. Segue-se imediatamente toda uma série de interrogações entre as quais se destacam aquelas que se referem à relação entre o sagrado e o secular, sobretudo quando este último é tomado na sua dimensão política.

O segundo capítulo de ISD, seguindo nisso Vaticano II, Medellín e Puebla, rejeita os dois extremos da secularização e da sacralização, porque não se trata de *reduzir* a evangelização à libertação humana ou inversamente, mas também da insuficiência de um simples "também" que se contente em as *justapor*; o que importa é a missão *una* da Igreja, a saber, uma evangelização que inclua *objetivamente* a libertação. Para Gera, a imbricação mútua da fé e do processo histórico (no caso da libertação latino-americana) encontra o seu fundamento trinitário na paternidade de um Deus único Criador e Salvador de todos, na recapitulação de tudo em e para Cristo, bem como na unificação de todo homem e de todos os homens pela operação da graça do Espírito Santo.

O artigo termina criticando a oposição entre Palavra (de Deus) e sacramento e recusando, por conseguinte, tanto uma teologia radical da secularização como uma mentalidade sacralizante, para propor, ao contrário, uma evangelização libertadora que articule os dois (Palavra e sacramento) sem os separar. Nesse ponto também, Gera põe em relação, sem opô-las, as dimensões (divina e humana) da encarnação e, por conseguinte, da missão da Igreja.

2. Evangelização e libertação

a) De Medellín a Puebla: a importância de *Evangelii nuntiandi*

Mais tarde, depois de Puebla, Gera retoma, de forma mais profunda e com mais maturidade, o mesmo tema eclesiológico da missão una da Igreja. Escolhi expor esse ponto na medida em que ele completa o tema precedente e porque, em minha opinião, trata-se de um dos escritos mais lúcidos de nosso autor, que pode ajudar a compreender as raízes teológicas da pastoral do Papa Francisco.

Gera escreveu (não fez exposição oral) este trabalho importante – "Evangelização e promoção humana" – para o segundo volume de uma série que Peter Hünermann e eu, com a preciosa colaboração de Margit Eckholt, reunimos sob o título: *América Latina y la doctrina social de la Iglesia. Diálogo latinoamericano-alemán* (Buenos Aires: Paulinas, 1992-1993). Era na época da preparação da Conferência de Santo Domingo (1992), quando João Paulo II, retomando um tema surgido na América Latina, falava já de *nova* evangelização.

Gera observa que em Medellín, e depois, o tema da evangelização estava adquirindo uma importância sempre maior como tema pastoral *fundamental* (acrescento que isso vale ainda mais hoje, com o Papa Francisco): o seu conceito e seus conteúdos foram amplificando-se, incluíram *de maneira constitutiva* a promoção e a libertação humanas, tendo como resultado correlativo uma *abordagem específica* delas a partir do Evangelho. São ideias que Gera já tivera, como indiquei na primeira parte deste capítulo, mas ele constata, então, que o magistério está assumindo-as de maneira explícita. Creio, por outro lado, que isso não se fez sem a intervenção da teologia latino-americana, com a contribuição silenciosa e modesta de Gera, sobretudo no que diz respeito à abordagem especificamente cristã.

O seu estudo trata desses dois pontos, primeiro em Medellín (1968), depois em Puebla (1979), finalmente em João Paulo II a caminho de Santo Domingo (1992). Mostra que, em Medellín, há textos que empregam ainda o termo "evangelização" *num sentido restrito* ao primeiro anúncio ou aos casos de batizados com deficiência em catequese, mas que outros textos, porém, visam já a uma *unidade dinâmica* entre evangelização e promoção humana, justiça e libertação.

Nesse caminho, uma etapa importante é marcada pelo sínodo de 1971 sobre a justiça no mundo: aí se afirma que essa luta pela justiça é uma *dimensão constitutiva* da proclamação do Evangelho. O Sínodo de 1974 sobre a evangelização interpreta igualmente a luta pela justiça como parte *integrante* da evangelização e desemboca finalmente na obra mestra, que é sobre esse tema, a Exortação pós-sinodal EN. Para Gera, a intervenção sinodal de Pironio ajudou a acentuar o caráter cristão da libertação mesmo simplesmente humana; eu me permito dizer que, por trás de Pironio, não é difícil descobrir o seu amigo Gera.

A Conferência de Puebla dá um passo à frente ao recolher, a partir de EN (que dará mais frutos ainda em EG), esse conceito global de evangelização. Ela reconhece mais *explicitamente* a qualidade evangélica e eclesial de suas opções pastorais, antes de tudo de sua opção preferencial pelos pobres e sua libertação. Para Gera, uma das razões históricas que contribuíram para isso foi o fato da religiosidade popular católica latino-americana: esta, que deve, sem dúvida, sempre continuar a ser evangelizada, é também evangelizadora, de sorte que o povo se evangeliza a si mesmo, num contexto novo de pluralismo religioso crescente. Outra razão desse acento é a importância reconhecida à cultura, inclusive à evangelização da cultura moderna e à sua dinâmica legítima de secularização a fim de que ela não se pervertesse em secularismo.[9]

O estudo de Gera se dedica à evolução que ocorreu na busca de uma linguagem adequada, que evite a separação ou a simples justaposição entre a evangelização e a promoção (libertação, desenvolvimento, luta pela justiça) como o reducionismo a um desses termos. Primeiro se recorreu a uma linguagem de integração, que utiliza os termos "integral", "plena", "completa", ou a uma linguagem de hierarquização, como ao falar de "libertação subordinada à evangelização". Gera, por sua vez, prefere fórmulas dinâmicas e em tensão, como "evangelização libertadora", que responde a uma abordagem teleologicamente mais adequada. Com efeito, a dimensão teologal da fé, da esperança e da caridade exige e busca uma realização correlativa na dimensão secular da história: ela comunica à ação transformadora desta última a sua própria especificidade que, por sua vez, respeita e leva à sua plenitude a autonomia da dimensão humana.

Daí vem, segundo o nosso teólogo, que as Conferências de Medellín e de Puebla, a partir de óticas diferentes, coincidem nesse ponto. Com efeito, enquanto para a primeira o critério de uma fé adulta e madura é o seu engajamento pela libertação, para a segunda, é a fé que fornece o critério para discernir o sentido da libertação inspirada e realizada evangelicamente.

b) Rumo a Santo Domingo: João Paulo II e a nova evangelização

Gera não tem a intenção de expor todo o magistério de São João Paulo II sobre a relação entre evangelização e libertação. Ele pretende simplesmente se centrar em três de suas intervenções a propósito da *nova* evangelização, todas as três relativas sobretudo à América

---

[9] Lembro que o papel de Gera foi eminente na preparação de Puebla, bem como, durante a conferência, na redação de seu texto sobre a evangelização da cultura.

Latina, a saber (na ordem em que elas são tratadas): 1) "Homilia em Santo Domingo" (HSD) de 11 de outubro de 1984; 2) "Discurso ao CELAM", no dia seguinte; 3) "Discurso na XIX Assembleia Ordinária do CELAM em Porto Príncipe", em 9 de março de 1983.[10] Embora isso não estivesse no propósito do autor, parece-me importante, nesse contexto, lembrar explicitamente como esse papa, desde a sua primeira encíclica, respondera à pergunta central feita por Gera nesse artigo, mostrando como é somente uma promoção humana *integral* ou *essencial* que é *constitutiva* da evangelização (porque, se ela é essencial, não pode haver evangelização sem ela). De fato, o § 15 da Encíclica *Redemptor hominis* afirma: "A Igreja [...] considera esta solicitude pelo homem, pela sua humanidade e pelo futuro dos homens sobre a face da terra e, por consequência, pela orientação de todo o desenvolvimento e progresso, como um elemento *essencial* da sua missão, indissoluvelmente ligado com ela".[11] Em continuação a isso, o papa indica o fundamento cristológico dessa afirmação eclesiológica, ao acrescentar que a Igreja "encontra o princípio dessa solicitude no próprio Jesus Cristo, como testemunham os Evangelhos" (ibid.).

Gera, por sua vez, lê e analisa combinando os três textos que escolheu e que respondem aos três temas articulados no pensamento do papa, a saber: 1) "Evangelização e promoção humana", sendo as duas tomadas ao mesmo tempo em sua distinção e sua unidade;

---

[10] As referências são as seguintes: 1) *AAS* 77-1 (1985), p. 354-361, cf. *L'Osservatore Romano* (OR), 82, (1984), p. 668s.; 2) ibid., p. 671-674; 3) *AAS* 75 (1983), p. 771, cf. *OR*, 1983, p. 179s.

[11] O itálico é meu. Mais tarde, João Paulo II, na *Centesimus annus* 5, dirá que "para a Igreja, ensinar e difundir a doutrina social pertence à sua missão evangelizadora e faz parte essencial da mensagem cristã, porque essa doutrina propõe as suas consequências diretas na vida da sociedade e enquadra o trabalho diário e as lutas pela justiça no testemunho de Cristo Salvador"; ele dirá também que "a nova evangelização [...] deve incluir entre os seus componentes essenciais *o anúncio da doutrina social da Igreja*" (ibid.).

2) "Primeira evangelização e nova evangelização", sendo a novidade compreendida dentro da continuidade; 3) A relação entre o povo latino-americano tomado no seu conjunto e a instituição eclesial, que está a seu serviço pastoral.

Segundo nosso teólogo, João Paulo II expõe a unidade na distinção entre nova evangelização e libertação humana ao discernir aí uma "dupla dimensão do Evangelho" (HSD 3), que indica duas prioridades, articuladas entre elas, para a América Latina: a prioridade da fé e da opção pelos pobres. Gera mostra que o papa concebe a *nova* evangelização *não* como uma reevangelização (como se a primeira não tivesse sido válida), mas como "nova em seus métodos, em seu ardor e em sua expressão", em razão da necessidade de um anúncio contínuo do Evangelho. O pontífice não se esquece, aliás, das sombras da evangelização fundadora, acompanhada de pecados históricos contra os povos aborígenes, mas sabe discernir as luzes – mais importantes que as sombras – do começo da fé e da Igreja no Novo Mundo, onde se produziam e se produzem ainda não somente as sementes do Verbo, mas também seus frutos, que são chamados a se multiplicar e a alcançar mais maturidade. Gera já tinha tratado isso em ISD.

Vê-se, portanto, que o Santo Padre julgava, então, francamente positiva a situação religiosa do povo latino-americano, com a sua fome não somente de pão, mas também e sobretudo da Palavra de Deus, mas igualmente com as ameaças do secularismo, da indiferença e das seitas. Daí a necessidade de maior atenção ao povo por parte da instituição eclesial, da importância de um crescimento em número e em qualidade dos agentes de pastoral (demasiado pouco numerosos) e da urgência da nova evangelização.

Mais tarde, Aparecida e o Papa Francisco pediram que a Igreja realize uma verdadeira *conversão pastoral,* que ela ponha fim a *estruturas caducas* e adote um estado permanente de *missão* a serviço de uma evangelização renovada, o que exige uma luta pela justiça e o amor em todas as relações inter-humanas (incluindo a relação com a natureza), a fim de construir o Reino de Deus *desde o presente* aqui, na terra, embora de maneira *ainda não* definitiva.

Finalmente, na seção que ele intitula "Recapitulação e temas abertos", o nosso autor conclui que, desde Medellín e até Santo Domingo, a Igreja está centrada sempre mais na missão evangelizadora, evitando cair em dualismos ou reducionismos. Ela chegou a superar a falsa antinomia entre evangelização e libertação humana, ao compreender que esta última surge como exigência *intrínseca* da própria fé, tal como ela atua pela caridade.

Outra conclusão importante é o reconhecimento de que na América Latina, embora haja alguns povos aborígenes ainda não evangelizados, um pluralismo religioso crescente, bem como o fenômeno do ateísmo e do indiferentismo, é a fé cristã em sua expressão católica que é majoritariamente dominante. A questão ainda aberta que daí resulta é a necessidade, para o magistério pastoral latino-americano, de dar sobre esse catolicismo popular no subcontinente uma visão de conjunto e um julgamento maduramente fundamentado, com apoio em aspectos concretos e critérios teológicos. Não que se tenha de pôr em dúvida o seu caráter fundamentalmente cristão ou considerar que ele seja deficiente, mas porque esse povo se encontra agora (e continua a se encontrar) diante do *desafio histórico* já assinalado na época de João Paulo II, a saber, o desafio de certas fraquezas interiores, ligado a ameaças exteriores que foram mencionadas anteriormente; daí a sua insistência sobre a nova evangelização, que ele pensou primeiro para a América Latina, antes de estendê-la à Igreja universal. Aí está o que dá também a sua importância à contribuição de Gera para a teologia universal e para todas as Igrejas particulares, com vistas à nova evangelização de suas respectivas culturas.

A TEOLOGIA DO POVO

No que diz respeito à falta de maturidade das culturas populares, o Papa Francisco estima que o remédio deve ser buscado nelas mesmas; com efeito, "é precisamente a piedade popular que é o melhor ponto de partida para curá-las e libertá-las" (EG 69), sobretudo se for levado a sério o fato de que "o povo se evangeliza continuamente a si mesmo" (EG 122, citando DP 264) quando foi evangelizado e que "na piedade popular, por ser fruto do Evangelho inculturado, subjaz uma força ativamente evangelizadora que não podemos subestimar: seria ignorar a obra do Espírito Santo [...] particularmente na hora de pensar a nova evangelização" (EG 126).

De minha parte, julgo que o potencial evangelizador e libertador da espiritualidade popular dos pobres não se estende apenas a eles mesmos e às suas culturas, mas que pode irradiar para todos, a serviço da nova evangelização do mundo global, tanto das pessoas como das culturas e das estruturas.

SEGUNDA PARTE

PARA UMA TEOLOGIA INCULTURADA

INTRODUÇÃO

Os dois capítulos da primeira parte deste livro contribuíram para nos introduzir de maneira histórica e temática na teologia do povo (cap. 1), com uma exposição dos aspectos fundamentais do pensamento de seu autor mais importante, Lúcio Gera (cap. 2). Isso nos permitiu também indicar algumas de suas realizações mais acabadas: assim, em eclesiologia, quando resumimos a tese, publicada somente de maneira parcial, de Carlos María Galli, um dos discípulos mais representativos e mais fecundos de Gera, aliás seu sucessor na cadeira de eclesiologia da Pontifícia Universidade Católica de Argentina, que, em 2015, foi nomeado membro da Comissão Teológica Pontifícia Internacional, à qual pertencera também o seu mestre.

O presente trabalho não busca dar uma visão completa dessa teologia do povo, primeiro porque ela não acabou de se desenvolver sistematicamente em todas as disciplinas teológicas especializadas, mas, sobretudo, porque isso seria demasiado pretensioso. Desejo apenas oferecer, a partir de perspectivas da teologia do povo, reflexões, sobretudo epistemológicas e metodológicas, sobre um ponto que é decisivo para ela: a sua *inculturação* teológica.[1]

Penso que este ensaio pode prestar um verdadeiro serviço à Igreja e à teologia universais, na linha do que começa já a ocorrer de certa maneira através das perspectivas traçadas pelo Papa Francisco. Com efeito, este leva a sério a opção pelos pobres como *categoria teológica*

---

[1] Sobre a inculturação, ver: Comissão Teológica Internacional. *Fé e inculturação*, 1988 (http://www.vatican.va/roman_curia/congregations/cfaith/cti_documents/rc_cti_1988_fede-inculturazione_po.html); Andrés Tornos Cubillo, *Inculturación. Teología y método*, Madrid/Bilbao, Pontificia Universidad Comillas/Desclée, 2001.

(EG 198) e reconhece, portanto, em minha opinião, as expressões da piedade popular como *lugar teológico* (EG 126) para uma teologia *inculturada* e a serviço da inculturação da fé, em razão da "importância da evangelização compreendida como inculturação" (EG 122).

Este livro nasceu da convicção de que estas três afirmações (a opção pelos pobres como categoria teológica; a piedade popular como *locus theologicus*; a ligação destes dois pontos com a *inculturação* da teologia) são *universalmente válidas*, quer dizer, que elas não valem somente para a América Latina, mas para *toda* a Igreja e para *cada* Igreja particular, especialmente quando se trata de pensar *teologicamente* a nova evangelização (EG 126).

Karl Rahner não conhecia pessoalmente a América Latina, mas tinha o senso muito fino da atualidade teológica. Isso permitiu que ele percebesse desde cedo que a Igreja e a teologia latino-americanas atuais propunham contribuições importantes para a Igreja e a teologia universais nos dois domínios característicos de sua vida e de sua reflexão particulares: a *teologia libertadora* e a *religião do povo*. Tanto que ele reuniu e editou um livro sobre cada um desses dois temas.[2] Os dois estão em relação com cada um dos dois pontos citados anteriormente, a opção pelos pobres e a piedade popular; e trata-se das duas características fundadoras da teologia do povo, que fazem parte também, em minha opinião, do ar fresco do Sul ou desse sopro que irrompeu na Igreja graças ao papa vindo "do fim do mundo". Desses dois pontos deriva uma teologia inculturada, num contexto que não contribui apenas com um conteúdo, mas também com um método para a teologia e a Igreja universais.

---

[2] Cf. Karl RAHNER et al. (ed.). *Befreiende Theologie. Der Beitrag Lateinsamerikas zur Theologie der Gegenwart.* Stuttgart/Berlin/Cologne/Mayence: Kohlhammer, 1977; bem como *Volksreligion – Religion des Volkes.* Id., 1979. O próprio Rahner escreve o prólogo do primeiro livro, bem como "Considerações introdutórias à relação entre a teologia e a religião popular" (p. 9-16). Eu tive a honra de participar desses dois livros.

Embora essas duas orientações teológicas estivessem presentes na Europa desde o primeiro encontro do Escorial (1972), foi sobretudo a primeira (a libertação) que se tornou mais conhecida, especialmente graças à difusão mundial da corrente principal da teologia da libertação, com as discussões apaixonadas sobre esse tema e os diálogos ecumênicos entre teólogos do Terceiro Mundo, inclusive provenientes da Ásia e da África, que estavam, aliás, também preocupados com a segunda temática, a das religiões e das culturas.

Mais tarde, a revalorização da piedade popular, que não tinha sido estudada pelo concílio, passa para o nível da Igreja universal, graças aos "bispos de África, Ásia e, sobretudo, de América Latina", no Sínodo de 1974 sobre a evangelização.[3] Evoquei mais acima o papel desempenhado pelo futuro Cardeal Eduardo Pironio para a recepção dessa questão por Paulo VI em sua exortação sinodal correspondente (EN). Esta teve repercussões sobre a pastoral e teologia latino-americanas através de Puebla, cujo objetivo foi aplicar essa exortação ao subcontinente. Como já foi dito, Gera foi um perito importante na preparação dessa conferência e na redação do seu documento sobre a evangelização da cultura. Realmente, uma verdadeira pastoral popular e uma teologia que parta da *práxis* dos povos deveriam escutar o povo e partir dele com seus valores humanos e evangélicos, entre os quais a piedade popular ocupa um lugar eminente. Não é, sem razão, que o tradutor italiano de Gera o qualificava então como teólogo não somente *do* povo, mas também *desde* o povo.

Vê-se, assim, que a religião do povo é mais que um *tema* pastoral e teológico entre outros, porque ela se encontra reafirmada como *lugar teológico* tanto pela interpretação da história da evangelização

---

[3] Cf. o Documento Final do Encontro do CELAM sobre a religiosidade popular em: *Iglesia y religiosidad popular en América Latina. Ponencias y Documento final*. Bogotá: CELAM, 1977, p. 385.

latino-americana como pela reflexão teológica e pela ação pastoral; mais ainda, enquanto *matriz* da teologia.[4]

Em escritos anteriores, já coloquei o acento nesse caráter de lugar *hermenêutico* da religiosidade e da piedade populares. Porém, depois de Aparecida e EG, é hora de falar mais avante e mais profundo a partir do caminho já percorrido. De fato, enquanto o Vaticano II (1962-1965) não se ocupa com essa questão, a Conferência de Medellín (1968) fala, de maneira mais neutra, de "religiosidade popular", pondo-a ainda em ligação, de maneira diferente de Puebla, com a pastoral de massas e a religiosidade natural. Puebla (1979), por sua vez, sem negar os seus limites, a interpreta de maneira mais positiva, não apenas como semente, mas também como fruto do Verbo. Já antes, entre as duas conferências, EN (1975) introduzira um vocabulário positivo, ao qualificá-la como "religião do povo" e "piedade popular". Mais tarde, o *Documento de Aparecida* (DAp 2007) foi enriquecido ao evocar a "espiritualidade popular" (DAp 259, 263) e até a "mística popular" (DAp 262).

Em EG (2013), o Papa Francisco situa-se na mesma linha que a teologia do povo e de Aparecida, mas faz avanços decisivos, que é preciso levar em conta, para prolongar a sua orientação. Antes de tudo porque ele enriquece essa problemática ao fazê-la passar do nível regional latino-americano para um nível universal, como Paulo VI já fizera em seu tempo com a sua abordagem positiva. Em seguida, porque ele interpreta a *mística* popular não somente (como o DAp) a partir de seus elementos religiosos, mas estendendo-o a *toda* a vida cristã fraterna, de modo que ela "acolhe, a seu modo, o Evangelho inteiro e encarna-o em expressões de oração, de fraternidade, de justiça, de luta e de festa" (EG 237). Enfim, e de maneira especial,

---

[4] A distinção e a relação recíproca entre "lugar teológico" no sentido estrito, lugar hermenêutico e matriz de uma teologia determinada, estão expostas no meu artigo: Los ejercicios espirituales: lugar teológico, *Stromata* 47 (1991), p. 231-247.

porque encontra nessas expressões não apenas um lugar hermenêutico para a teologia, mas um verdadeiro *lugar teológico*, uma fonte que explicita a revelação na sua recepção inculturada numa cultura determinada, portanto, um lugar de autêntica teologia *inculturada*, que pode servir de inspiração universal para teologias distintas, inculturadas em outras culturas.

Há um lugar teológico no sentido estrito, quer dizer, como conhecimento da Revelação para a teologia; mas esse lugar não é *constitutivo* como a Escritura ou a tradição, é *declarativo*[5] ou ilustrativo. Atualmente se chegou a refletir sobre a relação recíproca entre os 10 lugares teológicos explicitados por Melchor Cano e se valorizou o fato de ele ter posto a "autoridade da Igreja" como o primeiro desses lugares declarativos, em relação íntima e direta com os lugares constitutivos. Assim, Marie-Dominique Chenu e René Laurentin consideram como *locus theologicus* "a vida da Igreja" e, seguindo eles, Gustavo Gutiérrez faz o mesmo com respeito "à vida, à pregação e ao envolvimento histórico da Igreja",[6] contudo, Hermann J. Pottmeyer estende isso aos santos.[7] Para Hans Urs von Balthasar, "a existência teológica de Cristo se faz presente (*Vergegenwärtigung*) na existência de seus fiéis e de seus santos", ou seja, daqueles que "buscam essa atualidade do acontecimento da revelação";[8] mais radicalmente ainda para Peter Hünermann, os destinatários fazem parte, de maneira

---

[5] Cf. MELCHOR CANO. *Opera I*. Madrid, 1770 (1. ed. 1563). Ver também: ALBERT LANG. Loci theologici. *Lexikon für Theologie und Kirche* 6. Freiburg im Breisgau, 1961, c. 1110-1114, e *Die loci theologici des Melchior Cano und die Methode des dogmatischen Beweises*. Munich: Kösel und Pustet, 1925.

[6] Cf. G. GUTIÉRREZ. *Teología de la liberación. Perspectivas*. Salamanca: Sígueme, 1972, p. 35. Gutiérrez cita Chenu e Laurentin à p. 29.

[7] Cf. HERMANN J. POTTMEYER. Normen, Kriterien und Strukturen der Überlieferung. In: *Handbuch der Fundamentaltheologie*, 4: *Theologische Quartalschrift*. Friburg/Basel/Wien: Herder, 1988, p. 139 e 144.

[8] Cf. H. U. Von BALTHASAR. Theologie und Heiligkeit. In: *Verbum Caro. Skizzen zur Theologie* I. Einsiedeln: Johannes, 1960, p. 220.

constitutiva, desse mesmo acontecimento trinitário,[9] no qual desempenham um papel importante não apenas Jesus Cristo, mas também o Espírito Santo. Os *loci* são, segundo Max Seckler, "portadores do testemunho da Revelação, são instâncias de atestação desta",[10] quer dizer que os destinatários, como os discípulos, são também testemunhas, discípulos missionários, e constituem assim, em razão desse duplo caráter, um lugar teológico e não somente hermenêutico.

Tudo isso esclarece e enriquece a afirmação já mencionada do povo sobre a piedade popular como parte essencial da vida da Igreja, em povos evangelizados que continuam a se autoevangelizar. A revelação é um acontecimento cujo protagonista é o Espírito Santo, a qual supõe, porém, como parte constitutiva dela mesma, discípulos-missionários enquanto destinatários e testemunhas. Embora esse acontecimento seja antes de tudo teologal e teológico, não deixa de ser também histórico e cultural, devido ao fato do caráter encarnado da revelação cristã. Por isso, penso que a piedade popular não seja apenas uma fonte de conhecimento *da fé*, mas de uma fé *inculturada*, sem que isso se oponha ao seu valor transcultural e universal.

O Papa Francisco, porém, vai mais longe quando afirma: "As expressões da piedade popular têm muito que nos ensinar e, para quem as sabe ler, são um *lugar teológico* a que devemos prestar atenção", acrescentando imediatamente: "particularmente na hora de pensar a nova evangelização" (EG 126). De minha parte, penso que esta última afirmação se refere especialmente à Europa que, vivendo uma forte secularização convertida em secularismo, comparável a

---

[9] Cf. PETER HÜNERMANN. Konkretion und Geist. Der qualitative Sprung im Verständnis von Weltkirche. *Theologische Quartalschrift* 165 (1985), p. 224s.

[10] Cf. M. SECKLER. Die ekklesiologische Bedeutung des Systems der loci theologici. Erkenntnistheoretische Katholizität und strukturale Weisheit. In: WALTER BAIER et al. (ed.). *Weisheit Gottes – Weisheit der Welt* (Festschrift Joseph Ratzinger). EOS, St. Ottilien, 1987, p. 37-65.

uma "quarta noite escura" ou "noite da cultura" (Chiara Lubich),[11] precisa, pois, de uma nova evangelização, a qual implica conversão. Penso que é precisamente a misericórdia e a conversão histórica voltada para os pobres, os excluídos, os refugiados (cristãos ou não), que podem ensinar a religiosidade aos europeus, devolver a eles o sentido último da vida e da religião, sob a condição de eles abrirem o coração à misericórdia.

Ignacio Ellacuría sublinha outro ponto importante que põe em relação o lugar teológico no sentido estrito com o seu sentido mais amplo[12] de lugar hermenêutico. Trata-se do fato de que um lugar hermenêutico determinado, por exemplo, a opção pelos pobres, faz com que os lugares teológicos – inclusive a Escritura – "deem mais deles mesmos"[13] segundo o lugar a partir do qual são acolhidos e vividos. Daí resulta que os dois sentidos da expressão "lugar teológico", longe de se excluírem, se reforçam mutuamente. E eu afirmo que a piedade popular é exatamente um lugar teológico nesses dois sentidos.

Tentarei, portanto, mostrar que a *sabedoria popular* pode servir de mediação entre a religião do povo e a inculturação da teologia numa cultura determinada. Para isso, seguirei a ordem seguinte: religião do povo, sabedoria popular, teologia inculturada. Tratarei disso no capítulo IV, referindo-me não somente à América Latina, onde a problemática nasceu, mas ao assunto em sua validade universal. No

---

[11] Cf. GIUSEPPE M. ZANGHÌ. *Leggendo un Carisma. Chiara Lubich e la Cultura.* Roma: Città Nuova, 2013. Bernhard Welte fala de uma experiência religiosa à luz do nada (noite escura), ver: B. Welte, *Das Licht des Nichts, Von der Möglichkeit neuer religiöser Erfahrung,* Düsseldorf, Patmos, 1980.

[12] Esta distinção é feita por Karl Lehmann em: Internationale Theologenkommission. Methodisch-hermeneutische Probleme der Theologie der Befreiung, *Theologie der Befreiung,* Einsiedeln, Johannes, 1977, p. 18-21.

[13] Ellacuría é citado por Jon Sobrino em: Hacer teología en América Latina. *Theologica Xaveriana* 34 (1989), p. 155, nota 13.

capítulo V, tomarei como exemplo o caso latino-americano, mas voltando o olhar para a sua aplicação analógica às diferentes teologias inculturadas e em contexto, segundo um desafio que diz respeito hoje a "cada grande território sociocultural".[14] Antes, porém, será preciso especificar melhor o conceito de "povo", assim como está implicado seja no genitivo "do" povo (genitivo ao mesmo tempo objetivo e subjetivo), seja no adjetivo "popular" ou, mais indiretamente, no conceito de "cultura" enquanto própria a cada povo. Por isso, antes de me concentrar na inculturação e na teologia inculturada, dedicarei o capítulo III à compreensão do "povo" assim como a teologia do povo o concebe, tanto no nível civil quanto no nível do povo de Deus.

---

[14] O decreto *Ad gentes* (AG) do Vaticano II afirma: "É necessário que, em cada grande território sociocultural, se estimule uma reflexão teológica tal que, à luz da tradição da Igreja universal, as ações e as palavras reveladas por Deus, consignadas na Sagrada Escritura, e explicadas pelos Padres da Igreja e pelo magistério, sejam sempre de novo investigadas. Assim se entenderá mais claramente o processo de tornar a fé inteligível, tendo em conta a filosofia ou a sabedoria dos povos" (AG 22).

CAPÍTULO III

"Povo" e "popular" na realidade social, na pastoral e na reflexão teológica

Gustavo Gutiérrez, um dos principais representantes da teologia da libertação, caracteriza "a irrupção do pobre na história latino-americana" por sua passagem "para o primeiro plano tanto na sociedade como na Igreja, bem como, por isso mesmo, na reflexão teológica que acompanha essas realidades".[1] Gutiérrez indica, assim, a relação estreita que há entre as realidades sociais (o pobre, a sua irrupção na sociedade), a *práxis* pastoral da Igreja e a teologia. Isso ocorreu na América Latina e é desejável que tenha ocorrido em "cada grande território sociocultural" (AG 22) e, sobretudo, numa "Igreja pobre para os pobres" (EN 198).

Não há por que se surpreender com essa conexão, dado que a caridade pastoral procura responder eficazmente à situação humana e cristã do povo, especialmente dos pobres, e que, por sua vez, a teologia interpreta e discerne à luz da Palavra de Deus tanto a situação histórica como a *práxis* pastoral e social que responde a ela. Ela é "ato segundo" (reflexivo e crítico, à luz da Revelação) do "ato primeiro", que consiste na experiência espiritual encarnada do povo crente e

---

[1] Cf. G. GUTIÉRREZ. L'irruption du pauvre dans la théologie de l'Amérique latine. *Convergence* 1-2 (1981), p. 22.

A TEOLOGIA DO POVO

especialmente dos pobres, em sua busca de uma libertação ao mesmo tempo escatológica e histórica.[2]

Essas afirmações não pretendem negar nem a distinção das dimensões reais que encontram a sua unificação (sem confusão) na *práxis* (ao mesmo tempo teologal, ética e histórica) nem a de níveis epistemológicos na ordem da reflexão crítica, a saber, os níveis respectivos da teologia, da filosofia e das ciências humanas; elas buscam apenas convidar a levar melhor em conta as suas relações recíprocas, tanto práticas como teóricas.

O capítulo que se inicia tenta, assim, dar a sua contribuição para uma melhor compreensão dessas relações entre realidade social, pastoral e teologia. Não abordará essa questão *in abstracto*, mas examinando-a num "caso" concreto: mostrará como os significados de "povo" e de "popular" são vividos na religiosidade e na pastoral populares, como elas são refletidas pela teologia e como elas orientam a prática pastoral segundo a teologia do povo, especialmente, embora não exclusivamente, na Argentina. Isso me permitirá completar o que eu disse dessa teologia na primeira parte e ir além no meu desejo de contribuir para uma melhor compreensão da teologia subjacente à pastoral do Papa Francisco.

Não deixarei, no entanto, de fazer também alusão à *práxis* e à compreensão de "povo" e de "popular" em outras experiências sociais e pastorais, bem como em conceptualizações teológicas latino-americanas distintas daquela da teologia do povo; em todos esses casos, com efeito, trata-se sempre, embora com interpretações diferentes, da irrupção do povo latino-americano, pobre e crente, na sociedade, na pastoral e na teologia. Esse enfoque pode ajudar a universalizar essas interpretações de maneira analógica, referindo-as também a experiências vividas em outras Igrejas particulares de outros continentes.

---

[2] Cf. Id. *Beber en su propio pozo*, p. 84, 159s; ver também: *Teología de la liberación*, p. 265s.

Mas, como a realidade social é complexa, não basta uma simples intuição global para conhecer a sua estruturação e as dinâmicas causais que a geram e podem transformá-la. Por isso, é necessário, para a pastoral e para a teologia da realidade social e histórica, passar por uma mediação analítica,[3] ou seja, pelas análises fornecidas pelas ciências humanas (da sociedade, da história, da cultura e da religião).

Essa mediação, no entanto, por necessária que seja, não é suficiente, porque o pastor e o teólogo têm também necessidade, como homens e como cristãos, do julgamento ético e sapiencial sobre a sociedade na qual vivem; e esse julgamento nasce também, no crente, da sua visão de fé e da "capacidade conatural de compreensão afetiva que o amor dá".[4] Esse julgamento pastoral não exclui a mediação analítica e pode, aliás, orientá-la, mas supõe um certo grau de análise da realidade e não se reduz à da metodologia científica. Nisso consiste, talvez, aquilo que se pôde chamar de "visão pastoral da realidade", expressão adotada por Puebla no título geral da primeira parte de seu documento final.

Por conseguinte, quando tratar agora da compreensão de "povo" e de "popular" no que alguns chamam de "escola argentina" de pastoral popular,[5] distinguirei quatro instâncias, a saber: (a) as próprias realidades sociais; (b) a sua interpretação por diferentes ciências humanas (a história, a sociologia, a antropologia cultural); (c) as experiências pastorais que correspondem a essas realidades e assumem

---

[3] Sobre essa mediação socioanalítica, cf. Clodovis Boff, *Teologia e prática. Teologia do político e suas mediações*, Petrópolis, Vozes, 1978 [trad. fr. *Théorie et pratique. La méthode des théologies de la libération*. Paris: Cerf, 1990].

[4] Cf. DP 397 (ver também EG 125). Sobre a relação entre os momentos sapiencial e científico, ver as críticas que faço ao trabalho (citado na nota precedente) de Boff no meu livro *Teología de la liberación y doctrina social de la Iglesia*, Madrid/Buenos Aires, Cristiandad/Guadalupe, 1987, cap. 1 e 2.

[5] A expressão é de J. Alliende, Diez tesis sobre la pastoral popular. In: Vv. *Religiosidad popular*. Salamanca: Sígueme, 1976, p. 119.

(ao menos em parte ou tacitamente) essas interpretações; (d) a reflexão teológica que as acompanha. Essa diferenciação é necessária para o esclarecimento e a exposição do tema, mas sou consciente da relação recíproca entre essas quatro instâncias, não somente na própria gestação da "escola argentina", mas até na minha própria compreensão desta. Por outro lado, seria uma ingenuidade positivista acreditar que podemos separar os fatos brutos e sua interpretação nos diferentes níveis do conhecimento, embora, evidentemente, esses fatos transcendam essas interpretações e forneçam a medida para julgar a sua validade.

A. A realidade social do catolicismo popular argentino e da sua revalorização

Na Argentina, como em toda a América Latina, há uma realidade social de massa: a religiosidade popular que toma entre nós a forma essencial de um catolicismo popular. Embora ele se concentre nos setores mais humildes da população, tanto urbana como rural, cuja cultura articula, esse catolicismo se difunde também, de maneira mais ou menos ampla, em quase todos os outros setores e especialmente na classe média. O que o caracteriza é, antes de tudo, a sua origem histórica a partir da mestiçagem cultural hispano-indo--americana;[6] há aí um tronco no qual se enxertaram as contribuições da imigração posterior. Outra característica é a sua capacidade de resistência e de assimilação culturais: ele não somente é mantido, apesar da falta de clero (provocada pela crise do regime de patronato e pelas lutas da independência) e dos ataques do laicismo oficial

---

[6] Em outros países do continente, é preciso também levar em conta a importante contribuição afro-americana. Como o Rio da Prata (Argentina, Bolívia, Paraguai e Uruguai) era um vice-reino pobre, sem grandes plantações, os escravos eram pouco numerosos e quase exclusivamente domésticos; depois do "ventre livre" (nascimentos em liberdade, na Argentina em 1813), eles se misturaram facilmente com o restante da população.

(especialmente no final do século XIX), mas, assimilando a contribuição do catolicismo popular dos imigrantes (sobretudo italianos e espanhóis), ele removeu, em duas gerações, uma grande parte do anticlericalismo que às vezes os acompanhava. Mais ainda, apesar dos avanços da urbanização e da industrialização, esse catolicismo popular não apenas não se enfraqueceu, mas continua aparentemente a encontrar formas urbanas de expressão, como parecem mostrar numerosos fenômenos: o aumento de peregrinações de multidões (inclusive de jovens) à Virgem de Luján; a expansão sempre maior de santuários tipicamente urbanos, como o de San Cayetano (cuja divisa é "pão e trabalho"); a difusão rápida de novas devoções populares, como a de Nossa Senhora Desatadora dos Nós;[7] e a consciência atual, fundamentalmente cristã, da maior parte da classe operária e do movimento operário organizado (este último tinha sido lançado por imigrantes anarquistas, mas, no momento em que ganhou "forma", tomou características nacionais originais, em parte sob a influência das primeiras encíclicas sociais).

Outro fenômeno social, secundário, mas importante para compreender o nascimento da pastoral popular na Argentina, foi a revalorização do popular e da cultura popular pelos intelectuais argentinos (inclusive o clero).[8] Certamente, a realidade popular já fizera irrupção na história argentina, tanto na formação da cultura própria, sob o efeito da mestiçagem cultural, como em movimentos políticos e/ou militares populares; e isso mesmo antes da emancipação, mas sobretudo durante e após esta última (desde o "artiguismo" e as guerrilhas de Güemes durante as lutas pela independência até o

---

[7] Essa devoção foi trazida da Alemanha (Augsburg) pelo papa atual, quando era simples padre jesuíta; ela se espalhou notavelmente em poucos anos, sobretudo em Buenos Aires e no seu subúrbio (cf. MIGUEL CUARTERO SAMPERI. *Marie qui défait les nœuds*. Paris: Médiaspaul, 2016). (Cf. *Wikipédia*: Nossa Senhora Desatadora dos Nós).

[8] J. L. Segundo fala disso em: Les deux théologies de la libération en Amérique latine, *Études* 361 (1984), p. 154s.

"irigoyenismo" e o peronismo "populistas" durante os 100 últimos anos).[9] Esse fato popular, porém, não fora suficientemente valorizado pela intelectualidade argentina: nem pela de origem liberal (orientada culturalmente pelo Iluminismo, sobretudo francês, e economicamente voltada para o capitalismo anglo-saxão) nem pela de tendência conservadora (nacionalista de direita desde 1930), nostálgica da Espanha pré-burboniana, e tampouco pela intelectualidade de esquerda, fortemente elitista e europeizante. Em todos os casos, a cultura e a religião do povo eram ou desprezadas como "bárbaras" e obscurantistas, ou consideradas de maneira paternalista como simples formas deficientes da cultura ocidental e da religião oficial; eram consideradas impregnadas muito frequentemente de superstições.

Por outro lado, durante a época dos governos militares e das proscrições políticas que se seguiram à queda de Perón, de 1955 a 1973, ocorreu em certos grupos intelectuais argentinos uma revalorização sempre mais efetiva de seu próprio povo e da sua cultura, da qual um dos elementos centrais é o catolicismo popular. Foram conduzidos a isso não somente em razão de sua oposição aos novos esquemas de dependência econômica, política e cultural, mas também em razão da experiência da resistência do povo argentino e de suas organizações operárias diante da dependência e contra o regime militar.

Nos meios intelectuais católicos e no clero, porém, houve também, então, uma influência ainda mais importante (falarei mais disso a seguir), a saber, a recepção do Concílio Vaticano II (1962-1965) pela Igreja argentina e a realização da 2ª Conferência Geral do Episcopado Latino-americano em Medellín (1968).

---

[9] Voltarei a isso no capítulo V.

B. A contribuição das ciências humanas

O próprio estilo da minha exposição mostra a influência que a pesquisa e a reflexão dos historiadores tiveram sobre essa nova tomada de consciência, tanto pastoral como teológica, do fato e do valor do popular. Desde os anos 1930, houvera na ciência histórica argentina o que se chamava de "revisionismo histórico", de tendência nacionalista (mas não ainda popular), que tinha, sob uma forma às vezes unilateral, submetido à revisão crítica a interpretação da história argentina construída e ensinada pela historiografia liberal (racionalista e pró-britânica), que reivindicava a colonização espanhola, sobretudo no tempo dos Habsburgos. Mais tarde, de maneira mais científica e mais matizada, o pós-revisionismo continuou esse trabalho: ajudou a compreender a formação do povo argentino e a descobrir uma linha de continuidade histórica entre diversos movimentos nacionais e populares de épocas diferentes, inclusive o peronismo. Autores como Vicente Sierra, José María Rosa, Juan José Hernández Arregui ou Abelardo Ramos contribuíram para essa nova consciência histórica de intelectuais, a partir de posições políticas muito diferentes e até opostas, mas todas nacionais. A revalorização do povo e de sua história conduziu, em muitos casos, a revalorizar igualmente a sua cultura e a sua religião.

Nesse clima, as ciências sociais entraram em reação contra a sociologia modernizante representada, na Argentina dos anos 1950, por Gino Germani.[10] Ela opunha a sociedade tradicional (sagrada) à moderna (secular), sem levar em conta o elemento cultural em sua análise social: ela chegava também a considerar o catolicismo

---

[10] Sobre a evolução das ciências sociais na América Latina, cf. A. Methol Ferré, El resurgimiento católico latinoamericano. In: CELAM. *Religión y cultura*. Bogota, 1981, p. 63-124; Pedro Morandé, *Cultura y modernización en América Latina*, Santiago do Chile, PUC, 1984.

popular argentino como um elemento estático próprio da sociedade agrária tradicional.

Em toda a América Latina, em meados dos anos 1960, houve uma reação contra a "sociologia científica" modernizante, em nome de uma "sociologia crítica" engajada nas mudanças de estruturas. Nessa perspectiva, a modernização capitalista dependente não era uma solução para o subdesenvolvimento latino-americano, visto que ela era antes a sua causa estrutural. Entretanto, enquanto a "teoria da dependência" teve em outros países um viés neomarxista, na Argentina, porém, a sua orientação foi nacionalista, embora popular e anticapitalista. Foi o tempo das ditas "cátedras nacionais" na Universidade de Buenos Aires: em suas análises, elas privilegiaram categorias históricas (influenciadas pelo pós-revisionismo, como a de "povo") mais do que as categorias da sociologia da modernização ou as do marxismo. Como foi indicado no primeiro capítulo deste livro, foi Justino O'Farrell que fez a ligação entre essas cátedras e a Comissão Episcopal de Pastoral da qual a teologia do povo nasceu, visto que ela aplicou essa noção primeiro ao povo de Deus e, em seguida, à sua relação com os povos e as suas culturas.

Nesse contexto e no contexto após o concílio, a sociologia religiosa pós-conciliar argentina colocou-se a questão do catolicismo popular. Num primeiro tempo, a reação contra a sociologia da secularização se desenvolveu no interior desta: ela utiliza a opção entre "religião de massa" e "religião de elite", bem como a hipótese da "popularização" de uma religião universal e de sua massificação ulterior, tendo como consequência a sua perda ulterior de vigor diante dos ataques da secularização. No entanto, houve já nessa linha certos autores, como Aldo Büntig, que revalorizaram o catolicismo popular argentino não somente como uma realidade generalizada que era preciso levar em conta social e pastoralmente, mas também como inculturação de uma religião universal, como portador eventual de valores evangélicos e, por isso mesmo, como fator possível de libertação histórica.[11]

Essa posição da questão tornava possível uma evolução ulterior.

Discípulos de Büntig, em ligação com outros, retomaram mais tarde, de maneira crítica, o mesmo quadro teórico da sociologia religiosa, inspirando-se também em perspectivas tiradas da ciência histórica, da antropologia cultural e, sobretudo, da práxis e da reflexão pastorais.[12] Estes últimos tinham mostrado a inadequação à realidade dos antigos pressupostos teóricos. Se bem que a influência da sociologia sobre a pastoral e a teologia ocorreu por ação e por reação e, por sua vez, a sociologia foi provocada por isso a elaborar novas hipóteses e novos quadros teóricos de sociologia religiosa.

Foi assim que a sociologia religiosa, a partir da experiência argentina e latino-americana, começou a colocar em questão a identificação da modernização e da secularização, ao afirmar a possível "coexistência da urbanização, da industrialização e da organização burocrática com a manutenção do modelo cultural da religiosidade popular em contextos urbanos".[13]

Um fluxo e refluxo análogo de influências entre a ciência histórica, a pastoral e a política parecem igualmente ter ocorrido no caso

---

[11] Cf. A. BÜNTIG. *El catolicismo popular en la Argentina: I. Cuaderno sociológico.* Buenos Aires: Bonum, 1969; *¿Magia, religión o cristianismo?* Buenos Aires: Bonum, 1970. Os resultados de uma pesquisa interdisciplinar, com perspectivas históricas e autores diferentes, sobre "o catolicismo popular na Argentina", foi publicado em 6 volumes ou "cadernos": sociológico, bíblico, psicológico, antropológico, histórico e pastoral.

[12] Cf. CENTRO DE INVESTIGACIONES Y ORIENTACIÓN SOCIAL. Religiosidad popular: reflexión y acción. In: *La religiosidad popular en Santiago del Estero.* Santiago del Estero, 1983, p. 29-36; também a coleção Cuadernos de Iglesia y Sociedad (Buenos Aires). Cf. também: GERARDO FARRELL; JUAN LUMERMAN. *Religiosidad popular y fe.* Buenos Aires: Patria Grande, 1979.

[13] Sobre essa posição no interior da Federação dos Centros de Sociologia da Religião, ver Floreal Forni. In: CENTRO DE INVESTIGACIONES Y ORIENTACIÓN SOCIAL. *La religiosidad popular en Santiago del Estero*, p. 52s.

da *antropologia cultural* argentina: mais precisamente ainda, talvez, que a sociologia, a antropologia cultural orientou as suas pesquisas seja para uma nova abordagem do catolicismo popular, seja para o mundo de símbolos, de relatos e de devoções da cultura popular, cuja compreensão da vida e da morte é profundamente religiosa.[14]

O clima cultural e intelectual que evocamos não caracterizava, longe disso, todo o mundo argentino dedicado às ciências humanas. Não deixa de ser bastante significativo e está em relação recíproca com os fatos sociais, políticos e religiosos aos quais ele já fez alusão anteriormente, como também com a pastoral e a reflexão teológica da qual é preciso agora falar.

C. A práxis da pastoral popular

Um dos frutos pastorais mais importantes do concílio na Argentina foi, sem nenhuma dúvida, o surgimento da pastoral popular. É desta pastoral que falarei agora, deixando para depois (embora as duas tenham ocorrido numa espécie de unidade dialética entre prática e teoria) o exame da reflexão teológica e pastoral que foi feita a partir dela e sobre ela. Esses dois aspectos são importantes para melhor compreender as perspectivas teológicas e pastorais do Papa Francisco.

A maneira como o concílio se voltara para o homem em sua realidade histórica marcada pela salvação, provocou, na Argentina como

---

[14] Cf. RICARDO SANTILLÁN GÜEMES. Antropología, cultura y religiosidad popular. In: CENTRO DE INVESTIGACIONES Y ORIENTACIÓN SOCIAL. *La religiosidad popular en Santiago del Estero*, p. 65-91; *Cultura, creación del pueblo*. Buenos Aires: Guadalupe, 1985. Ver também: GUSTAVO LEÓN; ENRIQUE DUSSEL. *El catolicismo popular en la Argentina, IV: Cuaderno Antropológico*. Buenos Aires: Bonum, 1970. Os numerosos trabalhos de Rodolfo Kusch aliam a pesquisa antropológica de campo com a reflexão filosófica; cf., por exemplo, *Esbozo de una antropología filosófica americana*, Buenos Aires, Castañeda, 1978.

em numerosas regiões do mundo, uma volta pastoral para o homem concreto, a sua situação social (muitas vezes feita de pobreza e de injustiça estrutural), sua cultura e sua religiosidade. Tudo isso preparou o clima no qual o novo fermento de Medellín (1968) encontrou um terreno propício para se desenvolver. Ao lado da pastoral mais tradicional e de certa pastoral modernizante (que não teve grande importância), uma nova linha, dita "pastoral popular",[15] começou a se desenvolver.

A efervescência causada entre nós, no pós-Medellín, pelo Movimento dos Sacerdotes para o Terceiro Mundo, os párocos "de favela", a mudança de obras e de colégios religiosos que passaram de bairros aristocráticos para bairros populares, tudo isso foi um sinal de vitalidade pastoral e também de busca, às vezes difícil, de discernimento eclesial.

Num primeiro tempo (por volta de 1970), essa mudança de numerosos agentes pastorais para o pobre, oprimido e crente, empenhou-se em parte no protesto social e na denúncia profética de situações de injustiça e de dependência estruturais, tomando, às vezes, uma forte coloração política: foi o momento de viver em sua própria carne a interpelação do pobre. Mas, como essa conversão ao pobre foi, na maioria dos casos, real e não apenas retórica, num segundo tempo, foi esse mesmo povo, pobre e crente, que mostrou suas riquezas aos agentes pastorais: a sua piedade tornada vida, que sabe dar seu espaço para o político, mas o transcende, guardando também a sua especificidade religiosa; a sua memória histórica, que é sábia e prudente em razão de seu enraizamento na tradição e da experiência vivida tanto dos sucessos como dos fracassos populares; o seu sentido de tempo e de esperança, sem renúncia, mas sem impaciências (como

---

[15] Sobre a Igreja argentina dessa época, cf. Lucio Gera e Guillermo Rodríguez Melgarejo, Apuntes para una interpretación de la Iglesia argentina, *Víspera* 15 (1970), p. 59-88. A pastoral popular teve a sua confirmação oficial no *Documento de San Miguel* do episcopado argentino (1969), em particular no documento 6.

A TEOLOGIA DO POVO

aquelas que os movimentos guerrilheiros defendiam no mesmo momento); seu sentido do trabalho, que sabe formar lentamente, mas com segurança, uma realidade resistente, e da festa, que reconhece e celebra no "ainda não" da vida o "já" da salvação, da comunhão fraterna e da libertação. Acredito que, sem esses pressupostos, não é fácil avaliar com justiça muitas das atitudes pastorais de Bergoglio.

Os agentes pastorais aprenderam, assim, que o povo não rejeita apenas a injustiça, mas também a violência terrorista e repressiva. Reconheceram que a sua maneira de sentir era ao mesmo tempo popular (sentimento da dignidade do pobre e do trabalho, sentimento de solidariedade e de luta pela justiça) e nacional (com sua estima da amizade social na busca do bem comum); e que desconfiava tanto do capitalismo liberal como da doutrina de segurança nacional (tendo sofrido as consequências das duas em sua própria carne) e do marxismo, percebido por ele como oposto a seus valores culturais, religiosos e nacionais.

O aprendizado desse contato com o povo, em ligação com a reflexão teológica, sobretudo eclesiológica, e com as orientações doutrinais da Igreja, contribuiu para o fato de que a pastoral argentina, sem perder o seu espírito evangelicamente crítico e profético, tornou-se realmente pastoral e popular, ao se libertar dos riscos do racionalismo elitista (tanto liberal como marxista) e do perigo – real – de se deixar levar por uma dialética de luta de classes transferida para o seio da Igreja.

A despeito de suas numerosas deficiências, o povo gozava já em grande parte de consciência e de organização social e política. Ao mesmo tempo, soubera conservar numerosos de seus valores religiosos e de suas devoções tradicionais (não sem, às vezes, as transformar). Ensinou de novo a numerosos agentes pastorais o valor da devoção e das devoções, o que lhes deu um antídoto contra o espírito de secularização ao qual estavam, precisamente, inclinados certos católicos pós-conciliares mais engajados. É verdade que houve, então, uma grave crise de vocações sacerdotais e religiosas, mas um dos fatores que permitiram superá-la foi a revalorização não somente da piedade popular, mas da piedade simplesmente, e isso graças a um contato mais estreito com o povo simples, deixando-se instruir por ele. Penso que toda essa história explica muitas atitudes e pensamentos do Papa Francisco e que estes valores podem ser elevados a um nível pastoral universal, na medida em que eles forem profundamente evangélicos, sendo, ao mesmo tempo, culturalmente situados.

Esse encontro com a realidade religiosa ajudou os agentes pastorais (especialmente os sacerdotes e os religiosos) a se recolocarem pastoralmente ao lado do povo em sua especificidade de pastores, mas sem perder a dimensão social e profética que tinham adquirido; embora, de maneira indireta, essa nova situação fosse, em minha opinião, um fator importante para a renovação ulterior das vocações na Argentina.

Essas experiências e as reflexões teológicas que as acompanharam serviram de fundamento aos avanços da pastoral popular argentina no *Documento de Puebla* (1979), em particular aos capítulos sobre "a evangelização da cultura" e "evangelização e cultura popular", que procuravam pensar uma pastoral não somente *para* o povo, mas também *desde* o povo.

Um fruto importante desse encontro renovado dos pastores não somente com o povo, mas com eles mesmos, foi que isso fez igualmente surgir novas formas de evangelização da religião popular e da evangelização, graças a essa religião como "evangelizadora" e socialmente libertadora: foi o que se deu, por exemplo, para a nova pastoral dos santuários e das peregrinações, para a autopromoção social dos moradores de favelas, para o surgimento de líderes religiosos e sociais (vocações sacerdotais incluídas), a partir dos setores populares, para o apostolado dos bairros e, em certas dioceses, das comunidades eclesiais de base etc.[16]

Todos esses elementos – a superação da crise do começo dos anos 1970, o aprendizado a partir do povo, o discernimento que isso provocou e a nova situação pastoral que daí resultou – ajudaram a pastoral argentina a se encontrar ao lado do povo, sem ir a nenhum dos extremos, nos anos difíceis que se seguiram, marcados pelo recrudescimento da violência terrorista (sobretudo depois de 1976), pela guerra das Malvinas (1982), pela volta complicada à democracia em 1983, pelo período neoliberal de Menem,[17] pela crise econômica e social sem precedente (2001) e pela reconstrução iniciada com Néstor Kirchner,[18] mas não acabada e hoje questionada.

D. A teologia da pastoral popular

A perspectiva desde a qual escrevo, como também muitas apreciações e avaliações feitas até aqui, vem do que se pode chamar de "teologia da pastoral popular", cujo representante principal é, sem dúvida, como já tenho dito, Lucio Gera. Gustavo Gutiérrez reconhece nessa linha teológica "uma corrente que tem características próprias dentro da teologia da libertação";[19] ela é frequentemente apre-

---

[16] Sobre a práxis da pastoral popular em Buenos Aires, cf. G. Rodríguez Melgarejo, Servicio al Pueblo de Dios desde un santuario. In: CELAM. *Iglesia y religiosidad popular en América Latina*, p. 325-343; e Radiografía de un trabajo pastoral: San Cayetano (Liniers). In: CENTRO DE INVESTIGACIONES Y ORIENTACIÓN SOCIAL. *La religiosidad popular en Santiago del Estero*, p. 303-316.

[17] Sobre a época de Menem, ver: Gerardo Farrell et al. *Argentina, tiempo de cambios. Sociedad, Estado, Doctrina social de la Iglesia*, Buenos Aires, San Pablo, 1996.

[18] Cf. GRUPO GERARDO FARRELL. *Crisis y reconstrucción. Aportes desde el pensamiento social de la Iglesia; I: Dimensión político-económica; II: Dimensión social y ético-cultural*. Buenos Aires: San Pablo, 2003.

[19] Cf. G. GUTIÉRREZ. *La fuerza histórica de los pobres*, p. 377. Sobre diferentes correntes da teologia da libertação, cf. meus trabalhos, já citados: *Teología de la libereación y praxis popular*, bem como *Teología de la liberación y doctrina social de la Iglesia*.

sentada como sua vertente "nacional e popular" (quando é aceita) ou "populista" (quando é criticada), mas alguns preferem não falar de "teologia da libertação", dado o uso mais corrente deste termo.

Exporei, primeiro, as reflexões teológicas e pastorais desse movimento, as quais se referem à compreensão de "povo" e de "popular" quando se fala de religiosidade, de cultura ou de sabedoria populares. Direi, em seguida, algo acerca de sua incidência não apenas sobre a compreensão do povo civil, mas também sobre a compreensão do povo de Deus. Essas duas abordagens (respectivamente filosófica e teológica) pretendem ter um valor universal, mas, então, se trata de uma universalidade analógica e inculturada.

Esse desenvolvimento completa o que já foi dito na primeira parte, cuja abordagem, sem excluir as características sistemáticas, era sobretudo histórica. Parece-me que ajudará igualmente a compreender melhor a terminologia do Papa Francisco, quando ele ama referir-se à Igreja como "povo fiel de Deus".

1. A compreensão de "povo" e de "popular"

Sobre a base da experiência (histórica, política e pastoral) argentina, esta teologia compreende o povo como o sujeito comunitário de uma história e de uma cultura.[20] Ele é sujeito de uma história porque é o sujeito de experiências históricas comuns, de uma consciência coletiva de solidariedade mútua e de um projeto histórico de bem comum (não necessariamente explicitado). Quanto ao "sujeito de

---

[20] Cf. F. BOASSO ¿Qué es la pastoral popular? Buenos Aires: Patria Grande, 1974. Entre os trabalhos de L. Gera, é preciso citar: Pueblo, religión del pueblo e Iglesia. In: CELAM. Iglesia y religiosidad popular en América Latina, p. 258-283; Cultura y dependencia a la luz de la reflexión teológica. Stromata 30 (1974), p. 169-224; La Iglesia frente a la situación de dependência. In: Teología, pastoral y dependência. Buenos Aires: Guadalupe, 1974, p. 11-64; Conciencia histórica nacional. Nexo 4 (1984), p. 12-27; Religión y cultura. Nexo 9 (1986), p. 51-72; Vv., Comentarios a Evangelii nuntiandi. Buenos Aires: Patria Grande, 1978.

uma cultura", ele é caracterizado por um estilo comum de vida, ou seja, por uma maneira de entrar em relação com os homens, com a natureza e com o sentido último da vida (que nosso povo reconhece em Deus, Pai de Nosso Senhor Jesus Cristo).[21]

Vê-se que esse significado de "povo" se aproxima do de "nação", com a condição de compreender esta última não a partir do Estado ou do território, mas a partir da cultura e da decisão ética e histórica daqueles que participam de uma mesma história e cultura, bem como da busca do bem comum. E, tanto por uma razão como pela outra, pelo menos na América Latina, são os setores pobres e trabalhadores, justamente chamados "populares", que constituem esse eixo estruturante do povo-nação. Por um lado, com efeito, são eles que melhor souberam resistir culturalmente à dominação e preservar os valores humanos e cristãos da cultura negada da mestiçagem cultural original. E, por outro lado, o bem comum, especialmente numa situação de fortes injustiças e dependências estruturais, inclui a justiça, a solidariedade efetiva e a libertação nacional e social, valores aos quais são mais sensíveis aqueles que sofrem mais a sua falta e cuja única força reside na segunda. Por isso, para essa orientação teológica, a determinação daqueles que são "povo" ou daqueles que se converteram em "antipovo" não pode ser feita nem apenas pela cidadania ou residência, nem por uma análise socioestrutural de classe, mas sim por um discernimento ético e histórico. É antipovo quem se opõe ao bem comum, tanto ético quanto histórico, ou seja, à justiça, mesmo estrutural, e à identidade cultural da nação. Quem se opõe a esse bem comum, oprimindo pessoas, classes, raças e/ou culturas, enquanto o faz e na medida em que o faz, exclui-se a si mesmo do "nós" ético e histórico do povo. Isso implica a necessidade de um

---

[21] Como exemplo deste último ponto, ver os resultados da pesquisa de Eva Chamorro Greca, *Estudio sociológico sobre la imagen de Dios en el hombre medio de Córdoba*, Córdoba, Universidad Nacional de Córdoba, 1970. Ver também os trabalhos de Gerardo Farrell e Juan Lumerman, *Religiosidad popular y fe*.

discernimento ético espiritual que tem de se renovar de acordo com cada situação histórica nova.

O que caracteriza esse tipo de reflexão é também o que a opõe à teologia da secularização, a saber, a sua compreensão dos vínculos estreitos que unem a religião – em nosso caso, a fé cristã – às diferentes dimensões da cultura, política inclusive (sem atentar contra a sua autonomia), pelo fato de que o sentido último da vida e da cultura se decide na atitude religiosa ou não religiosa. Isso tem uma incidência indireta – pela mediação da instância ética e histórica – sobre todos os domínios da vida compartilhada, não somente no nível dos valores e das práticas pessoais e coletivas, mas também no nível das instituições e das estruturas que lhes dão efetividade e até – por transferência analógica de perspectivas – no nível das teorias que refletem, criticam e orientam essas práticas.

Compreende-se que essa abordagem revalorize fortemente o catolicismo popular latino-americano e argentino, discernindo nele a forma cultural que tomaram em nossa cultura própria a fé e o sentido cristão do homem e da vida. Mas, ainda que ela ponha o acento sobre o momento religioso e pastoral da religiosidade popular, nem por isso esquece o seu momento cultural e a sua vertente política. Aliás, à medida que é histórica, esta abordagem não é estática, mas dinâmica e sempre aberta à novidade. Ademais, como se trata antes de tudo do sentido do último e do humano, ela não se identifica com o catolicismo confessional, mas é compartilhada pelas outras confissões cristãs, pelas outras religiões abraâmicas e até por muitos não crentes humanistas.

Essa corrente teológica não negligencia o que de válido tem a análise socioestrutural, mas emprega de preferência a mediação da análise histórica e cultural (própria das ciências mais sintéticas, como a história ou a antropologia), bem como a mediação de categorias poéticas e simbólicas, até explicitamente religiosas; isso para interpretar e discernir teologicamente o sentido da religiosidade e da cultura populares, bem como da situação histórica e social, mas também para se servir indiretamente delas, por transposição semântica, para a sua própria reflexão teológica.

2. Uma reflexão teológica inculturada

A característica própria dessa corrente é que ela tenta articular em discurso teológico a sabedoria do povo de Deus inculturado em nossa cultura popular.[22] De fato, na América Latina, o povo de Deus se encontra concretamente em povos que, a partir de sua própria cultura, têm uma compreensão sapiencial da fé, a qual, por sua vez, já foi dito, teve uma influência decisiva na formação de sua cultura. Trata-se de "recolher em conceito" teológico essa sabedoria popular (cujo núcleo é realmente cristão), como mediação com vistas a compreender a fé de maneira inculturada, inclusive no nível da teologia como ciência. Está bem claro que, como esse é também o caso com uma mediação conceitual estritamente filosófica,[23] de tais categorias, vindas da história, da cultura e da práxis do povo ou de sua interpretação pelas ciências humanas devem ser purificadas de maneira crítica a partir da própria fé que se coloca a serviço da sua compreensão, encarnada de maneira inculturada na sabedoria popular. As ciências, inclusive a filosofia, servem, então, de mediação

---

[22] Existem ensaios semelhantes em filosofia; ver, por exemplo, J. C. Scannone (coord.), *Sabiduría popular, símbolo y filosofía. Diálogo internacional en torno de una propuesta latinoamericana* (Buenos Aires: Guadalupe, 1984), que reuniu trabalhos apresentados por um grupo de filósofos argentinos, em Paris, a colegas europeus –, entre os quais se encontrava Levinas –, e as discussões que se seguiram. Ver também o meu livro *Nuevo punto de partida en la filosofía latino-americana*, Buenos Aires, Guadalupe, 1990 (2. ed. Buenos Aires: Docencia, 2011).

[23] Aplico a compreensão tomista da maturidade, em Tomás de Aquino, *Summa theologiae* (1ª parte, q. 1), quanto à função da filosofia na teologia especulativa, à mediação das ciências humanas em teologia; ver Michel Corbin, *Le chemin de la théologie chez Thomas d'Aquin*, Paris, Beauchesne, 1974, especialmente o cap. 4.

para uma explicitação teológica da sabedoria popular, se pretender o sentido enquanto conceito.

A reflexão eclesiológica apresenta um caso notável dessa teologia inculturada. Como diz o *Documento de Puebla*, o concílio chegou num momento especial para os povos latino-americanos:

> anos de problemas, de busca ansiosa da própria identidade, anos marcados por um despertar das massas populares, por tentativas de integração da nossa América, [...] este [CELAM] preparou o ambiente do povo católico para abrir-se com certa facilidade a uma Igreja que também se apresenta como 'povo'" (DP 233).

Na Argentina, a experiência vivenciada de ser povo e a categorização que a acompanhou ajudaram a eclesiologia argentina pós-conciliar a não opor "comunhão e instituição", mas a compreendê-las em sua unidade ou na "síntese vital" que, segundo Puebla, a sabedoria cristã popular sabe operar entre as duas (DP 448).

Desse modo, a eclesiologia de autores como Lucio Gera pôde superar o juridicismo de certa eclesiologia pré-conciliar sem cair no outro extremo de certas eclesiologias pós-conciliares, centradas na pequena comunidade (rede de comunidades numa diáspora secular) ou numa compreensão de classe do "povo" (com a tendência a opor "Igreja popular" à "Igreja institucional" ou a transferir a luta de classes para o seio da Igreja). De fato, o conceito de "povo", elaborado a partir da experiência popular argentina, sabe pôr o acento sobre a comunhão da qual todos participam, mas guardando um sentido profundo da organicidade institucional.

Esse conceito de "povo" mostrou-se apto tanto para alimentar a reflexão teológica sobre a religiosidade e a pastoral populares como para servir de categorização inculturada para compreender os ensinamentos do concílio sobre o povo de Deus. Está claro que, no primeiro caso, essa categoria, nascida da experiência histórica e de sua interpretação pelas ciências humanas, atua como mediação analítica para a leitura teológica e pastoral da realidade social e sociopastoral. No segundo caso, pelo contrário, essa experiência e sua conceptualização oferecem uma contribuição indireta para a compreensão da Revelação concernente ao povo de Deus; isso graças a uma transposição analógica à fé fiel à revelação e enraizada na história e na cultura.

Em tal contexto, a relação Igreja-mundo, examinada pela GS, foi interpretada, antes de tudo, como relação entre o povo de Deus e os povos com as suas histórias e culturas próprias. Isso despertou o interesse pela história da evangelização da América Latina e pela problemática da evangelização da cultura. Esta última abordagem serviu para renovar a compreensão da afirmação conciliar sobre a autonomia do temporal, evitando não apenas as repetições incessantes da cristandade, mas também o perigo secularista que pretende realizar a vida social, política e cultural sem a influência do Evangelho. No capítulo primeiro deste trabalho, apresentei brevemente a vasta e profunda eclesiologia de Galli, que soube levar em conta essas abordagens na linha da teologia do povo.

3. Diferenças e convergências com outras conceptualizações latino-americanas

Aqui não é o lugar de comparar a experiência social e pastoral da Argentina, bem como a sua categorização (histórica, social e teológica), com as que ocorreram em outros locais da América Latina e que conduziram a outra análise do "povo" e a outra compreensão teológica do "povo de Deus" como "Igreja popular".[24] É impossível,

---

[24] Ver, por exemplo: PEDRO RIBEIRO DE OLIVEIRA ¿Qué significa analíticamente "pueblo"? *Concilium* 196 (1984), p. 427-439; LEONARDO BOFF. Significado teológico de pueblo de Dios e Iglesia popular. Ibid., p. 441-454. Ver também: EQUIPO DE TEÓLOGOS DE LA CLAR ¿Qué es el pueblo? *Pastoral popular* 30 (1979), p. 72-78.

no entanto, pelo menos não esboçar a relação de convergência e de divergência que há entre esses dois tipos de interpretação.

Os dois conceitos socioanalíticos de "povo" são históricos e fazem referência à identidade histórica de um sujeito coletivo. Este se distingue da massa pela consciência e pela organização, reúne forças e grupos sociais distintos em torno de um projeto comum. Em ambos os casos também, tem como eixo central os pobres e os oprimidos, por oposição às elites, que gozam de privilégios injustos. Ambos correspondem, pois, no plano analítico, à opção preferencial pelos pobres e à luta pela justiça com vistas a uma sociedade nova na qual a atual supremacia do capital sobre o trabalho seja superada.

Então, onde está a diferença? A posição descrita mais acima não nega as oposições, até as contradições, de classe e reconhece o fato histórico e ético-político de um "antipovo"; mas o seu olhar está voltado, antes de tudo, para a unidade histórico-cultural da nação em torno de um projeto nacional e popular de bem comum. O outro tipo de conceptualização põe o acento menos sobre a nação do que sobre a classe, embora "povo" tenda a identificar-se com as classes (raças, culturas) oprimidas, em oposição dialética às classes consideradas como opressoras.

O segundo conceito tem um alcance analítico teoricamente mais claro e mais nítido, pelo fato de decompor a estrutura social do povo em seus elementos, de acordo com os seus conflitos de interesses, materiais e ideológicos, muitas vezes antagônicos. O primeiro conceito, pelo contrário, é mais histórico e sintético, procura discernir de maneira crítica quem é povo ou quem é autenticamente popular aqui e agora ao conjugar a análise estrutural da sociedade com uma análise histórico-cultural e histórico-política, bem como com critérios éticos e históricos, a saber, a realização do bem comum e a justiça.

O risco desta última conceptualização é que ela pode dar lugar a uma manipulação "populista" que se serve dela a fim de mascarar um projeto de desenvolvimento nacional, porém não popular, sob a hegemonia da burguesia nacional, ao eliminar a participação efetiva e historicamente atuante das maiorias. O perigo que a outra conceptualização corre é, ao contrário, a sua eventual manipulação por uma ideologia de classe, a partir de uma ótica que reduz a sociedade e a história a uma dialética de luta de classes, deixando na sombra a unidade ética e histórica, cultural e política, da nação.

Finalmente, outro argentino, Ernesto Laclau, valeu-se da razão populista ao propor um conceito de "povo" muito distinto daquele da teologia do povo, que coloca acima da unidade do povo-nação uma conflitividade permanente, ligada à noção gramsciana de hegemonia e a uma divisão da sociedade segundo uma estratégia de poder.[25] Embora a sua concepção difira da concepção de Gera, de seus colegas e de seus discípulos, poderia haver uma aproximação entre as duas posições, se fosse dado ao significante vazio de Laclau, que cada um enche com um conteúdo próprio e diferente (e é assim que se obtém a unidade de um povo), um sentido *analógico*. Por exemplo, o significante "justiça" não é equívoco nem unívoco, mas analógico segundo o tipo de injustiça (econômica, política, racial, de gênero ou de discriminação religiosa...) contra a qual se luta e segundo o tipo de justiça que se reclama. Doravante, não levarei em conta essa concepção "laclauniana" do povo para pensar teologicamente o povo de Deus.

A diferença de conceptualização analítica pode, em todo caso, ter uma incidência – por transposição analógica – sobre a compreensão crente que se tem do "povo de Deus". Nos dois casos indicados mais acima (antes do excurso sobre Laclau), põe-se também o acento

---

[25] Cf. E. LACLAU. *La razón populista*. Buenos Aires: Fondo de Cultura Económica, 2005.

sobre diversos pontos: o lugar preferencial que os pobres, por eleição gratuita do Senhor, ocupam neste povo; uma maneira de ser Igreja que promova a comunhão e a participação efetiva dos leigos, dos pobres e dos oprimidos, bem como das mulheres, na maneira de viver historicamente a identidade do povo de Deus; a necessidade de uma inculturação na cultura popular, embora em continuidade com a tradição, de modalidades pastoral, teológica e jurídica da Igreja; um novo estilo pastoral de exercício da autoridade na Igreja, de acordo com a maneira histórica e inculturada de viver, de se compreender e de se organizar como povo de Deus, na fidelidade à Revelação; uma tomada de consciência, enfim, das dimensões ético-políticas e sócio-históricas da pastoral popular, sem negligenciar por isso nem a sua especificidade religiosa nem a autonomia temporal etc.

Mas existem também divergências de perspectivas e de acentos eclesiológicos entre as duas abordagens, com importantes consequências pastorais e doutrinais. De fato, na medida em que a compreensão socioanalítica de "povo" utiliza elementos da tradição marxista e se serve, em seguida, desse conceito para pensar teologicamente o povo de Deus, ela está ameaçada pelos perigos seguintes: (1) o perigo de compreender a necessidade de ser, primeiro, povo para ser povo de Deus (seja a necessidade e a prioridade, pelo menos cronológica, de uma infraestrutura material sócio-histórica e de uma prática social para a constituição do povo de Deus), que torna menos claro o fato de este último, como tal, não surgir "de baixo", mas "do alto", por um dom gratuito do Senhor; (2) o perigo de transferir as oposições de classe para a relação histórica entre hierarquia e leigos (sobretudo os pobres) na Igreja, ao compreender essa relação como conflito dialético de poder (religioso) entre aqueles que detêm os meios de produção simbólica e os que estão privados deles.[26]

---

[26] Ver L. BOFF. *Iglesia, carisma y poder: ensayos de eclesiología militante.* Santander: Sal Terrae, 1982 [original brasileiro por Editora Vozes].

Esses riscos não existem em outra compreensão sociológica de "povo" que, como já foi dito, toma em sua unidade as ideias de comunhão, de participação e de organização diferenciada. É também mais facilmente capaz de pensar analogicamente, à luz da Revelação, o povo de Deus como ao mesmo tempo fraterno e hierarquicamente estruturado. Em sua maneira inculturada e histórica de fazer isso, ela acentua e revaloriza aspectos historicamente mais importantes da Revelação: seja o lugar dos pobres no povo de Deus, uma maneira de viver aí a autoridade como serviço com a afirmação de uma prática efetiva de participação de todos, seja um "substrato" social "que dá corpo" ao dom do Senhor que convoca e constitui o seu povo.

Em minha opinião, a imagem do *poliedro* empregada pelo Papa Francisco para figurar tanto o povo de Deus como cada povo e a relação recíproca universal entre os povos (EG 236), está de acordo com a compreensão exposta mais acima, porque ele implica uma unidade mais alta que as diferenças, mas que as assume e as respeita em sua irredutível diferenciação. O seu modelo é a Trindade como comunhão.

No que diz respeito à participação evocada anteriormente, é preciso ter em conta o fato de que a compreensão sociológica argentina de "povo" não o distingue da massa por um tipo de consciência, de organização e de participação efetiva de tipo *reflexivo* (ao confundir de maneira racionalista a autoconsciência real e a autoconsciência explicitamente reflexiva). Por isso, quando ela se serve do conceito de "povo" para compreender (na fé o povo de Deus) ou para discernir teologicamente o valor evangélico e libertador do catolicismo popular etc., isso não impede de reconhecer a consciência *sapiencial* de identidade coletiva que a própria fé dá, embora esta consciência não seja suficientemente refletida. O mesmo vale para o seu reconhecimento da unidade *num projeto* que dá a esperança do Reino, ainda que não sejam explicitadas todas as implicações históricas; ou para o reconhecimento da *participação efetiva* que nasce da caridade, embora ela não dê espaço a uma organização explicitamente refletida. A pastoral popular deverá, com certeza, favorecer esse tipo de explicitações, mas isso não a impedirá de reconhecer a existência de um "suporte" prático e social (e, nesse sentido, material) para que o povo de Deus seja própria e realmente povo, por analogia sim (no sentido técnico deste termo),[27] não, porém, de maneira apenas metafórica.

O que se acabou de expor pode ajudar a compreender, a partir de um "caso" concreto, o do mundo argentino, como se articulam as realidades sociais, a sua análise e interpretação pelas ciências humanas, pela pastoral e pela teologia.[28] Num primeiro tempo, o da leitura teológica e pastoral da realidade histórica e social, as ciências humanas oferecem à teologia uma mediação analítica para interpretar e discernir a realidade (por exemplo, a religiosidade popular argentina) à luz da Palavra de Deus. Num segundo tempo, a categorização tirada de realidades sociais (por exemplo, "povo") pode ser utilizada, por transferência analógica, para retomar de maneira histórica e inculturada a própria Revelação (por exemplo, a Igreja como povo de Deus). Mas, num caso como no outro, é a fé que fornece os últimos critérios teológicos e pastorais. Porque é a própria teologia que deve discernir, à luz da Revelação, as contribuições das mediações que lhe servem de instrumento tanto para a leitura teológica das realidades sociais como para a inteligência da própria fé, bem como para a práxis pastoral e social inspirada pelo Evangelho.

---

[27] Para uma compreensão "atualizada" da analogia, ver: Lorenz Bruno Puntel, *Analogie und Geschichtlichkeit. Philosophiegeschichtlic-kritischer Versuch über das Grundproblem der Metaphysik*, Friburgo/Basileia/Viena, Herder, 1969; J. C. Scannone, *Religión y nuevo pensamento*, Barcelona-México, Anthropos-UAM, 2005, cap. 7.

[28] Apresento outro "caso" desta relação recíproca (na compreensão da "libertação") no capítulo 2 do meu livro *Teología de la liberación y praxis popular*; examino também *teoricamente* a articulação entre análise social e teologia no capítulo 2 de minha *Teología de la liberación y doctirna social de la Iglesia*.

CAPÍTULO IV

Sabedoria popular
e teologia inculturada

O Concílio Vaticano II, no seu decreto *Ad gentes* (AG), recorre à economia da Encarnação para se referir às Igrejas recentes, bem como, de certa maneira, a todas as Igrejas, ao afirmar que

> É necessário que, em cada grande território sociocultural, se estimule uma reflexão teológica tal que, à luz da Tradição da Igreja universal, as ações e as palavras reveladas por Deus, consignadas na Sagrada Escritura, e explicadas pelos Padres da Igreja e pelo magistério, sejam sempre de novo investigadas. Assim se entenderá mais claramente o processo de tornar a fé inteligível, tendo em conta a filosofia ou a sabedoria dos povos, e a maneira de os costumes, o sentido da vida e a ordem social poderem concordar com a moral manifestada pela revelação divina (AG 22).

Notemos que se trata de "cada grande território sociocultural" (por exemplo a África negra, a Índia, a China, a América Latina...), do método ("o processo") e da teologia (estes dois últimos pelo menos em nível sapiencial, se não for científico), visto que é feita alusão a "tornar a fé inteligível". E é feito um paralelo entre "a filosofia *ou* a sabedoria dos povos", embora se conceda a esta última a função compreensiva, mediadora para a inteligência da fé, que Santo Tomás, por exemplo, reconhecia à filosofia (aristotélica). Porque, ainda que nem todos os povos tenham desenvolvido uma filosofia específica em forma de ciência – como o povo grego fez com Platão e Aristóteles –, não há nenhum povo que não possua uma sabedoria popular própria, concentrada, sobretudo, no seu sentido último da vida ou, para dizer com Ricoeur, no núcleo ético-mítico de sua cultura.

Como foi dito na primeira parte deste livro, a teologia do povo, dita por outros "teologia da cultura", privilegia a análise socioestrutural, para interpretar e discernir de maneira crítica, à luz da Palavra de Deus, a situação de um povo particular e da comunidade dos povos num momento histórico determinado. Essa maneira de proceder atinge o seu auge quando a sabedoria popular serve a ela de mediação para inculturar a teologia e fazer dela tanto uma sabedoria como uma ciência.

Essa corrente teológica aplica essa orientação sobretudo aos povos latino-americanos e, especialmente, ao povo argentino, mas sustenta que esse "processo para tornar a fé inteligível" pode ser traçado a partir da sabedoria de todos os *povos*, que foi, aliás, traçado de fato na história, embora pouco frequentemente com uma consciência explícita. Ela não pretende que esta seja a única via para inculturar e contextualizar a teologia, mas sustenta que é um caminho válido para conseguir isso.

Neste capítulo, procederei da seguinte maneira: primeiro mostrarei como, na América Latina, a sabedoria popular foi explicitamente reconhecida por Puebla (A), o que permitiu efetivamente propor uma teologia inculturada (B), que levou a sério o papel dessa sabedoria enquanto lugar hermenêutico e, também, de fato, como lugar teológico. Em seguida, mostrarei que, embora ela seja assim situada, essa teologia não somente tem um valor universal, mas que a sua caminhada para a inculturação é universalizável de maneira analógica, para que a fé se torne inteligível (sapiencial e científica) ao se encarnar também em outras culturas (C). Depois disso, abordarei a questão de saber se o povo, sujeito da sabedoria, é também o povo da teologia (D), o que me levará a tirar teoricamente as consequências epistemológicas do que foi exposto (E) e fazer disso uma exposição prática num breve texto teológico próprio meu (F).

A. Puebla e a sabedoria popular

Um dos temas centrais da Conferência Episcopal de Puebla foi a evangelização da cultura, na linha indicada por Paulo VI na sua exortação *Evangelii nuntiandi*. Os bispos latino-americanos reconhecem nesse documento que a cultura dos povos da América Latina foi evangelizada historicamente em seu núcleo fundamental por valores, atitudes, crenças e símbolos, o que manifesta, por exemplo, a religiosidade popular.

É exatamente nesse contexto que os bispos introduzem o tema da *sabedoria popular*, ao colocá-la em relação tanto com o fato da evangelização da cultura latino-americana desde suas origens como com a sua manifestação na religiosidade. Na sabedoria popular latino--americana, eles descobrem "expressões contemplativas" (DP 413), em ligação íntima com um "sentido profundo da transcendência e da proximidade de Deus", que é própria da religião do nosso povo. Ademais, essa sabedoria "orienta o modo peculiar como o homem latino-americano vive sua relação com a natureza e com os outros homens" (ibid.). Mais adiante, no capítulo dedicado à religiosidade popular, é também afirmado que

> A religiosidade do povo, em seu núcleo, é um acervo de valores que responde com sabedoria cristã às grandes incógnitas da existência. A sapiência popular católica tem uma capacidade de síntese vital; engloba criadoramente o divino e o humano, Cristo e Maria, espírito e corpo, comunhão e instituição, pessoa e comunidade, fé e pátria, inteligência e afeto. Esta sabedoria é um humanismo cristão que afirma radicalmente a dignidade de toda pessoa como Filho de Deus, estabelece uma fraternidade fundamental, ensina a encontrar a natureza

e a compreender o trabalho e proporciona as razões para a alegria e o humor, mesmo em meio de uma vida muito dura. Essa sabedoria é também para o povo um princípio de discernimento, um instinto evangélico pelo qual capta espontaneamente quando se serve na Igreja ao Evangelho e quando ele é esvaziado e asfixiado com outros interesses.[1]

B. Rumo a uma teologia inculturada

Uma teologia inculturada e contextualizada, como aquela que o Vaticano II deseja para cada grande espaço sociocultural (e, portanto, também para o mundo latino-americano) (AG), caracteriza-se ao mesmo tempo como serviço prestado à evangelização da cultura como fruto dessa evangelização. O próprio concílio nos mostra o caminho quando, para essa tarefa, convida a levar em conta não somente a filosofia, mas também a *sabedoria* dos povos (ibid.). Precisamente no caso de povos como o povo latino-americano, que não elaboraram (pelo menos até há pouco tempo) uma filosofia enraizada em sua cultura, proveniente dela e a exprimindo reflexivamente de maneira universal, é à sabedoria popular que se deve voltar para servir de mediação para a inteligência inculturada da fé, na medida em que, segundo Puebla, ela orienta a *maneira particular* como o nosso povo vive e compreende a sua relação com Deus, com a natureza e com os outros homens. Isso é muito mais factível quando a sabedoria de vida própria de um povo foi evangelizada, embora seja então uma sabedoria *cristã* que constitui fundamentalmente para esse povo a resposta "às grandes perguntas da existência"; trata-se, assim, de um "humanismo cristão" que tem uma capacidade de "síntese vital" para integrar os dualismos aparentes e que está dotado de um "instinto evangélico" de discernimento; tudo isso se aplica justamente

---

[1] JOÃO PAULO II. *Discurso Inaugural*, III, 6-AAS, LXXI, p. 203; DP 448.

à sabedoria que constitui o núcleo da piedade popular latino-americana; e isso implica igualmente um modo determinado de inteligência do sentido, modo que podemos chamar pré-filosófico,[2] mas que contém implicitamente uma filosofia de vida. Por conseguinte, a sabedoria popular pode servir de mediação para uma teologia inculturada, porque implica um "logos" ou uma inteligência pré-reflexiva do sentido do mundo, do homem e de Deus, e esta inteligência pode desempenhar para a inteligência da fé uma função mediadora semelhante àquela que uma filosofia sistematicamente elaborada desempenha. Mais ainda, quando se trata da sabedoria cristã do povo crente inculturado em povos como os povos latino-americanos, cujo núcleo cultural foi evangelizado, esse "*logos*" sapiencial não é somente pré-filosófico, mas também pré-teológico: porque, na inteligência do sentido que implica, a fé exerce já a sua influência, ela que está "encarnada" e inculturada nesse tipo de sabedoria.

À questão de saber se pode haver certa preeminência da religião do povo em relação à teologia, Karl Rahner, por sua vez, responde de maneira afirmativa: ele sustenta que essa preeminência não vem do fato de que a fé do povo seria necessariamente isenta de desvios, mas do fato que ela está mais *próxima* da fonte original da religiosidade autêntica e da fé, fonte que não é outra que a autocomunicação gratuita de Deus, assim como ela é oferecida a todos. A religião popular está mais próxima dela, segundo Rahner, pelo fato de que ela ainda não passou pela rede de categorias e de sistematizações teológicas que a reduzem, mas assume e realiza sem obstáculo, ao mesmo

---

[2] Essa denominação não pretende que a relação entre a sabedoria (*sophia*) e a filosofia (ou entre sabedoria cristã e teologia) se reduza a uma relação de antes e depois, como se a primeira tivesse valor apenas na medida em que pode chegar ou chega a se explicitar reflexiva e conceitualmente na segunda.

tempo em que a dinâmica profunda da graça, a verdade do humano em todas as suas possibilidades.[3]

Reconhecemos toda a verdade do que é afirmado por Rahner, mas acrescentamos que, ao explicitar na religião do povo o seu momento de "sabedoria", já estamos introduzindo um princípio de avaliação e de discernimento nessa assunção do humano e da sua religiosidade natural que, de fato, quase não ocorre sem desvios nem falsas interpretações. Essa orientação é mais forte ainda quando se trata, como afirma Puebla, de uma sabedoria *cristã*, de sorte que a reflexão crítica da teologia poderá evidentemente ajudar a distinguir a sabedoria e a piedade populares verdadeiramente cristãs de suas caricaturas falsas ou inautênticas. Por sua vez, porém, como diz João Paulo II, citado anteriormente, essa sabedoria é dotada de um "instinto evangélico" de discernimento *crítico* não no plano reflexivo, mas, segundo a minha interpretação, *per connaturalitatem*, afirmando o papa que esse instinto atua "espontaneamente" como "princípio de discernimento" (DP 448).

C. Teologia inculturada, mas universal

Considerarei agora como uma teologia desse tipo pode ser universal sem deixar de ser situada; e me perguntarei quais são as mediações que é preciso levar metodologicamente em conta para tal enraizamento histórico-cultural do universal.

1. Universalidade teológica situada

Uma das características próprias da teologia é a sua universalidade, não apenas porque ela é ciência, mas também porque a Revelação que ela estuda transcende toda situação histórica e geocultural

---

[3] Cf. K. RAHNER. Considérations introductives sur le rapport de la théologie et de la religion populaire. In: K. RAHNER et al. *Volksreligion. Religion des Volkes*. Stuttgart/ Berlin/Köln/Mainz: Kohlhammer, 1979, p. 14.

determinada ao se dirigir a todos os homens, a todos os povos e a todas as épocas. Isso provoca a interrogação: como pode ela ser universal se está enraizada na sabedoria popular de um povo *determinado*, em sua cultura e em sua religiosidade? Ou: como pode existir *sem romper* com essas raízes (o que não permitiria mais falar de inculturação)?

A sabedoria popular, mesmo se ela é própria de um povo determinado e se aparece mais claramente nos pobres e nos simples, nem por isso deixa de ter uma validade universal enquanto sabedoria *humana* e *sentido da* vida. Evidentemente, aí não se trata de um universal abstrato, nem do universal concreto (à maneira hegeliana), mas de um universal *situado* histórica, geocultural e socioculturalmente, cuja conceptualidade só poderá ser universal de maneira *analógica*.[4]

Aquilo que é comunitário e comum, seja para *todo homem* ou para um povo determinado, aparece mais claramente nos pobres e nos simples (sobretudo nos pobres e nos simples dos povos pobres); é nesses que se mostra mais a universalidade do humano. Essa pobreza, porém, é menos socioeconômica que ontológica, porque é a não autossuficiência e a contingência do humano que se vivem e se reconhecem mais facilmente desde a pobreza física. Por conseguinte, o critério para determiná-la é bem ontológico, mas essa ontologia não é idealista, ela está encarnada na materialidade social. Essa encarnação, entretanto, se é bem o símbolo-realidade[5] da pobreza ontológica, não é ainda o seu critério último. Porque, para uma visão de fé, esse critério último não está no nível ontológico, e sim no nível evangélico: é a partir de Cristo pobre e a partir do Evangelho das

---

[4] Falo desse universal situado, distinto ao mesmo tempo do abstrato e do concreto hegeliano, em meus livros: *Nuevo punto de partida en la filosofía latinoamericana* e *Religión y nuevo pensamiento*. Devo esse conceito a Mario Casalla; de minha parte, eu o interpreto como um universal *analógico*.

[5] Sobre o símbolo-realidade (*Realsymbol*), cf. K. RAHNER, Zur Theologie des Symbols. In: *Schriften zur Theologie IV*. Einsiedel/Zürich/Köln: Benziger, 1960, p. 275-312.

bem-aventuranças que se descobre a autêntica pobreza evangélica, bem como, nela e como seu momento interior, a verdadeira pobreza ontológica aberta a Deus e à universalidade humana. Por isso, não é de admirar que a sabedoria cristã dos pobres e dos simples, segundo o Evangelho, contenha efetivamente um humanismo verdadeiro.

2. Enraizamento cultural e teológico

De que maneira será possível que a conceptualização teológica que temos em vista seja universal, sem perder o seu enraizamento histórico e cultural? Para responder a esta pergunta, é preciso ter em conta o fato de que a sabedoria popular se exprime e se tematiza primeiro em formas não reflexivas de linguagem e de práxis, mas que estas não deixam de implicar certa reflexividade e articulação inteligente. De fato, essa sabedoria se exprime antes de tudo nos símbolos (religiosos, poéticos, políticos) de cada povo, em suas canções, provérbios, seus relatos (mitos, sagas, legendas) populares, bem como em suas maneiras históricas de agir, seja nos planos político, ético-cultural (por exemplo, em seus costumes, suas normas, suas maneiras de viver junto) e/ou religiosos (ritos, devoções etc.); o que não impede que ela transcenda todas essas expressões, nas quais *se* condensam a memória histórica, a experiência da vida e do sentido, as esperanças e as aspirações de um povo. É aí que ocorrem, *de maneira unitária*, o que é universalmente humano e o que é originalmente próprio de um povo, embora não necessariamente de maneira exclusiva. Essas formas não devem ser pensadas como fixas ou petrificadas (estaríamos de novo na abstração), mas no dinamismo de uma atualização que as transcenda e não cesse de transformá-las, em fidelidade a uma mesma vida e história. Parafraseando Ricoeur, eu diria que elas mostram essa sabedoria na própria medida em que morrem em suas fixações idolátricas para revelá-la enquanto símbolos.

Se a conceptualização reflexiva, ao mesmo tempo que se move no plano universal do conceito, encontra o seu ponto de partida no símbolo e "recolhe conceptualmente" (sem redução) a sua "verdade metafórica", sem buscar reduzi-la a seus preconceitos,[6] a categorização analógica que daí nascerá será ao mesmo tempo universal e enraizada histórica e culturalmente;[7] que a tornará suscetível de ajudar a inteligência da fé a inculturar-se na sabedoria popular.

Eu disse anteriormente que o *"logos"* dessa sabedoria é pré-filosófico, até pré-teológico; pois bem, é isso na medida em que é universal. Isso, porém, não implica que se chegue a considerá-lo como *proto-filosófico*, projetando no nível sapiencial e pré-reflexivo considerações filosóficas já elaboradas precedentemente; o que faria desaparecer tanto a contribuição *específica* da sabedoria popular como o *enraizamento* nela do pensamento inculturado proveniente dela. Pelo contrário, somente se deixarmos que ela seja o que é, de maneira original, poderá ser obtido um círculo hermenêutico fecundo.

Juan Luis Segundo foi muito crítico em relação ao que ele chama de "teologia do povo", mas não deixa de reconhecer que

> do ponto de vista metodológico [...], ela conduz a um círculo hermenêutico destinado a enriquecê-la e lhe dar vida. Com efeito, uma de suas abordagens mais fecundas metodologicamente reside na comparação entre uma cultura estruturada lógica e conceitualmente, por um lado, e, por outro lado, a sabedoria popular com o seu conteúdo imaginativo e ritual, bem como a lógica interna de suas atitudes mais estranhas.[8]

---

[6] Faço alusão a Ricoeur, que fala de uma filosofia que está "a pensar" no símbolo, que distingue o recolhimento do sentido das hermenêuticas da dúvida e que evoca uma "verdade metafórica".

[7] Remeto ao meu artigo: Nuevo pensamiento, analogía y anadialéctica, *Stromata* 68 (2012), p. 33-52, no qual examino o valor do método anadialético para um pensamento universal em situação.

[8] Cf. J. L. SEGUNDO, *Liberación de la teología*, p. 260. A relação entre sabedoria e ciência (filosófica ou teológica) poderia ser esclarecida por aquela que o Husserl da *Krisis* estabeleceu entre o mundo da vida e das ciências.

Isso implica que a reflexão filosófica a serviço da teologia se empenhe na tarefa de levar a sério a sabedoria popular como lugar hermenêutico; quer dizer, sem deixar de se mover no espaço especulativo, ela pensa nesse nível a verdade do símbolo e da prática popular. Penso que esse círculo hermenêutico pode ser fecundo não somente para povos que não têm filosofia teoricamente elaborada, mas também para aqueles para os quais essa filosofia perdeu o seu enraizamento no povo e na sabedoria da vida.

3. O "quê" e o "como" de uma teologia inculturada

O enraizamento da reflexão teológica na sabedoria de um povo influirá tanto sobre o seu "quê" (ou sobre o seu conteúdo) como sobre o seu "desde" (ou sobre o seu "como"). O "quê" da inteligência da fé lhe é dado pela Revelação; mas o desde onde esta é escutada, interpretada e pensada, tem necessariamente uma incidência sobre essa inteligência, embora esta seja esclarecida, curada e transformada pela fé. A partir de então, esse "desde onde" distinto ou essa perspectiva hermenêutica que dá as suas raízes culturais a uma teologia não aparecerá tanto nos seus conteúdos como em seu "como", tanto na maneira como ela categoriza os seus conteúdos, estrutura a sua compreensão, sistematiza-os e põe os dois em inter-relação entre eles *e* com a situação humana. Não se trata principalmente de um julgamento feito sobre a verdade das doutrinas correspondentes, mas, antes, da compreensão (*insight*) e do sentido desses conteúdos doutrinais com o paradigma hermenêutico que corresponde a essa compreensão.[9]

---

[9] Refiro-me à distinção que Bernard Lonergan faz entre as operações intencionais (*insight* e julgamento), bem como entre as diferentes especializações funcionais, no seu livro *Method in Theology*, New York, Herder and Herder, 1972 [trad. fr. *Pour une méthode en théologie*, Montréal/Paris: Fides/Cerf, 1978]; ainda me servirei deste livro no cap. VII.

Entretanto, nunca é possível distinguir adequadamente forma e conteúdo; do mesmo modo que a própria Palavra de Deus nos é oferecida na Escritura apenas através de uma conceptualização e uma articulação (que não se movem no plano científico), embora a teologia deva justamente levar em conta essa forma determinada e a sua tradição histórica, assim também a *maneira* como um povo vive, compreende e pensa a fé se mostrará *também* no plano de seus conteúdos, pelo menos na sua maneira de *acentuar* de modo diferente os elementos da mensagem cristã, dentro do que a fidelidade a essa mensagem permite. Se é verdade, por exemplo, como afirmou João Paulo II e como Puebla repetiu, que a piedade marial faz parte da identidade cultural latino-americana e que os símbolos dessa piedade exprimem esta identidade, assim como a mestiçagem cultural que está em sua origem, então uma teologia latino-americana não poderá deixar de acentuar, em sua maneira de sistematizar a inteligência da fé, o papel central de Maria na economia da salvação (um papel, aliás, que toda a teologia católica deve reconhecer sem reticências). Por isso, esse enraizamento cultural não se mostra, no nível de seus conteúdos, mas somente nos acentos que *correspondem* positivamente à pré-compreensão sapiencial que uma cultura tem do homem ou de Deus (e que ela recebeu da fé, se ela foi evangelizada); pode igualmente acontecer que uma teologia inculturada deva acentuar na mensagem evangélica algo que *responda* ao que é criticável ou deficiente nessa pré-compreensão, ou ainda àquilo que fica como uma interrogação aberta. Porque o critério último do círculo hermenêutico teológico não é nem pode ser a sabedoria popular como tal, mas Cristo, Sabedoria de Deus, Revelador do Pai, mas também do homem.

D. O sujeito da sabedoria popular e a teologia

O sujeito da sabedoria popular é um nós, um sujeito comunitário: o povo, quer falemos de um povo histórico determinado, quer falemos do povo de Deus inculturado numa cultura determinada, cuja sabedoria cristã "sabe" o que há de Deus e de verdades da fé e da vida. Seja qual for a nossa abordagem – e as duas são complementares quando se fala da evangelização de uma cultura –, trata-se de um sujeito coletivo, de um "nós".[10]

Pode-se afirmar a mesma coisa quando se trata não somente do conhecimento sapiencial e prático, mas também do conhecimento teórico e científico? O povo histórico e cultural é o *sujeito* da conceptualização filosófica suscetível de ser assumida como momento interno por uma teologia inculturada? O povo fiel ou crente é o *sujeito* da teologia como ciência? Para responder a estas perguntas, é preciso distinguir níveis na tarefa que consiste em "teologizar" a sabedoria popular.

"Povo" significa uma comunidade orgânica, seja uma comunidade que, porque ela é *orgânica*, inclui nela uma diferenciação de tarefas e de funções especificamente distintas (seja ainda, teologicamente, de carismas diversos). Porém, porque se trata de uma *comunidade*, essas funções não constituem um privilégio exclusivo e excludente, elas exercem, antes, um serviço comunitário no qual todos os membros da comunidade podem e devem participar ativamente, numa espécie de *communicatio idiomatum*[11] ou de comunicação de funções, sem que a especificidade de cada um desapareça por isso.

---

[10] Cf. as minhas considerações, sobretudo filosóficas, em: El sujeto comunitario de la espiritualidad y mística populares, *Stromata* 70 (2014), p. 183-196. Sobre este tema, em Guillaume d'Ockham, e sobre a *"communitas collectiva"* segundo Francisco de Marchia, ver: Dirk Ansorge, Eine "arme Kirche"? Überlegungen zu einer kenotischen Ekklesiologie. In: JORGE GALLEGOS SÁNCHEZ; MARKUS LUBER (ed.). *Eine arme Kirche für die Armen. Theologische Bedeutung und praktische Konsequenzen*, Regensburg: Pustet, 2015, p. 57-94, especialmente p. 75s.

[11] Esta palavra designa em cristologia a "comunidade de propriedades" das duas naturezas em Cristo; evidentemente, uso aqui apenas uma analogia. A questão da teologia inculturada encontra-se, assim, em relação com a questão da teologia popular; falarei disso no capítulo VI.

Há também funções e carismas especificamente distintos no povo de Deus, entre outros no que diz respeito ao teólogo e ao seu papel. A sua função não se coloca apenas a serviço da comunidade inteira, ela dá também espaço, de certa maneira, a uma participação por toda a comunidade, a saber, pelo povo pobre e simples dos crentes, no "senso da fé". E é precisamente aí que se encontra, sob uma forma que reúne mais sinteticamente toda a existência, "a encarnação" da fé numa cultura, se esta foi evangelizada no seu núcleo cultural.

Inculturado, esse "senso da fé" não implica apenas, no povo crente, um saber sapiencial não temático, bem como a sua tematização pré-reflexiva através dos símbolos e dos modos determinados de práxis, abre também espaço a uma tematização e a uma articulação lógica e conceitual que podem atingir certo nível de reflexão: categorização, argumentação, sistematização e discernimento crítico que, se forem científicos, estão, assim, de acordo com esse sentir e esse "saber".

Certamente, o teólogo profissional deverá prolongar de maneira metódica, sistemática e crítica, no nível propriamente científico, essas linhas estruturantes do discurso de fé que provêm do sentir inculturado do povo de Deus. Ele, porém, fará isso sem as quebrar nem as deformar, ao contrário, respeitando-as, embora as purifique segundo o ritmo do círculo hermenêutico do qual falamos. Porque nem a compreensão inteligente da Palavra de Deus, nem a reflexão da fé, nem a articulação logicamente estruturada dessa inteligência e dessa reflexão, nem o discernimento crítico que as acompanham, constituem propriedades exclusivas do teólogo, sendo próprias, ao contrário, do crente e da comunidade crente enquanto tais. O serviço metódico, científico e teórico, que o teólogo presta, deve, portanto, respeitar não somente a própria Palavra de Deus, mas também a maneira inculturada como ela é compreendida pelo povo crente no seu senso da fé, ainda que, está bem claro, uma parte desse serviço possa também consistir em criticar pseudoinculturações suscetíveis

A TEOLOGIA DO POVO

de deformar a mensagem evangélica. Daí se segue que a teologia como ciência deve, por sua vez, ser criticada a partir de sua recepção ou não pelo povo crente e seu "instinto evangélico", bem como pelos pastores desse povo, que são os intérpretes autênticos da Revelação e do senso de fé da comunidade crente, tanto no plano local como no plano universal. A teologia do teólogo poderá, portanto, ocasionalmente, reavivar a inteligência da fé e práxis de caridade do povo crente, poderá igualmente ser assumida pelo magistério, mas poderá também acontecer, ao contrário, que seja finalmente deixada de lado como uma simples elucubração teórica. E isso por duas razões: ou por não ser fiel à própria fé, ou então por não estar de acordo com a *maneira* cultural como o povo crente a vive e pensa.

É, portanto, necessário que o teólogo esteja vitalmente em harmonia não somente com a fé do povo, mas com a sua cultura, a sua piedade e o seu sentido sapiencial, a fim de que o seu serviço teológico seja feito "a partir do interior" do "nós" eclesial inculturado, no qual todos os pobres e os simples souberam encarnar a fé na cultura popular. É o motivo pelo qual uma conversão cultural será necessária para muitos teólogos.

Pode-se aplicar à relação entre o teólogo e o povo o que Clodovis Boff diz no seu trabalho "Agente pastoral e povo":[12] o modelo para pensar a relação deles não se encontra nas *oposições* "saber – ignorância", "saber vulgar – saber científico" ou "saber implícito (anterior e inferior) – saber explícito (posterior e superior)", mas no *intercâmbio dos saberes* específicos, distintos, irredutíveis e válidos cada um no seu gênero; ou seja, no diálogo entre a sabedoria da vida e a ciência objetiva, *na unidade do saber.*

As reflexões precedentes nos fornecem os elementos necessários para responder às perguntas que fizemos anteriormente. A teologia,

---

[12] Cl. BOFF. Agente de pastoral e povo. *Revista eclesiástica brasileira* 158, jun. 1980, p. 216-242.

mesmo como ciência, tem um caráter comunitário indispensável, devido primeiro a seu pertencimento eclesial. Ademais, no entanto, essa característica lhe vem de sua inculturação, na medida em que o sujeito da cultura e da sabedoria da vida, que é seu núcleo, é o povo. Portanto, no nível do povo de Deus como tal, a teologia tem um sujeito coletivo: a comunidade crente (cujo intérprete científico é o teólogo, mas referido de maneira essencial ao povo crente do qual ele faz parte e a seus intérpretes autênticos). De maneira que, se levarmos em conta a organicidade desse sujeito comunitário, poder-se-á afirmar que, de certa maneira, ele é também o sujeito da teologia *como ciência*.

Além disso, no caso dos povos singulares penetrados pelo povo universal de Deus, pode-se também afirmar que a filosofia, momento interno de uma teologia inculturada, é igualmente, de alguma maneira, o sujeito *coletivo* histórico-cultural (Rodolfo Kusch). De fato, o teólogo, enquanto "filósofo" de maneira inculturada, ou seja, respeitando o momento interno de sua própria tarefa teológica especulativa, se revela intérprete, no nível científico, mas no interior de seu povo e como parte orgânica deste último, da sabedoria popular.

Isso é o suficiente por enquanto, porque tudo isso será retomado de maneira mais específica no capítulo VI deste trabalho.

E. Algumas consequências epistemológicas

Essa interação entre a teologia e a sabedoria popular tem como fruto – convém indicar isso para começar – uma revalorização teológica e pastoral da cultura, da piedade e da sabedoria populares, no interior da hermenêutica apresentada aqui. Desde o final da década de 1970, tanto o documento do Encontro Interdepartamental do CELAM sobre a "religiosidade popular" como o *Documento de Puebla* se moviam, pelo menos implicitamente, numa perspectiva epistemológica marcada por uma revalorização desse tipo. A propósito do primeiro documento, Joaquín Alliende explicitou a nova epistemologia que apresentava: ao aceitar a contribuição das *ciências humanas* para a avaliação teológica da religiosidade popular, não deixa de reconhecer os limites dessa utilização instrumental e recorre também à mediação de *categorias intrínsecas* à fé cristã (que é também religião) e à própria religiosidade. Ele privilegia a autocompreensão *histórica* do povo de Deus latino-americano e introduz também a "categoria poética", vendo aí instrumentos mediadores necessários para a compreensão teológica do povo e da sua religião.[13]

Não se trataria, portanto, de um populismo romântico que desprezaria a contribuição crítica das ciências, mas de uma abordagem lúcida, que reconhece que as ciências devem também ser criticadas em seus pressupostos antropológicos, tanto a partir da fé e da sua compreensão do homem como a partir da própria sabedoria popular. Assim se toma consciência da importância da mediação dos conhecimentos práticos trazidos pelos âmbitos religioso, poético e político, bem como de suas interpretações reflexivas não científicas (pastorais, políticas, literárias ou artísticas) *nas quais o povo reconhece a si mesmo*. É claro que, entre esses conhecimentos e suas interpretações não científicas, por um lado, e as contribuições críticas das ciências humanas e sociais, por outro lado, há também um círculo hermenêutico fecundo, anteriormente à sua assunção pela reflexão filosófica e/ou pela inteligência da fé.

Essa tarefa de discernimento hermenêutico só será plenamente possível se a reconhecermos em toda a sua dimensão *histórica*. É, com efeito, através de um processo histórico que se verifica a autenticidade popular e humana de práticas e de símbolos determinados, bem como de suas interpretações: ou tudo isso se situa na linha

---

[13] Cf. J. ALLIENDE. Reflexiones sobre la religiosidad popular en América Latina. *Criterio*, 1763 (1977), p. 228-233. Faço referência ao documento do CELAM, *Iglesia y religiosidad popular en América Latina*, p. 383-417.

histórica de uma verdadeira autorrealização humana do povo (em justiça, fraternidade, paz e abertura à transcendência), segundo uma sabedoria autêntica de vida, ou então, ao contrário, isso acaba por revelar na história a sua inautenticidade.

Está claro que, também aqui, o critério hermenêutico último para discernir do ponto de vista teológico a tradição *verdadeiramente* humana de um povo, bem como a tradição *autêntica* do povo de Deus no povo inculturado, provém respectivamente da compreensão do homem implicado pela fé e da própria fé; estas últimas, porém, são mediatizadas pela autocompreensão histórica dos povos e do povo de Deus (em relação hermenêutica com a ciência histórica). Entre todos esses diferentes níveis de discernimento, há também um círculo hermenêutico.

As pistas epistemológicas que acabamos de indicar atestam um movimento distinto daquele que ocorreu em vastos círculos da teologia europeia. Nestes últimos, tende-se a supervalorizar as dimensões crítica e científica e aplica-se, às vezes, à teologia uma teoria da ciência que não leva suficientemente em conta a sua especificidade. Ao passo que aqui se trata, sem desconhecer o valor irredutível da teoria e assumindo as contribuições indispensáveis da crítica científica, de redescobrir a importância para a teologia, mesmo enquanto ciência, do conhecimento simbólico, prático, histórico e sapiencial.[14] É a partir da sabedoria que se critica a própria crítica científica e seus

---

[14] Por ocasião de reuniões entre pensadores europeus e latino-americanos, alguns entre os primeiros estiveram, de fato, de acordo com essas apreciações, referidas em particular às tradições filosóficas distintas. Este foi o caso de Jean Ladrière, numa reunião na faculdade de filosofia em Louvain-la-Neuve, e, de Peter Ulrich, em outra reunião, no Goethe Institut de Paris; ver o prólogo de Ladrière ao meu livro *Discernimiento crítico de la acción y pasión históricas* (Barcelona/México, Anthropos-Universidad Iberoamericana, 2009), bem como as intervenções de Peter Ulrich em J. C. Scannone (ed.), *Sabiduría popular, símbolo y filosofía*, Buenos Aires, Guadalupe, 1984.

pressupostos, mas as duas também são ao mesmo tempo criticadas a partir da fé.

Pode-se situar na mesma linha de renovação epistemológica a reacentuação do "senso da fé" do povo crente como critério e *locus theologicus*, bem como a importância reconhecida ao conhecimento "não somente por via científica, mas pela capacidade conatural de compreensão afetiva" característica do povo de Deus em sua relação com os povos e com o movimento geral da cultura (DP 397). Isso corresponde também à "síntese vital" entre "inteligência e afetividade" (DP 448) que Puebla reconhece na sabedoria popular latino--americana, bem como à sua cultura "especialmente marcada pelo coração e suas intenções", que se exprime "não tanto nas categorias e na organização mental características das ciências, mas nas artes plásticas, na piedade que se faz vida e nos espaços de convivência solidária" (DP 414).[15] As categorias de que Alliende fala se esforçam precisamente por levar ao nível científico da reflexão teológica esse tipo de conhecimento, respeitando o seu caráter sapiencial. Notemos, aliás, que todas essas considerações supõem um sujeito coletivo do conhecimento.

O próximo capítulo dará mais ilustrações a propósito dessa sabedoria popular exigida como mediação para uma teologia inculturada. No entanto, pareceu-me justo propor, sem mais demora, ao leitor um exemplo concreto no qual a maior parte dos elementos reconhecidos teoricamente mais acima entram em jogo na prática teológica. Essa é a razão pela qual, para terminar, reproduzirei uma breve reflexão teológica que fui levado a fazer a propósito de um rito

---

[15] Ver o que diz Julio R. Méndez sobre a "lógica estimativa" (lógica cordial), em seu artigo sobre as matrizes culturais europeias na América Latina em: Alberto Trevisiol (ed.), *In Ascolto dell'America. Incontri fra popoli, culture, religioni. Strade del futuro. Atti del Convegno Internazionale* 7-9 abr. 2014, Roma, Pontificia Università Urbaniana, 2014, p. 69-91.

argentino, o *Tinkunaco*, que sintetiza numerosos valores positivos aduzidos pela nossa sabedoria popular.

F. O Menino Jesus reconhecido como prefeito: uma "teologia política" em símbolos

Posso propor aqui apenas algumas sugestões sobre essa festa argentina de *Tinkunaco*; seria possível desenvolver e explicitar muito mais, à luz da Escritura e com a ajuda da história e da antropologia social. Parece-me, contudo, que a *breve* descrição do rito e os *esboços* de pistas de reflexão que acrescentarei bastarão para indicar, sobre um exemplo concreto, um caminho *possível* de inculturação teológica.[16]

Cada ano, no dia 31 de dezembro ao meio-dia, o povo de La Rioja (província do noroeste da Argentina) celebra a festa popular do *Tinkunaco*,[17] palavra quéchua que significa "encontro". De fato, trata-se verdadeiramente da celebração simbólica e ritual do *encontro e reconciliação* entre dois povos, duas raças, duas culturas, a espanhola e a aborígene [os diaguitas], assim como formam hoje um só povo mestiçado, que é o fruto comum *dos dois*. Com Puebla, podemos falar aqui também de "mestiçagem cultural e racial" (DP 409),

---

[16] Essas reflexões podem ser completadas por meu artigo The Symbolic Witnessing of the Tinkunaco Rite. In: MARIA CLARA BINGEMER; PETER CASARELLA (ed.). *Witnessing, Prophecy, Politics and Wisdom*. New York: Maryknoll, 2014, p. 122-129.

[17] Sobre essa festa popular ver: Juan Carlos Vera Vallejo, *Las fiestas de San Nicolás en La Rioja*, La Rioja, 1970; Julián Cáceres Freyre, *El encuentro o Tincunaco*, Buenos Aires, Cuadernos del Instituto Nacional de Antropología, 1964; Bruno Jacovella, *Fiestas tradicionales argentinas*, Buenos Aires, Lajouane, 1953; Juan A. Órtiz, *El Tinkunaco. La gran fiesta de La Rioja*, La Rioja, Tiempo latinoamericano, 2006. O escritor de La Rioja Joaquín V. González dá uma descrição dela em *Mis montañas* (ed. e prol. Arturo Marasso, Buenos Aires, Biblioteca de Clásicos Argentinos XVI, 1958).

produto não apenas da dialética da conquista (senhor/escravo), mas também do diálogo e do encontro (homem/mulher).[18]

O símbolo desse encontro é a convergência de duas imagens ou, mais exatamente, de duas procissões que as levam: a de São Nicolau (padroeiro de La Rioja) e a do Menino Jesus como prefeito. A primeira procissão parte da catedral e a segunda, da igreja de São Francisco. As duas se encontram, vindo de direções opostas, diante do palácio do governo (antigamente câmara municipal), e isso precisamente no último dia do ano, o qual é destinado, segundo uma tradição que remonta aos tempos coloniais, à tomada de posse das novas equipes dirigentes.

A procissão que leva a estátua de São Nicolau tem à sua frente o "sargento" (na época da colônia espanhola, o sargento era aquele que levava o estandarte régio). As confrarias que o acompanham, chegam a cavalo e levam, em cruz no peito, uma faixa malva (cor episcopal de São Nicolau), bem como, em suas mãos, um mastro que parece sustentar, enrolado, uma bandeira colorida. Todos esses símbolos representam, em ligação com o "sargento", os espanhóis.

A outra procissão, que leva o Menino Jesus vestido como prefeito (sem esquecer nem o típico chapéu de plumas nem a vara de comando), é precedida pelo "Inca" e simboliza o povo índio [diaguitas]. Também as confrarias que o acompanham usam fitas brancas em suas frontes e uma espécie de escapulário feito com pequenos espelhos no peito e no ombro. Um arco guarnecido de fitas adesivas é agitado sobre a cabeça do "Inca", dança-se ao ritmo de um tambor enquanto se canta, em língua quéchua (que nenhum dos participantes fala nem compreende atualmente), a canção do "Tinkunaco" em honra do sagrado Menino e de sua Mãe. No momento preciso do encontro, sob o sol escaldante do verão, um silêncio absoluto reina.

---

[18] No capítulo seguinte, veremos o que Gaston Fessard e Alberto Methol Ferré, inspirando-se em São Paulo, expõem sobre essas duas dialéticas.

Então, todos os assistentes se ajoelham por três vezes diante do Menino, reconhecendo-o, assim, como prefeito da cidade, da província e do mundo. O próprio São Nicolau, através da genuflexão daqueles que o levam, adora o Menino sustentado pelos que representam os índios, os quais permanecem de pé.

Uma antiga lenda conta a origem do rito. Segundo esse relato,[19] houve uma revolta indígena na época da colônia, por causa das injustiças cometidas pelo governador espanhol contra aqueles que ainda não eram cristãos; estes últimos ameaçavam destruir La Rioja. Por isso, enquanto os espanhóis se entregavam à oração e à penitência para pedir a Deus a salvação da cidade, São Francisco Solano, missionário franciscano, dirigiu-se desarmado (talvez com o seu célebre violino) aos revoltosos para apaziguá-los. Em resposta à sua pregação estes, aos milhares, aceitaram o Batismo, mas a condição da reconciliação foi a destituição do prefeito injusto. A partir desse dia, todos os habitantes de La Rioja, espanhóis e indígenas, reconheceram o Menino Jesus como prefeito da cidade, a fim de que a justiça reine de fato em La Rioja. E, ainda hoje, o governador da província, ou seja, a autoridade máxima de La Rioja, reconhece a autoridade soberana do Menino Prefeito e entrega a ele as chaves da cidade, ato pelo qual reconhece que ele governa em seu nome e que deve fazê-lo segundo um espírito de paz e de justiça, em particular para com os mais fracos.

---

[19] Ver os dados históricos e os aspectos legendários em: Julián Plandolit, *El apóstol de América. San Francisco Solano*, Madrid, Cisneros, 1963 (com bibliografia e citação de fontes); Nicolás Rivera, *La Rioja. Sus orígenes y tradición*, Buenos Aires, 1959; Mariel Caldas, *El tinkunaco riojano : experiencia de religiosidad popular interpretada desde las categorías de fiesta y diálogo* (tese de licenciatura em teologia pastoral, UCA, Facultad de Teología, 2011 (http:/biblotecadigital.uca;edu.ar/repositorio/tesis/tinkunaco-riojano-experiencia). A revolta indígena e a sua conversão, graças a Francisco Solano, são históricas e situam-se durante a Páscoa de 1593.

A TEOLOGIA DO POVO

O rito e a lenda representam, portanto, simbolicamente, o povo de La Rioja e fazem com que ele, de novo, tome consciência do que ele é: o fruto do encontro de dois povos, duas raças e duas culturas, numa rica mestiçagem. Esses símbolos, com a sua força plástica, questionam também a injustiça e a falta de equidade, mas não aguçam os conflitos, porque o seu potencial simbólico tende mais a promover uma reconciliação fundada na justiça, no direito e no encontro.

O rito, como a lenda, exigem igualmente, de maneira tácita, através dos seus símbolos, uma paz social justa, na qual se dá preferência aos mais pobres e aos oprimidos que se reúnem junto ao Menino Prefeito. Com isso, ademais, o *Tinkunaco* confessa simbolicamente que toda autoridade política vem de Deus e que ela deve ser exercida para o bem comum, com uma solicitude especial em relação àqueles que são vítimas da injustiça.

Cristo é, portanto, Senhor e Prefeito, mas esse Senhor é um Menino cujo amor se dirige de preferência aos pequenos que encontram nele um padroeiro e um símbolo. Ele é o pacificador que realiza a reconciliação entre aqueles que reconhecem a sua justa e suave autoridade. Por isso, o *Tinkunaco* pode ser considerado uma "teologia política" estruturada em símbolos, rito e lenda; a sua festa é celebrada cada ano, a fim de relembrar o acontecimento da reconciliação, de representá-lo ritualmente e, assim, proclamá-lo.

Se os símbolos, como diz Ricoeur,[20] não comunicam apenas o sentido, mas a verdade, na medida em que descobrem e expõem metaforicamente a *realidade* mais essencial e as *possibilidades reais* mais próprias, então o *Tinkunaco* é a expressão ritual da realidade *histórica* mais profunda do povo de La Rioja (e talvez, por extensão,

---

[20] Cf. P. RICOEUR. *La métaphore vive*. Paris: Seuil, 1975, em particular os estudos 7 e 8. Pode-se ver também o capítulo 13 do meu livro: *Nuevo punto de partida en la filosofía latinoamericana*.

dos povos latino-americanos), assim como está percebido pela sabedoria popular. Ele é, assim, o símbolo vivo tanto de seu profundo desejo de justiça e de paz como das *possibilidades reais* que contêm de fazer desde já chegar efetivamente na história o encontro com Deus e entre os homens; e é, ademais, um protesto, representado de maneira plástica, contra toda injustiça eventual ou contra toda ruptura da reconciliação.

Repetido cada ano, o rito é, cada vez, um novo apelo a tornar eficazes essas possibilidades reais na práxis histórica, respondendo, assim, à origem e à essência histórica mais íntima do povo provindo do encontro e da mestiçagem, apesar dos conflitos que acompanharam essa história.

É claro que os símbolos, por causa da ambiguidade que há na pluralidade de seus significados, podem também dar lugar a uma manipulação ideológica ao buscar dissimular a opressão ao limitar a justiça, a conversão e a reconciliação ao plano *apenas* simbólico e cultural, desprovido de toda incidência ética, política e social, efetiva. Porém, essa maneira de fazer, tende a frear a dinâmica interna que lhes é própria, traindo a verdade que expõem e anunciam de maneira metafórica.

Ao contrário, uma autêntica teologia da libertação do povo e da cultura é suscetível de esclarecer pela Palavra de Deus a sabedoria popular, humana e cristã, encarnada nesses símbolos, de maneira a interpretá-los teologicamente e colocá-los de fato em prática. Do mesmo modo, aliás, que esses símbolos e sua interpretação humana podem servir de instrumento para uma compreensão inculturada da Palavra de Deus e de seu anúncio de reconciliação, de paz e de justiça em Cristo.

Para uma interpretação teológica e pastoral que compreenda o alcance libertador do *Tinkunaco* à luz do Evangelho, podemos encontrar importantes princípios de orientação nas cartas pastorais,

A TEOLOGIA DO POVO

nas prédicas e nas ações de um dos mais eminentes pastores de La Rioja: Enrique Angelelli, que foi assassinado pelos militares quando era bispo de La Rioja, por causa da sua defesa da justiça e dos direitos humanos (1976).[21] Os juízes da democracia acabaram reconhecendo o crime, que fora camuflado em acidente, e o processo de beatificação de Monsenhor Angelelli está em curso.

O *Tinkunaco* é, portanto, o fruto ritual de uma evangelização da cultura que toma forma em símbolos da piedade popular. A sabedoria humana e cristã que eles exprimem pode servir de mediação para uma teologia política inculturada que leve a sério os símbolos religiosos do povo e os esclareça, que discirna o seu sentido e os interprete à luz da Palavra de Deus.

---

[21] Cf. Luis LIBERTI. *Mons. E. Angelelli. Pastor que evangeliza promoviendo integralmente al hombre*. Buenos Aires: Guadalupe, 2006.

CAPÍTULO V

Pertinência da sabedoria popular no *ethos cultural*: uma alternativa teológica

Neste livro, caracterizei, primeiro, a teologia do povo como "uma corrente que tem traços próprios no interior da teologia da libertação" e apresentei o seu principal representante, Lucio Gera. Expliquei, em seguida, como essa teologia compreende as categorias de "povo" e de "popular" e mostrei o lugar que a sabedoria popular tem nela e em sua encarnação sob forma de cultura. Nesse caso, trata-se da ou das cultura(s) latino-americana(s) das quais, porém, se pode tirar um modelo universalizável para toda inculturação da teologia.

No final do capítulo precedente, não apenas propus algumas reflexões epistemológicas a esse respeito, mas também expus um breve exemplo prático. O capítulo que se segue, por sua vez, tentará pôr melhor em evidência essa exemplaridade, tanto para os povos cuja sabedoria da vida está marcada pela recepção do Evangelho como para aqueles que não se beneficiaram com ele ou que o esqueceram, mas que não podem subtrair-se à pergunta pelo sentido último da vida ou à exigência da sabedoria.

Trata-se, pois, de propor uma espécie de modelo para toda inculturação da teologia, levando-se em conta a sabedoria de cada povo, assim como AG 22 sugere. Isso diz respeito também aos povos não explicitamente evangelizados, mas vale especialmente para a América Latina, a Argentina em particular, bem como para toda outra cultura já penetrada pelo Evangelho e por sua sabedoria teologal. Em todos os casos, tratar-se-á de uma teologia contextualizada e inculturada, porém de validade universal.

Levarei muito em conta o que a teologia argentina do povo elaborou para explicitar a *perspectiva* e os *pressupostos* de toda teologia que se constrói a partir de um meio sociocultural determinado. Isso permitirá esboçar pistas e orientações para um trabalho ulterior, de natureza ao mesmo tempo interdisciplinar e especificamente teológica, que eu não poderia levar a cabo aqui.

No caso da teologia do povo, tal abordagem baseou-se, em minha opinião, em dois tipos principais de pressupostos: (1) Aqueles que se referem à *interpretação teórica da história nacional* de um povo (no nosso caso, o povo argentino) e *do ethos cultural* que se formou aí (uma interpretação que, por sua vez, pode servir de base para uma hermenêutica teológica dessa realidade). (2) Aqueles que são de caráter mais *diretamente teológico*, que são aplicáveis a toda teologia inculturada e que se referem à relação entre *fé, cultura e teologia*. Na primeira parte deste capítulo, a minha referência específica será, portanto, o meu país, embora a maior parte de suas afirmações valha para toda a América Latina e possa valer também para outros povos. Na segunda parte, tratarei de maneira mais geral da inculturação da teologia, completando assim o que já foi exposto no capítulo precedente.

A. Pertinência da sabedoria cristã num *ethos* cultural

Explicitarei, antes de tudo, o primeiro tipo de pressupostos. São, essencialmente, três: (1) O povo é o *sujeito coletivo* de uma *história nacional* e do *ethos cultural* que se formou nela. (2) Este *ethos cultural* implica como seu núcleo ético e antropológico um *sentido da vida e da morte*, quer dizer, um conhecimento sapiencial do homem nas suas relações essenciais e, em último lugar, certo "saber" de Deus. (3) É nesse sentido da vida que se revela, no povo argentino (e em muitos outros povos), por razões históricas, a *pertinência cultural da sabedoria cristã*, ou seja, do sentido da vida implicado pela fé cristã. Em minha exposição, tratarei de maneira separada os dois primeiros pontos. O terceiro, porém, não será abordado separadamente, mas em ligação com o segundo, porque ele nos fornecerá a sua perspectiva de análise. Evidentemente, não analisarei *todos* os aspectos de nosso *ethos* cultural, mas apenas aqueles que correspondem ao sentido cristão da vida. Não pretendo afirmar com isso que esses aspectos sejam devidos *exclusivamente* à evangelização e tampouco que sejam propriedade *exclusiva* de nossa cultura, ainda que sejam próprios dela. Pelo contrário, esta não exclusividade tornará mais fácil a *universalização* de nossa experiência em categorias universais, mas *situadas tanto histórica como geoculturalmente*.

Antes de explicitar esses pressupostos interpretativos da história e da cultura argentinas, preciso reconhecer que são devidos a influências múltiplas. (1) Primeiro, há a visão histórica característica do que chamamos de "revisionismo histórico" e, mais ainda, de *pós-revisionismo*.[22] (2) Em seguida, há certas *interpretações políticas* de nossa realidade por líderes federais, entre os quais se destaca a figura de José Gervasio de Artigas (1764-1850). (3) Há também *compreensões poéticas* dessa mesma realidade, com a sua culminação no poema nacional argentino, o *Martín Fierro*. (4) Finalmente, há a *interpretação teológica e pastoral* do país, assim como se encontra tanto no

---

[22] A corrente histórica revisionista empreendeu, nos anos 1930, uma "revisão" crítica da história argentina escrita pela corrente liberal do século XIX (Bartolomé Mitre, Vicente Fidel López): o que chamamos de "pós-revisionismo" é herança do revisionismo, mas, ao evitar a sua atitude um tanto maniqueia, recuperou de maneira mais científica o que há de válido nas duas correntes anteriores.

Documento do Episcopado Argentino sobre a Pastoral Popular (*Declaração de San Miguel*, 1969, VI) como no movimento teológico e pastoral de que é expressão e que contribuiu para tornar mais forte. Em continuidade com os dois, há, como já foi dito, tanto a visão histórica de Puebla acerca da evangelização latino-americana (cf. DP 314 e 408-419 etc.) como a interpretação da história argentina no Documento do Episcopado Argentino, *Iglesia y comunidad nacional* (1981, sobretudo p. 4-37 e 111-137; doravante ICN), que retomou as afirmações de Puebla, mas referindo-as à Argentina e especificando de maneira mais precisa as particularidades dessa história.

Todas essas interpretações levam em conta, de maneira específica, a importância da fé cristã em nosso *ethos* cultural: elas receberam a sua influência e, quando servem de mediação para a reflexão teológica e pastoral, refluem, por sua vez, sobre a maneira de apreciar *teologicamente* essa importância histórica. Temos aí mais um caso de interação fecunda entre fé e cultura: a primeira influi sobre os diferentes níveis da objetivação cultural, as interpretações teóricas e científicas da história, as visões políticas, as expressões literárias, ao passo que estas, por sua vez, refluem sobre a própria maneira de compreender a fé, bem como sobre o julgamento pastoral e teológico feito sobre a realidade histórico-cultural à luz da fé.

Preciso especificar, ademais, que, quando assumo essas interpretações, não me fixo tanto sobre os intérpretes quanto sobre o povo que é interpretado e que interpreta a si mesmo de uma certa maneira através delas. Concedo, portanto, uma importância toda particular às hermenêuticas (históricas, políticas, literárias, pastorais) *nas quais o próprio povo se reconheceu.*[23]

---

[23] Esse reconhecimento histórico está em ligação com aquele que Lucio Gera descobre nos povos e no povo de Deus, através de um ato sapiencial, sintético e global; ver ISD, p. 19-20. Joseph Comblin afirma também que existe, além das racionalidades científicas, uma maneira de compreender a realidade global que está ao alcance dos simples de

Mas, se esse reconhecimento fosse apenas pontual, passageiro ou conjuntural, ficaria terrivelmente ambíguo. Se for possível superar essa ambiguidade, é porque as diferentes características principais nas quais o povo se reconheceu (seja no nível político, literário ou pastoral) acabam desenhando uma *linha histórica* que lhe confere *uma orientação e um sentido determinados.* Refiro-me aqui a uma linha histórica de sentido humano e humanizador, ao mesmo tempo popular e nacional. Essa linha é descontínua, mas põe em evidência etapas sucessivas nas quais crescem a consciência e a organização populares, dentro de um horizonte de busca e de realização de maior dignidade reconhecida ao homem, bem como de maior justiça e solidariedade. Por isso, o critério para escolher as expressões e interpretações populares analisadas não foi simplesmente histórico, mas também ético, antropológico e evangélico; foram escolhidas aquelas expressões que representam acontecimentos importantes na linha histórica de valores humanos e cristãos (justiça, dignidade da pessoa, solidariedade) mais vivenciadas. Acho que esse método é aplicável também à história e à cultura de outros povos, que é, por conseguinte, universalizável de maneira analógica.

No tocante a essa linha histórica, há também um fluxo e um refluxo, não mais entre níveis sincrônicos de hermenêutica (histórica, política, literária, filosófica, teológica), mas entre momentos históricos que se influenciam mutuamente segundo a relação prospectiva de causa e efeito. Mas a novidade dos momentos posteriores reflui também retrospectivamente sobre a reinterpretação dos momentos anteriores. A partir de um novo e mais alto grau de consciência e de realização do povo, é possível reinterpretar acontecimentos anteriores da história passada. Assim, na situação atual, depois dos fenômenos culturais que foram o que foram, o revisionismo histórico, de um

---

boa vontade: cf. o seu artigo Liberté et libération. Concepts théologiques, *Concilium* 46, jun. 1974, p. 395.

A TEOLOGIA DO POVO

lado, e, de outro lado, movimentos políticos como o irigoyenismo, o peronismo ou o atual consenso democrático, pode-se fazer uma releitura de experiências históricas anteriores ou de seus arquivos documentários a fim de descobrir aí uma *reserva de sentido*. Porque não se trata de simples fatos anedóticos, mas de acontecimentos significantes que é necessário reinterpretar.[24] É frequente, com efeito, que, no desenrolar e na orientação do tempo, a direção natural não coincide com a linha do sentido.

1. O povo como fruto de uma mestiçagem histórica e cultural

Comecemos lembrando em que sentido entendemos aqui a categoria "povo", de acordo com o que foi indicado no capítulo III. Trata-se, antes de tudo, de um sentido *histórico-cultural*: o povo designa aqui uma nação, embora, em nosso contexto, ele se concentre nos setores pobres dessa nação. Há aí uma categoria *histórica*, porque somente no concreto da história se define a realidade do "povo", em relação com uma memória, uma práxis e um destino histórico comuns. Essa categoria é igualmente *cultural*, porque se refere à criação, à defesa e à manutenção de um *ethos* ou de um estilo de vida característico de uma comunidade, quer dizer, de sua maneira particular de habitar o mundo e de nele se pôr em relação com a natureza, com os outros homens e com os outros povos, bem como com Deus. Essa dualidade constitutiva faz com que se trate também de uma categoria fundamentalmente *política*, embora de maneira não exclusiva: ela designa, com efeito, uma comunidade de história, de ação e de destino (bem comum), que é capaz de se constituir em Estado, mas cuja história, ação e destino comuns abrangem *todos* os

---

[24] Sobre dupla relação (causal e hermenêutica) entre acontecimentos, ver: Carlos Mesters, *Por trás das palavras*, Petrópolis, Vozes, 1974. Pode-se aplicar a ela a inter-relação blondeliana entre a série de causas e a ordem dos fins segundo *L'Action* de 1893.

domínios da cultura, não somente o domínio político em sentido estrito, mas também econômico e cultural (na acepção limitada deste termo), o domínio religioso etc.

Acontece, por outro lado, que, para os povos da América Latina, o que nos identifica como nações é o fruto de uma *mestiçagem* cultural: na realidade, a unidade (a mestiçagem) predominou sobre o conflito, embora essa unidade fosse adquirida pela imposição e pela conquista. Na Argentina, por exemplo, prevaleceu de fato uma integração (mestiçagem) que predominou sobre os fluxos posteriores da imigração.

Acho que a categoria de "mestiçagem" é prenhe de sentido e que permite admiravelmente interpretar a nossa história e a nossa cultura, embora essa mestiçagem nem sempre tenha sido racial. Há aí um conceito-símbolo no qual vêm convergir as duas dialéticas antropológicas fundamentais de que Alberto Methol Ferré fala na esteira de Gaston Fessard.[25] Temos, em primeiro lugar, a dialética *homem-mulher*, que tem como fruto, na história, um ser *novo*: essa novidade histórica é perfeitamente adequada para caracterizar o "povo novo" (segundo a tipologia do antropólogo brasileiro Darcy Ribeiro) que nós somos, ela nos distingue de outros povos que buscaram as suas origens míticas, abre-nos, assim, à novidade de um tipo histórico e não mítico. Além disso, no entanto, a mestiçagem foi também o produto de outra dialética maior, *senhor-escravo*. Mais ainda, a intersecção dessas duas dialéticas tornou realmente possível a prevalência da *unidade nacional* e da *fraternidade*, características de um *povo*, sobre a conflitividade e a dominação no seio do povo, bem como, infelizmente, a sua prolongação através de novas formas de opressão.

---

[25] Cf. G. FESSARD. Esquisse du mystère de la société et de l'histoire. *Recherches de Science religieuse* 35 (1948), p. 5-54 e 161-225, em particular a partir da p. 186; *De l'actualité historique I*. Paris: Desclée de Brouwer, 1960; A. METHOL FERRE. Análisis de las raíces de la evangelización latinoamericana. *Stromata* 33 (1977), p. 93-112.

Assinalemos de passagem que estas duas características – senso da novidade histórica e prevalência da unidade sobre o conflito sem ocultar por isso este último – correspondem ao sentido cristão da vida.[26] Notemos também que a concepção do povo como sujeito coletivo da história não é surpreendente para quem conhece a história bíblica do povo de Deus, tanto no Antigo como no Novo Testamento, apesar das diferenças que há entre os três casos do "povo" de "Israel-povo de Deus" e da "Igreja-povo de Deus".

A unidade prevaleceu, igualmente, no Río de la Plata e em outras latitudes, quando o povo saído da primeira mestiçagem cultural teve de integrar a contribuição de outros imigrados. É a razão pela qual discordo nesse ponto de Darcy Ribeiro, segundo o qual nós somos, nós os povos do Río de la Plata, "povos transplantados", como é o caso, por exemplo, da Austrália. Para esse autor, até a imigração em massa ocorrida em 1860, nós éramos um "povo novo", provindo de protoetnias mestiçadas, como é ainda o caso, segundo ele, do Chile, do Paraguai ou do Brasil; mas a imigração teria rompido a continuidade histórica de um mesmo povo. O trabalho presente sustenta o contrário, embora reconheça que essa foi a intenção dos governos liberais da época de mudar radicalmente a etnia e a cultura do país (cf. ICN 20) pelo viés da imigração (que eles desejavam anglo-saxã). Porém, não conseguiram, não somente porque os imigrantes latinos (italianos e espanhóis) e pobres, em sua maioria, integraram-se totalmente em duas ou três gerações, mas sobretudo porque a força da cultura crioula, nascida da mestiçagem hispano-americana original, foi tal que conseguiu realizar uma assimilação fecunda do novo; através de sua própria transformação e de seu próprio crescimento, sem nenhuma dúvida, mas sem perder a sua identidade fundamental.[27]

---

[26] A segunda corresponde a uma das prioridades do Papa Francisco: cf. EG 226-230. Voltarei a isto no capítulo XI.

[27] Cf. D. RIBEIRO. *Las Américas y la civilización*. Buenos Aires: Centro Editor de América Latina, 1969 (v. 3 : *Los pueblos trasplantados: los rio-platenses*). Compartilho as

O episcopado argentino, por sua vez, afirma que "a América Latina [...] não foi uma mera repetição cultural nem da Espanha nem das culturas pré-colombianas. Nasceu e se formou um povo novo" (ICN 7). Mas acrescenta: "Do amplo âmbito daquela unidade cultural surgiram a nação argentina e outras nações irmãs. O povo argentino nasce no espaço fraterno da solidariedade latino-americana que não pode ser apagado da memória histórica" (ICN 8). Mais adiante, continua:

> A imigração que chega ao país, preponderantemente de origem latina e católica, afirmou a cultura em suas raízes mais genuínas e permitiu aos imigrantes e a seus filhos uma integração que levará estes a contribuir ativamente na formação do país dos argentinos com todas as características que nos são próprias (ICN 20).

Puebla já tinha evocado essa integração ao dizer que "durante os dois últimos séculos, afluem novas correntes migratórias, sobretudo no Cone Sul, que trazem modalidades próprias integrando-se basicamente no estrato cultural preexistente" (DP 411). Também, segundo o episcopado argentino, essa nova contribuição racial e cultural "embora nos distinga dos países que têm uma preponderante população de origem pré-colombiana, não nos separa deles, porque acima de tudo nos unem numa mesma fé, numa idêntica história e numa língua comum" (ICN 28).

Por isso, apesar das tensões internas e da estrutura de dependência regional, quer sejamos de Salta, de Corrientes ou do litoral,[28]

---

críticas de Julio de Zan a Ribeiro em: Para una filosofía de la cultura y una filosofía política nacional. In: Vv. *Cultura popular y filosofía de la liberación*, Buenos Aires, Fernando García Cambeiro, 1975, p. 95s. Chamo de "crioula" a fundação original e não a oponho, como outros, à "mestiçagem", na medida em que ela implica uma mestiçagem cultural e muitas vezes racial.

[28] Salta fica no Noroeste da Argentina, onde ocorreu, como em grande parte da Bolívia, uma mestiçagem com as populações quéchua e aimará; Corrientes situa-se no

A TEOLOGIA DO POVO

fazemos parte de *um só e mesmo* país, continuamos, objetiva e subjetivamente, *a mesma* história nacional que nossos ancestrais e temos um destino *comum*. Um movimento político como o radicalismo refletiu, em suas origens, a assunção da problemática e da memória nacionais por numerosos filhos de imigrantes. Mais tarde, o peronismo exprimiu a unidade de ideais (soberania política, independência econômica, justiça social) compartilhados tanto pelos "cabecitas negras" como pelos descendentes de estrangeiros, os "gringos" ou os "galegos".[29] Esses dois movimentos tinham consciência de serem os herdeiros de uma tradição nacional e popular cuja emergência precedia o fenômeno maciço da imigração. Em outro setor da cultura, o religioso, pode-se também constatar como devoções populares de raiz crioula (a Virgem de Luján, a Virgem del Valle...) ou outras trazidas pelos imigrantes (como San Cayetano) unem argentinos de origem diversa numa mesma fé e numa mesma religiosidade popular; isso ocorre ainda hoje com a nova devoção a Nossa Senhora Desatadora dos Nós, trazida da Alemanha pelo que agora é o Papa Francisco. E, assim, poderíamos multiplicar os testemunhos em que a continuidade histórica predomina sobre a ruptura e a transplantação, embora isso seja feito através de uma dialética de conflitos e de tensões.

Nordeste, com uma mestiçagem com os guaranis, como no Paraguai; no litoral e em outras regiões (o centro, Cuyo, na fronteira com o Chile, a Patagônia, no Sul), prevaleceu a imigração europeia, embora não fosse a única (houve também, por exemplo, a imigração árabe e japonesa).

[29] "Cabecinhas negras" era a qualificação desdenhosa recebida nos anos 1940 por aqueles que tinham um rosto marcado pela indianidade; na Argentina da primeira metade do século XX, eram chamados de "gringos" os ingleses e os italianos (porque, mui frequentemente, eram louros), e os espanhóis eram tratados como "galegos".

2. O povo como sujeito coletivo da história e da cultura

O povo nascido de tal mestiçagem cultural é o *sujeito coletivo* de uma memória compartilhada, de uma consciência nacional, de um projeto histórico (ou concepção, às vezes implícita, de um destino comum) e de uma organização de um estilo de vida comum. Essa maneira de viver e de interpretar o povo como sujeito coletivo tem raízes históricas muito profundas. Remonta, por um lado, à tradição dos povos originais, organizados coletivamente, como nos *ayllus* andinos e nas comunidades guaranis. Enquanto, por outro lado, remete ao modo de *povoamento* que a Espanha trouxe a essas regiões e que continuou o modo de povoamento experimentado durante a Reconquista espanhola.

Vicente Sierra diz que, durante a guerra da Reconquista espanhola, mouros e cristãos tentaram, primeiro, se destruir mutuamente. Mas acabaram por compreender que, para realizar a reconquista, não bastava lutar, era indispensável *povoar*. (Foi assim que a dialética da unidade, homem-mulher, foi fortalecida, mesmo no interior de uma guerra de libertação.) Esses povos, essas populações, se encontravam na fronteira. E surgiram numa luta de defesa da pátria e da fé, ou seja, com um sentimento profundo de unidade nacional e religiosa. Os povos se organizavam sob a condução federada de um chefe que se colocava à frente deles; mas, ainda nesse caso, a tradição visigoda se mantinha: "Rei, com a condição de ser justo".[30] Dito de outra maneira, a mística da unidade do povo era vivida dentro de um horizonte de justiça social e de libertação nacional. Foi aí que se originou a valorização dos tribunais de justiça dos povos, bem como a organização de conselhos municipais de comunidades. Mais tarde, na Espanha absolutista, sobretudo borbônica,

---

[30] Cf. V. SIERRA. *Historia de la Argentina*. Buenos Aires: Unión de Editores Latinos, 1956, p. 14s; J. M. ROSA. *Historia argentina* I. Buenos Aires: Oriente, 1974, p. 109s.

esse sentido democrático se enfraqueceu, mas foi ainda essa história que deu origem à idiossincrasia espanhola que veio para a América e de que nossos ancestrais foram os herdeiros. Se não se levar isso em conta, não se compreende a nossa história de conselhos municipais, de federalismo, de movimentos populares. Eis por que as análises que não nasceram dessa experiência, mas de experiências históricas diferentes (como a do surgimento econômico da burguesia como classe social nas cidades da Liga Hanseática ou do Norte da Itália), não são verdadeiramente adequadas para compreender a realidade que é o produto *dessa* história.[31] Por isso é a categoria "povo" que deve prevalecer na interpretação de nossa realidade, sem rejeitar, no entanto, o valor analítico da categoria "classe" que, pela mesma razão, não pode nem deve ser compreendida assim como o marxismo a apresenta. O valor da categoria "nação" não é mais negado, mas, se ela não é fecundada pela categoria "povo", pode facilmente dar lugar a uma manipulação instrumental por autoritarismos nacionalistas, antipopulares e antidemocráticos.

Assim compreendida, a categoria "povo" é uma chave para interpretar um fenômeno que, por sua vez, a verifica e a confirma: o artiguismo. Por isso, agora me referirei a esse fenômeno como a um dos pontos altos de nossa história em que o povo se reconheceu num líder popular. Poder-se-ia, aliás, dizer o mesmo de outros, desde Irala e Hernandarias no tempo da colônia até Yrigoyen e Perón no século XX, passando por Güemes ou Rosas na época da organização nacional. Não se trata de idealizar, mas de exercer para com eles um discernimento crítico que leve ao mesmo tempo aos valores que o povo pôde reconhecer neles e às suas fraquezas éticas ou políticas que também os marcaram.

---

[31] Sobre este tema, ver as reflexões pertinentes de Miguel Ángel Fiorito e de José Luis Lazzarini, Originalidad de nuestra organización popular, *Boletín de espiritualidad* 57, fev. 1975.

Foi no movimento nacional e popular do artiguismo que a revolução de maio (1810), origem da nossa emancipação política, se mostrou efetivamente popular.[32] O povo se mostra aí o protagonista de uma luta que se prolongará em seguida no exército dos Andes, com José de San Martín, bem como nos guerrilheiros de Martín Güemes que defenderam a fronteira Norte contra os espanhóis. Estes últimos, de fato, tinham recuperado a sua força militar com a volta ao trono de Fernando VII, uma vez que Napoleão fora vencido.

O povo como sujeito coletivo é uma ideia recorrente em Artigas. Ele fala constantemente, em suas cartas ou suas resoluções, da "vontade geral", da "vontade dos povos", do "coração dos povos", da "autoridade dos povos" dos quais se reconhece o líder ou o intérprete. Mas não se trata aí de uma simples palavra, e, sim, do respeito profundo que ele realmente sente por essa "vontade geral", assim como ela se exprime, por exemplo, nas assembleias populares que ele consulta e às quais submete a sua autoridade.[33] Essa vontade dos povos livres era para ele o projeto histórico que federava a nação, por oposição ao projeto elitista, centralista e unitarista, de Buenos Aires.

---

[32] Para J. M. Rosa, tanto o levante oriental (com Artigas) como a revolta dos moradores pobres das favelas portuárias marcam a assunção, pelo povo da planície, dos ideais da Revolução de Maio (1810): cf. sua *Historia argentina II*, p. 271 e 286. Em minha opinião, Artigas não tem as ambiguidades de outras figuras históricas.

[33] Cf. o discurso inaugural do Congresso de abril de 1813, no qual Artigas afirma diante da assembleia: "a minha autoridade emana de vós e para diante da vossa presença soberana [...], é o voto sagrado de vossa vontade geral que me colocou à vossa frente"; cf. a coleção de documentos publicados por Óscar Bruschera, *Artigas*, Montevideo, Casa de las Américas, 1971, p. 93. Na circular que ele dirige aos povos, para consultá-los sobre o Congresso de Capilla Maciel (dez. 1813), diz: "Para mim não há nada mais sagrado que a vontade dos povos [...], eu me retirarei imediatamente se é verdadeiramente a vontade deles de não me reconhecer" (ibid., p. 120). Ele fala em diversos documentos da vontade, da autoridade, da confiança e do coração dos povos: cf. ibid., p. 162, 167, 173 etc. Acho que se trata de uma interpretação hispano-americana do conceito de "vontade geral" de Rousseau.

A tal ponto que o historiador uruguaio Óscar Bruschera chega a ver no artiguismo

> o único exemplo ibero-americano de um processo institucional emergindo de profundezas múltiplas, traçando o caminho libertador de uma eleição popular não somente respeitada, mas promovida e ordenada por seu chefe. Este se apresenta como a encarnação e a representação de uma democracia igualitária, em busca das garantias do direito e pondo nelas a sua confiança.[34]

Esse mesmo historiador diz que o artiguismo, além de ter sido autenticamente nacional e integrador (a "comunidade em marcha" do êxodo oriental integrava verticalmente *todos* os estratos da sociedade sob a condução de seu líder), incluía também a instauração de uma república igualitária preocupada em pôr fim aos privilégios injustos, tanto econômicos como políticos, dos ricos, estabelecendo relações justas de produção e regulando o tráfico de mercadorias: novo exemplo de unidade na luta por uma libertação nacional, dando por isso mesmo um lugar preeminente à justiça.[35] A "vontade geral dos povos livres" é uma vontade coletiva de unidade nacional e de justiça social.

Tomei Artigas como exemplo porque ajuda a compreender as raízes hispânicas e ameríndias da categoria "povo" como sujeito coletivo, mas também a sua recorrência e a sua evolução posterior, através de outros movimentos populares que marcam a nossa história. A sua figura senhorial pode ajudar a interpretar outras figuras de chefes federais de menor estatura e a distinguir nelas o verdadeiro e o falso. Seria igualmente desejável explorar a influência que teve sobre

---

[34] Ibid., p. 16.

[35] Cf. ibid., p. 12. São essas características que distinguem do populismo as proposições de Artigas.

Artigas a herança jesuíta das reduções guaranis em relação paternal com o índio Andresito.

Para mim, não se trata de proceder a um estudo analítico da história nacional. Eu me contentarei, portanto, em mencionar uma das últimas expressões políticas dessa linha crescente e convergente de interpretações que tomaram a realidade "povo" e o ajudaram, por sua vez, a se realizar. Faço referência ao peronismo, que eu considero aqui menos como uma organização ou um movimento político do que como um fenômeno *cultural* cujas profundas repercussões sociais afetaram também não peronistas. A sua compreensão do que é o "povo" encontra-se expressa por Eva Perón nos termos seguintes:

> As massas não têm consciência coletiva, não têm consciência social; os povos, em compensação, são massas que adquiriram uma consciência social. Tudo se passa como se os povos tivessem uma alma: é por isso que eles sentem e pensam, quer dizer, que são uma personalidade e uma organização sociais.[36]

Antes de continuar, desejo sublinhar que essa personalidade coletiva do povo se manifesta também em outros níveis, além do político; há também, no nível religioso, o fenômeno coletivo da religiosidade popular com seus símbolos e seus ritos.[37]

No plano literário, o poema "Martín Fierro" é a mais alta expressão poética dessa consciência coletiva: a partir desse poema, é possível retomar toda a literatura popular anterior e seguir as linhas de sentido que a prolongam depois. Essa obra é uma expressão coletiva do povo por uma dupla razão. Primeiro, porque a figura de Fierro (protótipo do herói e do esperto) é como a condensação e o símbolo do povo "gaúcho" e, através dele, do povo inteiro de seu ser

---

[36] Cf. E. PERÓN. *Historia del peronismo*. Buenos Aires: Freeland, 1973, p. 54.

[37] Cf. F. BOASSO ¿*Qué es la pastoral popular?*

nacional.[38] Em seguida, porque o povo argentino (e antes de tudo o povo "gaúcho") *apropriou-se do poema* e se reconheceu nele. A prova está na recepção que teve desde a sua publicação: como diz o próprio Hernández, o público imediatamente lhe deu o título de a "Ida", "antes, muito antes que o autor pensasse em escrevê-lo".[39] O povo chegou a identificar os nomes do personagem e do autor, como se se tratasse de uma poesia anônima. E o próprio personagem, Martín Fierro, acabou tornando-se a expressão simbólica de um mito nacional, "o mito gaúcho".[40]

Essas breves indicações mostram que seria possível elaborar uma filosofia (ou uma teologia) da história argentina tomando como matriz hermenêutica a categoria do "povo" como sujeito coletivo. Parece-me, aliás, que seria também possível fazer o mesmo com a história de muitos outros povos, uma história que seria por isso mais longa e mais rica que a nossa.

3. Nosso *ethos* cultural e o sentido cristão da vida

Abordarei agora o segundo e o terceiro pressupostos históricos que evoquei no começo deste capítulo. Todo *ethos* cultural tem por núcleo um sentido sapiencial da vida, do homem e de Deus, que se

---

[38] Segundo a interpretação de Leopoldo Marechal, Martín Fierro o el arte de ser argentinos e americanos. In: ELBIA ROSBACO DE MARECHAL. *Mi vida con Leopoldo Marechal*. Buenos Aires: Paidós, 1973, p. 113-126.

[39] Cf. JOSÉ HERNÁNDEZ. Cuatro palabras de conversación con los lectores. In: *Martín Fierro*. Buenos Aires: Ángel Estrada, 1958, p. 272. É conhecida a anedota clássica desse tendeiro rural que fizera a seguinte encomenda: "Doze caixas grandes de fósforos, uma barrica de cerveja, doze volumes de *Martín Fierro*, cem caixas de sardinhas". Miguel de Unamuno cita esta anedota e a comenta: "Esses são os artigos de necessidade e de uso comum". Cf. Le gaucho Martín Fierro, poème populaire gaucho de D. José Hernández (argentin) apud José Isaacson, *Martín Fierro. Centenario. Testimonios*, Buenos Aires, Plus ultra, 1972, p. 55.

[40] Segundo a expressão de Carlos Astrada, *El mito gaucho*, Buenos Aires, Cruz del Sur, 1964.

tematiza através de experiências histórica e de objetivações culturais. Quer dizer que a práxis dos povos, assim como a práxis das pessoas individuais, tem como horizonte de sentido uma compreensão global da existência. Os povos têm um "saber" não temático dessa compreensão, eles a pressupõem vivendo-a e a objetivando em modos determinados de relação com a natureza, com os outros homens e com Deus. A fé pode ter a sua influência sobre esse núcleo ético e antropológico da práxis de um povo e, através dele, sobre todos os níveis culturais. Certamente, a fé não propõe modelos culturais tematizados que lhe sejam próprios como tais (uma estética, uma política, uma ciência ou uma filosofia *cristãs*). Tampouco ela se justapõe às culturas que encontra, porque tende antes a lhes dar forma e transformá-las a partir de dentro, a partir precisamente do núcleo ético e antropológico que lhes é próprio. A fé implica, com efeito, um sentido não temático do homem, ou seja, uma "compreensão do homem e da sociedade" que atue como horizonte de sentido. Através dela, portanto, é possível ter uma influência sobre as culturas e converter o seu coração ao Evangelho, a fim de que elas deem lugar a criações culturais objetivas cuja autonomia temporal, que as distingue da fé como tal, ela respeita.

Ora, no que diz respeito ao nosso povo, o sentido do homem que serve de pano de fundo à sua práxis cultural foi evangelizada,[41]

---

[41] Ver ICN 4, 23 etc. Isso não implica absolutamente "uma unidade cultural monolítica e fechada", estranha a "um espírito pluralista e de compreensão" (ICN 20). Tampouco significa que todos os membros do povo argentino sejam cristãos ou que, para ser plenamente argentino, seja necessário ser cristão; significa simplesmente que todos compartilham valores nacionais, *humanos e culturais*, que de fato receberam a influência decisiva do Cristianismo (e, através dele, das religiões abraâmicas). Acho que a concepção da relação fé-cultura, mediatizada pelo sentido não temático da vida que serve de núcleo ético a cada cultura, nos liberta de uma simples justaposição entre fé e cultura, sem, no entanto, nos fazer cair no integrismo e no clericalismo que ameaçam o que Alfonso Álvarez Bolado chama de "nacional catolicismo": cf. sua Teología política en España. In: Xavier QUINZÁ LLEÓ; JOSÉ J. ALEMANY (ed.). *Dios y la Ciudad. Nuevos planteamientos en teología política*. Madrid: Universidad pontificia Comillas, 1975, p. 146-200.

embora seja inegável que essa evangelização deva ser aprofundada e completada. Para dar um nome a esta compreensão não temática do homem que se descobre nas manifestações culturais e nas aspirações do povo argentino, proponho designá-las como um "humanismo social aberto à transcendência"; tendo consciência, é claro, que este nome abstrato não esgota a riqueza da realidade.

Lembremos que esse humanismo é o resultado da intersecção de dois dialetos, já mencionados, que convergem em nossa mestiçagem cultural. Daí se segue que ele contém duas tendências contrárias, aparentemente contraditórias: de um lado, um sentido específico de *unidade* e de integração, e, do outro, um respeito e uma defesa resolutos das *diferenças* e da dignidade *própria* a cada membro desse conjunto. Trata-se, então, de um *humanismo* e de um humanismo *social* que se abre por isso mesmo à *transcendência*. Como já foi indicado, o modelo é o poliedro (cf. EN 236), ao qual, porém, pode-se aplicar mais a dialética das oposições bipolares de Romano Guardini[42] do que a dialética hegeliana ou marxista.

Encontram-se, portanto, traços aparentemente contraditórios em: (a) a relação entre o ideal de *justiça*, em favor e em defesa do mais oprimido, e o ideal da *unidade* nacional; (b) a tensão entre o *particular* (pessoa, povo) e a *comunidade* (pessoas, povos); (c) a força que nosso *ethos* cultural tem para *integrar* esses valores *antagônicos*.

a) Humanismo de justiça num horizonte de unidade

O senso da justiça e da dignidade humana está no centro da consciência dos valores de nosso povo: ele não é apenas um dos valores universais que toda cultura procura atingir, mas o valor *nuclear* de

---

[42] Cf. R. GUARDINI. *Der Gegensatz*. Ostfildern: Matthias Grünewald Verlag, 1955 [trad. fr. *La polarité: essai d'une philosophie du vivant concret*, Paris: Cerf, 2010]. Podemos nos referir também aos ensaios de Enrique Dussel e aos meus, com vistas a elaborar uma anadialética; cf. meu artigo Nuevo Pensamiento, Analogía y Anadialéctica, p. 33-56.

seus outros valores, aquele que dá uma *configuração* característica ao seu *ethos* cultural. Não é um acaso se Perón, quando quis exprimir uma doutrina nacional, lhe deu o nome de "justicialismo". Pouco importa aqui saber se ele conseguiu o que se propunha, o que conta é que ele pensava interpretar assim o desejo popular mais profundo e que uma grande parte do povo argentino se reconheceu nesse ideal de justiça social (fortemente influenciado, no plano teórico, pela doutrina social da Igreja).

Essa valorização primordial da justiça está ligada em grande parte com as raízes que nos vêm historicamente da Espanha; já lembramos a tradição do "rei, sob a condição de que seja justo". Isso corresponde ao sentido cristão da dignidade, tão típica da honra do fidalgo (honra compartilhada por aqueles que não eram fidalgos, como o alcaide Zalamea ou os cultivadores de Fuenteovejuna).[43] Além disso, esse ideal de justiça é próprio de um povo que sabe o que é sofrer injustiça e lutar contra ela.[44] Por isso, nossos bispos, intérpretes no plano pastoral do ser nacional, tiveram razão em sustentar que a justiça é "o princípio fundamental da nação", que é nela que se exprime nosso destino comum e que ela "brota também da semente da palavra evangélica semeada desde a origem mesma da nacionalidade".[45]

---

[43] Faço alusão às obras teatrais clássicas de Calderón de la Barca e de Lope de Vega.

[44] Isso pode explicar por que o ideal *universal* de justiça é mais forte entre os povos do terceiro mundo e, em cada povo, entre os pobres e os oprimidos. Cf. F. BOASSO, *¿Qué es la pastoral popular?*, p. 46.

[45] Cf. *Declaração do Episcopado Argentino* (sobre a adaptação de Medellín ao nosso país, documento chamado geralmente de *Documento de San Miguel*), VI, Buenos Aires, Pastoral popular, 1969, p. 37. Valores como "justiça" se encontram em culturas diferentes; porém não a considero aqui de maneira abstrata, mas como ela toma aqui uma forma específica, tanto *historicamente*, a partir de nossas raízes cristãs, como *estruturalmente*, em razão do lugar eminente que ocupa com relação aos outros valores que configuram o nosso *ethos* cultural (neste mundo de valores, a justiça tem uma relação especial com a unidade nacional, com o sentido "encarnado" de Deus, com a fidelidade ao politicamente justo etc.).

Não considerarei agora o projeto popular de justiça em suas relações conflitivas, que encontramos em cada momento de nossa história, com os projetos sucessivos de dominação e de dependência. Evocarei apenas alguns exemplos significativos, tomados como representantes de toda esta trajetória que se manifesta em diversos níveis da cultura.

No nível político, há expressões populares, que se encontram em alguns documentos característicos e que são portadoras de um momento-chave e fundador, o da emancipação. Aí se percebe o que assinalei antes, a saber, que o senso da justiça voltou-se por prioridade para os mais vulneráveis, mas que tem a sua eficácia no horizonte do bem comum nacional.

Para Artigas, a ideia de que "os povos são investidos de dignidade" é uma ideia fundamental. A essa dignidade de todos correspondem as disposições do Regulamento provisório que se referem à repartição de terras, com o desejo de "povoar" e de "trabalhar" as terras situadas nas fronteiras, a fim de defendê-las contra a invasão portuguesa. Para essa repartição, "os mais infelizes serão os mais privilegiados". Tratar-se-á, por conseguinte de negros, de mestiços,[46] de índios e indígenas pobres. Um adendo especifica uma condição na qual se visa ao bem comum: "Se, pelo seu trabalho e sua honestidade, eles propendem à sua felicidade e à da Província".[47/48]

Notemos, de passagem, a solicitude contínua de Artigas em relação aos índios, que estavam entre os mais esquecidos; ele queria

---

[46] *Zambos*, ou seja, os mestiços de negro com índio.

[47] Artigo 6 do Reglamento Provisorio de la Provincia Oriental para el Fomento de la Campaña y Seguridad de sus Hacendados [também conhecido como Reglamento de Tierras], com data de 10 de setembro de 1815. A frase "os povos estão revestidos de dignidade" encontra-se, por exemplo, na carta de 27 dez. 1819 ao Congresso de Tucumán; cf. O. BRUSCHERA, *Artigas*, p. 180, também p. 85.

[48] Este regulamento encontra-se em: <http://www.biblioteca.org.ar/libros/158184.pdf>. (N.T.)

que "nas suas aldeias, eles mesmos se governem" seguindo a tradição das reduções jesuítas, o que devia permitir a eles "fazer a experiência prática da felicidade e sair do estado de aniquilação ao qual a infelicidade os submete". Com efeito, eles tinham "o direito principal" a isso por serem os primeiros habitantes destas terras.[49]

Pode-se encontrar esse mesmo ideal de justiça social vivido em ligação com uma mística de libertação e de defesa nacionais no chamado "tribunal de justiça dos gaúchos". Güemes defende, então, a fronteira norte (como Artigas fizera para a oriental), enquanto San Martín atacará o centro do poder espanhol em Lima. Ao percorrer a província de Salta, Artigas descobre um contraste social agudo, reflexo de um sentido nacional muito diferente. Ele observa "o luxo no qual vivem muitos comerciantes, bem como os numerosos proprietários" e nota que "esse luxo e esse desperdício contrastam dolorosamente com a vida que levam os bons cidadãos incorporados ao exército e vestidos de farrapos...". Ele acrescenta: "Chego à conclusão de que, se há os que têm e os que gastam, é porque não dão nada à pátria e não servem a ela; ao passo que, por outro lado, aqueles que não têm nada e que sofrem, é porque dão tudo para a pátria, a fim de que ela seja livre". E essa conclusão serve de base para o projeto de uma espécie de reforma agrária... Aqui também a justiça social se realiza sem ocultar o contraste e o conflito, mas mantendo o horizonte de um bem comum que exige que "tudo seja dado para a pátria a fim de que ela seja livre".[50]

As mesmas características de aspiração à justiça e de consciência da dignidade humana se exprimem, no nível poético do discurso, em nosso poema nacional. O *Martín Fierro* inteiro é uma denúncia da injustiça sofrida pelo gaúcho (e por todo o povo que ele

---

[49] Ver a carta de Artigas ao governador de Corrientes, 3 maio 1815; cf. ibid., p. 159.

[50] A Assembleia dos Gaúchos ocorreu em Salta, em 12 set. 1820; cf. Víctor Badano, *Apuntes de historia argentina*, Instituto Nacional de Profesorado Secundario de Paraná, 1947.

simboliza): o seu itinerário de luta e de sofrimento é uma busca do caminho autêntico de libertação, os conselhos nos quais ele resume a sabedoria da vida assim adquirida condensam "a ética do ser nacional e a sua filosofia de vida"[51] de maneira radicalmente cristã. Não repetirei aqui o que escrevi antes e num outro trabalho,[52] mas me contentarei a evocar dois pontos que não estão aí desenvolvidos. Ao mesmo tempo que denuncia com força a injustiça "daqueles que comandam", Fierro não deixa de sentir-se argentino (*Volta*, 3869-3870),[53/54] de reconhecer como mãe (ao mesmo tempo que se queixa dela, ibid., 3715-3720 [estrofe 453]) a Província de Buenos Aires, e de repreender a falta de patriotismo daqueles que são injustos (ibid., 3723-3724). Embora o poema, segundo suas próprias palavras, "dá com pau" sem piedade naqueles que são a causa e os beneficiários da injustiça social, nunca o faz, afinal de contas, "para o seu mal, mas para o bem de todos" (ibid., 4893-4899 [estrofe 1193]).

O outro ponto que gostaria de indicar é o seguinte. O poema põe em estreita relação a faculdade de cantar (palavra e poesia criadoras de comunidade) que faz a dignidade do gaúcho com o seu ser cristão. Ele diz: "Com a guitarra na mão [...] ninguém me põe o pé em cima" (*Ida* 55, 57 [estrofe 10]), e afirma em seguida: "Porque recebi em mim mesmo, com a água do Batismo, a faculdade para o

---

[51] Segundo a expressão de L. Marechal em: Martín Fierro o el arte de ser argentinos y americanos.

[52] Cf. o meu livro *Teología de la liberación y doctrina social de la Iglesia*, cap. 5. Esse capítulo intitula-se: "Poesía popular y teología: la contribución del *Martín Fierro* a una teología de la liberación".

[53] Costuma-se chamar de "Ida" e "Volta" as duas partes do poema que tratam respectivamente da saída e da volta ao pampa. Ambas estão disponíveis, em espanhol, na internet: *Ida*: <http://biblio3.url.edu.gt/Libros/gua_mf.pdf>, *Volta*: <http://biblio3.url.edu.gt/Libros/vu_mf.pdf>.

[54] As citações de *Martín Fierro* seguem o modelo do original. Nos dois textos constantes da internet, apenas as estrofes são numeradas. Será citado o número da estrofe para que o leitor possa conferir, se desejar (N.T.).

canto" (*Volta* 22-25 [estrofe 399]). Creio que se pode discernir aí a intenção profunda do povo quando, ao pedir o Batismo para os seus filhos, ele une num mesmo gesto a entrada na civilidade humana e na *civitas Dei*. Desde as origens, os índios, que tinham perdido a sua dignidade de homens livres em razão da conquista, recuperaram essa dignidade (ao menos como *direito* aos olhos dos conquistadores), graças ao Batismo que faz deles filhos de Deus e irmãos; novo exemplo de intersecção entre dialéticas.[55]

De maneira insensível, passamos a outro nível cultural, de tipo religioso. A dignidade especial dos mais humildes e dos oprimidos, vista com olhos cristãos, aparece simbolicamente nas histórias mariais da América Latina. Eduardo Hoornaert mostrou bem isso ao fazer uma análise estrutural e hermenêutica da tradição guadalupana. Aí se vê a predileção de Maria pelos índios, representados por Juan Diego, e pelo lugar em que eles vivem, escolhido como seu santuário, de preferência ao lugar habitado pelas autoridades e pelos espanhóis. Estes últimos, representados pelo bispo, devem se converter e aceitar a mensagem da Virgem assim como lhes foi transmitida pela mediação do índio pobre e humilde; devem, portanto,

---

[55] A propósito do encontro entre fé e cultura na América Latina, F. Boasso afirma que "a Igreja recolhe o índio cuja cultura destruiu em suas estruturas; pelo Batismo ela lhe dá um nome novo (um novo ser ou um ser recuperado), ela o faz entrar e o mantém na cultura nova em emergência, a da mestiçagem" (*¿Qué es la pastoral popular?*, p. 19). Que seja adquirido pelo Batismo esse sentimento de dignidade, de fraternidade humana e cristã, está atestado nas cartas dirigidas pelos povos índios das reduções jesuítas ao rei de Espanha (que resolvera retirar delas os jesuítas para entregá-las aos portugueses). O povo de San Luis lhe escreveu assim: "... porque não é bom que nós, que somos todos cristãos e pertencemos a Deus, lutemos uns contra os outros. Não fizemos mal algum ao santo Rei e não temos, portanto, necessidade de guerra, mas, se esses exércitos vierem nos provocar, vindo ao nosso encontro, nós vingaremos a nossa pobre vida". Isso significa: porque eles são irmãos dos espanhóis, não querem combater entre eles, mas porque têm tanta dignidade que eles, eles se defenderão se alguém quiser entregá-los aos portugueses. Ver citações dessas cartas (com indicação de fontes) no artigo de Orlando Yorio, Reflexión crítica desde la teología. *Stromata* 29 (1973), p. 165 e 171s.

A TEOLOGIA DO POVO

ir ao lugar escolhido por Maria, o lugar no qual viviam os índios. A Virgem e seu santuário são, portanto, verdadeiros sinais de *unidade* (entre duas raças, duas culturas, duas classes sociais) numa mesma fé, mas essa unidade é produzida através do reconhecimento da preferência divina *pelos mais humildes* e, portanto, através da *conversão* voltada para os índios e o lugar em que eles se encontram (o lugar físico é o símbolo de seu "lugar" cultural, social e teológico).

Algo de análogo poder-se-ia dizer de nossas histórias marianas na Argentina com o seu rico simbolismo. Assim a Virgen d'El Valle, que foi encontrada e celebrada principalmente pelos índios crentes que fugiram, de noite, do melhor lugar que os espanhóis os tinham colocado para estar de novo ao lado dos índios. Ou, ainda, Nossa Senhora de Luján, em cuja história desempenha um papel importante o negrinho Manuel: estando a serviço de Maria, ele não podia ser mais escravo de nenhum outro homem e era, portanto, livre. Há símbolos profundos da dignidade reconhecida cristãmente aos mais esquecidos, na unidade de todos aqueles que lhes reconhecem essa dignidade.[56]

b) Humanismo comunitário

O nosso humanismo não é individualista como foi o da Renascença ou como foi o humanismo liberal. É o que mostram a realidade e a ideia do povo como sujeito coletivo.

---

[56] Cf. E. HOORNAERT. A evangelização segundo a Tradição guadalupana. *Revista Eclesiástica brasileira* 34 (1974), p. 524-545. Sobre a Virgen d'El Valle e os índios de Choia, cf. Antonio Larrouy, *Documentos relativos a Nuestra Señora del Valle y a Catamarca*, t. 1, Buenos Aires, Compañía sudamericana de billetes de banco, 1915, por exemplo, p. 221, 232-233, 285, 306 etc. (testemunhos informativos de 1764); ver também Pascual Soprano, *La Virgen del Valle y la conquista del antiguo Tucumán*, Buenos Aires, Courrier de La Plata, 1889, p. 20s. Sobre a Virgem de Luján e o negrinho Manuel, cf. Jorge María Salvaire, *Historia de Nuestra Señora de Luján*, t. 2, Buenos Aires, 1885, Apêndice A, p. 4 e 6, bem como Juan Antonio Presas, *Nuestra Señora en Luján y Sumampa*, Buenos Aires, Ediciones Autores asociados Morón, 1974, p. 126s e 183s. Remeto também ao que já foi dito no capítulo precedente a propósito do *Tinkunaco*.

No plano da filosofia política, essa experiência conseguiu articular-se na categoria de "comunidade organizada", que evita tanto o obstáculo do individualismo abstrato como o da "insetificação"[57] da pessoa na coletividade. Essa categoria corresponde, assim, ao mesmo tempo à concepção paulina do "corpo" e à concepção joanina da "comunhão".

O mesmo sentido comunitário se encontra na concepção federal da "confederação de povos livres" (Artigas), que se opunha ao projeto unitário. Este último não respeitava essa liberdade dos povos, aos quais impunha o centralismo portuário de Buenos Aires; ele tendia a romper a unidade fraturando a pátria em fronteiras suscetíveis de dominação. E servia, assim, ao imperialismo inglês: "dividir para imperar". A ideia federal, por sua vez, apoiava-se na liberdade de cada povo, ao mesmo tempo abrindo-o a uma comunidade maior: a Grande Pátria, a América Latina como pátria de povos irmãos. Não há nenhum líder popular em nossa história que não tenha considerado como "americano" San Martín ou Bolívar e cuja estratégia de libertação não tenha implicado uma geopolítica hispano ou ibero--americana. Esse sentimento não era somente o dos guias políticos ou militares, mas também das massas populares, como mostrou, por exemplo, no século XIX, a rejeição instintiva, por parte de nossos gaúchos, da guerra do Paraguai: eles tinham a intuição de que se tratava de destruir um projeto popular irmão e de afirmar o imperialismo inglês que tentava dividir a Grande Pátria.

---

[57] Cf. Juan Domingo Perón, *La comunidad organizada. Esbozo filosófico*, Buenos Aires, 1949. O conceito metafórico de "insetificação" serve nessa obra para designar o coletivismo totalizador. A formulação "comunidade organizada" está de acordo com expressões de documentos pontifícios e inspira-se provavelmente nestes últimos; cf., por exemplo, a alocução de Pio XII ao patriciado e nobreza de Roma, em 19 de janeiro de 1944, em Arthur F. UTZ et al., *Relations humaines et société contemporaine*, t. 1, Freiburg/Paris, Saint Paul, 1956, p. 596s.

No pensamento de Perón se encontra um ensaio de sistematização dessas convicções, que passa por uma reflexão filosófica sobre a história universal. Segundo ele, a história é, por um lado, a dos povos em luta contra os imperialismos: poderíamos acrescentar que é aí que se manifesta a dialética senhor-escravo (ainda que não compreendida à maneira hegeliana). Por outro lado, porém, e talvez num nível mais profundo de compreensão, a história é também um caminho de evolução para integrações humanas e geoculturais sempre maiores: desde a família, a tribo e o clã até a unidade universal (não realizada sob forma imperial), passando pelas nações e pelos continentes. Poder-se-ia dizer com Gaston Fessard que é a dialética homem-mulher (com seus derivados: paternidade, maternidade, fraternidade; povo, nação, pátria, Pátria Grande... fraternidade universal) que predomina nessa segunda visão. E Perón considerava o seu tempo como a época do continentalismo.[58]

c) Integração de valores antagônicos

Encontra-se em nossa história uma dialética análoga, de luta e de integração simultâneas, a propósito dos valores culturais, ou seja, dos valores que caracterizam os dois projetos políticos e antropológicos que Sarmiento opôs segundo o par "civilização e barbárie". No nível mais estritamente cultural, trata-se da oposição entre "cultura de elite" e "cultura popular". *Martín Fierro* evoca à sua maneira este antagonismo cultural: "Aqui não valem doutores, / só vale a experiência; / aqui veriam sua inocência / esses que tudo sabem, / porque

---

[58] Perón fala dessa concepção global da história, por exemplo, em *La hora de los pueblos* (Madrid: Editorial Norte, 1968), bem como em *Actualización política*, de 1971. Sobre a unidade latino-americana em geral, ver: J. C. Scannone; Daniel García Delgado (coord.), *Ética, desarrollo y región. Hacia un regionalismo integral*, Buenos Aires, CICCUS, 2006.

isto tem outra chave / e o gaúcho tem sua ciência" (*Ida*, 1457-1458 [estrofe 253]).[59]

No entanto, a cultura popular tem uma força *integradora* (devido à mestiçagem cultural da qual proveio) tão grande que assumiu e continua a assumir, através de contradições e lutas, esse outro projeto histórico antagônico, aquele que está ao serviço global da dependência cultural. Aí não há uma síntese de compromisso ou de sincretismo, trata-se, antes, de "salvar" (ou de resgatar) o que um projeto tem de válido; isso graças a um projeto mais justo, mais humano e mais autêntico, que tem a força de assimilar os valores do projeto antagônico ao transferi-los a outro contexto onde eles se transformam.[60] Assim é obtida uma síntese de valor superior.

Isso se encontra notavelmente atestado no *Martín Fierro*. Não somente porque Hernández foi um letrado que soube pôr suas "letras" a serviço de uma cultura popular muitas vezes iletrada, mas porque o poema sabe reivindicar para o gaúcho os valores da "escola" e do "direito" representados pelos "doutores" que ele fustiga. Estes valores – o progresso, a instrução e a constituição – tinham servido para desprezar e perseguir o gaúcho. Hernández, por sua vez, os recupera para a defesa dele: "É o pobre em sua orfandade / da fortuna o rejeito, / porque ninguém toma a peito / defender a sua raça: / deve o gaúcho ter casa, / escola, igreja e direitos (Es el pobre en su orfandá / De la fortuna el desecho, / Porque naides toma a pechos /

---

[59] Sobre esta oposição cultural, cf. J. Seibold, Civilización y barbarie en la historia de la ciencia argentina. Aportes hermenéuticos para una nueva comprensión de la historia de la ciencia argentina, *Stromata* 31 (1975), p. 261-297; faz-se alusão ao livro clássico de Domingo F. Sarmiento, *Facundo. Civilización y barbarie.* In: *Obras*, t. VII, Buenos Aires, 1896.

[60] É o que acontece hoje, segundo Pedro Trigo, com a síntese entre a cultura popular das favelas latino-americanas e a cultura técnico-científica: cf. *Relaciones humanizadoras. Un imaginario alternativo*, Santiago do Chile, Universidad Alberto Hurtado, 2013. Algo análogo ocorre atualmente (2016) nos subúrbios da Grande Buenos Aires.

El defender a su raza: / Debe el gaucho tener casa, / Escuela, iglesia y derechos – *Volta*, 4823-4828 [estrofe 1182]).

Esse dinamismo que o conflito cultural assume, levando-o a uma integração mais profunda que o conflito, é característico de nossa história. Antes mesmo do *Martín Fierro*, personagens ilustres como San Martín ou Artigas tinham integrado ao seu projeto popular e democrático os valores libertários e emancipadores característicos do Iluminismo. Mais tarde, movimentos como o irigoyenismo ou o peronismo representam, respectivamente, um modo de vida no qual o ideal republicano e o sufrágio universal (de raízes liberais) integram-se com as preocupações sociais e socializantes, vindas em consequência da modernização e da industrialização.

"Os valores políticos de orientação democrática e participativa" são assim encontrados "definitivamente incorporados aos traços característicos da nossa nacionalidade"; "a justiça social", especialmente, "ensinada pelos povos, integrou-se progressivamente ao projeto social dos argentinos" (ICN 29), do mesmo modo que "a democracia política" e "a aspiração à democracia social", enquanto estas últimas tinham, em suas origens, sido respectivamente sustentadas "pelo liberalismo e por correntes de tipo socialista" (ICN 110).

Mais tarde se encontrará a mesma capacidade de "síntese vital" no operário da Grande Buenos Aires, vindo frequentemente do interior e que, após um primeiro choque de desenraizamento cultural, soube assumir a maneira de viver urbana e industrial, bem como a problemática de participação política e sindical, numa palavra, a modernização, a partir de valores tradicionais (fundamentalmente cristãos) que ele trazia do mundo rural.

Essa maneira de assimilar o que é novo e até antagônico foi e continua possível porque nosso povo viveu, isto já foi notado, fortes experiências históricas como a mestiçagem fundadora, as lutas pela emancipação, as lutas civis, o irigoyenismo, o peronismo, a atual volta à democracia etc., que são problemas inseparavelmente políticos e culturais. No decorrer dessas experiências ele viveu, de maneira simbólica, mas com uma eficácia real, o "já" da justiça, da unidade e da libertação, embora seja através de realizações parciais, até provisórias, que exigem continuar a ir sempre em frente realizando cada vez o "ainda não" dessas aspirações.[61] Tais experiências fortes formam uma linha em nossa história, o que tornou possível que se mantenham e prevaleçam em nosso *ethos* cultural, apesar de tanta opressão, de traições e de frustrações, (1) o sentido de *identidade* própria contra a simples *oposição*; (2) o sentido do *tempo* contra a impaciência da *violência*; (3) as mediações *pessoais* contra aquelas que são puramente *formais*.

1) Como já foi dito, o sentido de *identidade cultural* próprio prevaleceu em nosso *ethos* contra a *simples oposição dialética* a seus inimigos, mesmo reconhecidos. Também se vê, em momentos importantes de nossa história, *a unidade* nacional preceder os *antagonismos* internos e a prioridade do *todo* nacional prevalecer sobre as *partes* regionais ou sociais e os riscos de fratura que envolvem. Estávamos, realmente, e ainda estamos, diante de um inimigo externo comum: os imperialismos divisores e seus cúmplices. A injustiça social é, aliás, a primeira cúmplice, *porque ela rompe a fraternidade*. Essa ideia fundamental está claramente formulada na frase conhecida do *Martín Fierro*: "Os irmãos sejam unidos, porque essa é a lei primeira. Tenham união verdadeira em qualquer tempo que seja, porque se entre eles lutam, os de fora os devoram" (Los hermanos sean unidos / Porque ésa es la ley primera / Tengan unión verdadera / En cualquier tiempo que sea, / Porque, si entre ellos pelean, / Los devoran los de ajuera. – *Volta*, 4691-4696 [estrofe 1160]). Os enfrentamentos destroçantes vividos pela sociedade argentina durante a última ditadura

---

[61] Esse sentido do "já" e do "ainda não" corresponde à dialética bíblica da esperança e encontra a sua realização particular na celebração simbólica na *festa* que mede o tempo. Esse sentido da "festa" é característico da maneira como nosso povo sabe viver o tempo.

militar (1976-1983) foram resultado principalmente da subversão e da repressão violenta, da guerra das Malvinas (1982) e do aumento contínuo da "brecha entre ricos e pobres". Após esses acontecimentos terríveis, houve um grande consenso em torno da reafirmação da democracia (1983) e da aceitação, por *referendo,* da mediação papal a propósito da disputa austral com o Chile. Tudo isso leva a esperar que a força da nossa identidade como povo-nação e o sentido humanista do nosso *ethos* farão superar a crise profunda presente em toda parte, uma crise cujas raízes são, sobretudo, éticas. O episcopado sublinhou em várias ocasiões as raízes éticas da crise *e* a necessidade, para superá-la verdadeiramente, de uma reconciliação que seja edificada apenas "sobre a verdade, a justiça e a liberdade impregnadas de misericórdia e de amor" (ICN 34).[62] Em outro documento, os bispos afirmam que

> a guerra (das Malvinas) pôs em destaque grandes valores que estavam latentes e mostrou também, em toda a sua dureza, os males que corroem a nação há várias décadas. O consenso geral dos cidadãos em torno da integridade territorial do país, a sua sede de participação na vida nacional com o sacrifício dos seus bens e até da própria vida, o adiamento voluntário, enquanto durava o estado de urgência, as justas reivindicações sociais, as manifestações de solidariedade latino-americana, tudo isso foi a expressão de valores fundamentais que dão a sua configuração própria à nossa cultura nacional.

Ao mesmo tempo, entretanto, acrescentam: "O mal da discórdia também se manifestou com uma gravidade inesperada, nos mesmos momentos em que a unidade era mais urgente e que se esperava mais

---

[62] Sobre a crise de 2001 e a reação que ela acarretou, ver, do Grupo Gerardo Farrell, *Crisis y reconstrucción.*

dos quadros dirigentes".[63] Note-se a oposição entre o "consenso geral" e a alusão a certos "quadros dirigentes".

2) Seja qual for a violência dos antagonismos, penso que, no *ethos* de nosso povo (que em sua maioria rechaçou os métodos terroristas da subversão e da repressão), o sentido do *tempo* prevaleceu contra a violência da *imposição* para obter a integração dos espaços ou das partes em conflito. Essa já tinha sido a estratégia federal. Artigas já tinha dito: primeiro os povos, depois as províncias, enfim a confederação dos povos livres, sem pretender impor antes do tempo e de fora uma Constituição calcada em constituições estrangeiras. E Juan Manuel de Rosas reiterou algo análogo na sua célebre carta a Facundo Quiroga, escrita na fazenda de Figueroa, na qual exprime a sua estratégia política nacional.[64]

3) De acordo com a nossa idiossincrasia cultural, preferimos as *mediações pessoais* às que são *puramente formais*. Daí a importância do *caudilho* federal como guia vivo que supera em nossa história a *constituição* escrita, muitas vezes fabricada a partir de uma exterioridade sem vida, como as Constituições de 1819 e 1826, que foram rejeitadas pelo povo. Os laços vivos de amizade, de fidelidade e de lealdade são herança indígena e espanhola, bem como a jurisprudência visigoda, segundo a qual uma *pessoa*, o juiz, é o intérprete aqui e agora da lei escrita. Essa concepção do direito se opõe ao literalismo positivista e formalista, mas soube integrar os valores da lei e da constituição escritas, como mostram os movimentos políticos

---

[63] Cf. COMISIÓN PERMANENTE DE LA CONFERENCIA EPISCOPAL ARGENTINA. *Camino de reconciliación*, Buenos Aires, 1982, p. 4.

[64] Essa carta é datada de 20 de setembro de 1834. Característica da estratégia nacional federal esboçada por Rosas nessa carta é não apenas o sentido do *tempo*, mas também a preeminência do *todo* sobre as *partes*, com todo o respeito devido a estas: cf. Julio Irzusta, *Vida política de J. M. Rosas a través de su correspondencia II*. Segundo Ernesto López Rosas (s.j.), Bergoglio se inspira nessa carta quando enuncia os seus quatro princípios (EG 217-237); ver mais adiante, no capítulo XI.

populares do século XX, assim como os novos caminhos de democracia institucional e de Estado de direito que começamos a traçar graças ao consenso popular; eles não excluem a liderança pessoal, mas a controlam e equilibram.

Através de todas essas características culturais, tocamos com o dedo a influência de uma sabedoria humana e cristã vivida de uma maneira específica. Essa sabedoria reconhece o caráter dramático da luta contra o mal, mas não está voltada para o trágico, está, antes, cheia de afirmações de paz e de esperança; a sua relação com o tempo é de paciência, rica em longanimidade, esforço e coragem, porque está animada pela esperança; ela tem o sentido das mediações pessoais, como as de Cristo, da Virgem e dos santos (cf. EG 90); ela prefere, portanto, as mediações que vêm de uma interpretação fiel e viva da tradição pelo magistério (ou pela lei superior, regra viva), às que são *puramente* formais e legais. Numa palavra, ela prefere o espírito à letra, mas um espírito vivificador que leva a letra ao seu cumprimento sem, porém, passar sem ela.

d) Humanismo aberto à transcendência

Esse *ethos* cultural está aberto a um sentido autêntico de Deus. Não se trata, porém, de uma relação que se busque antes de tudo fora do mundo, como é, aparentemente, o caso de outros povos, o índio por exemplo, em sua relação com o sagrado. Na religiosidade de nosso povo, o que predomina é o sentido da "encarnação", e é através desta que se alcança a transcendência autêntica. Aí se descobre Deus de maneira privilegiada como aquele que dá a sua transcendência última e a sua esperança definitiva à vida humana e à sua partilha comunitária, ou seja, como aquele que "salva" corpo e alma, sem dualismos. É o Deus Salvador e Providente.

Nosso povo, especialmente o povo simples, encontra facilmente Deus na alegria, na dor, nos limites da existência como o nascimento ou a morte de um ente querido. Ele vive frequentemente esses acontecimentos numa atitude de confiança para com a Providência, como a experimentam os ditados populares: "Deus sabe o que faz", "se Deus quiser", "Deus é maior". O *Martín Fierro* é um bom exemplo desse sentido filial da Providência, que não destrói, mas, ao contrário, que supõe a liberdade e o esforço humanos.[65]

Essa compreensão "encarnada" de Deus, herdada da espiritualidade barroca, aparece também nos cancioneiros populares de nossas diversas províncias: as "glosas ao divino" são um caso típico.[66] Elas descobrem o aspecto divino das realidades mais terrestres, eróticas inclusive, no seu valor simbólico, ao mesmo tempo encarnado e transcendente, mostrando simultaneamente a elevação divina do humano em seu valor terrestre. A religiosidade popular, herdeira dessa tradição, valoriza as mediações humanas (os santos, os ritos) e tem uma preferência pelos mistérios mais humanos da vida do Senhor: a Natividade, a Paixão, a Maternidade de Maria (cf. DP 454; EG).

Esse sentido da transcendência não acompanha apenas a vida pessoal, mas também a convivência política e social. Para o *Martín Fierro*, como para o sentimento popular, a igreja (a capela, o santuário) faz parte da vida social (ela simboliza o seu valor transcendente) com tanta evidência como a escola ou outras instituições públicas, ainda que não se vá aí cada domingo.

O símbolo nacional desse sentido da transcendência, que inclui até o político, é a Virgem como padroeira dos exércitos de libertação (Nossa Senhora das Mercês, padroeira do Exército argentino, com

---

[65] Cf. GUILLERMO FURLONG. La religiosidad de Martín Fierro. *Actualidad pastoral* 68 (fev. 1974), p. 6-10.

[66] Ver as reflexões sugestivas de Juan Alfonso Carrizo sobre essas "glosas ao divino" no *Cancionero popular de la Rioja*, t. 1, Buenos Aires, Baiocco, 1952, p. 231-235. No tomo 2 dessa mesma obra, p. 70s, se pode encontrar uma glosa do Pai-Nosso "à maneira humana". Era um costume espanhol e hispano-americano glosar poesias amorosas atribuindo-as a Deus, como se fez com o Cântico dos Cânticos.

Belgrano; a Virgem do Carmo, do Exército dos Andes, com San Martín). Segundo Joaquín Alliende, o que é assim simbolizado é o senhorio pascal de Cristo sobre a história e, através da Virgem, o que foi expresso é a identidade nacional nas lutas para libertar a pátria, graças ao esforço desses exércitos.[67] A leitura religiosa que Artigas faz de sua missão libertadora como chefe do povo vai na mesma direção. Ele a interpreta à luz da história bíblica, vendo aí uma analogia com as missões de Moisés e de Aarão à frente do povo israelita. Pode-se notar que, por sua vez, essa leitura religiosa da realidade política implica uma releitura política do Êxodo (sem, no entanto, eliminar o seu sentido religioso).[68]

Por isso, não é de admirar que o povo viva com um sentimento religioso acontecimentos nacionais referentes ao núcleo da sua convivência, como foi o caso com a morte de Perón, para dar um exemplo relativamente recente, sentido por todos os argentinos, peronistas e não peronistas.[69] A interpretação pastoral desse momento cabe a Vicente Zaspe, arcebispo de Santa Fé, quando ele declara que então

---

[67] Cf. J. ALLIENDE. Reflexiones actuales sobre una advocación chilena. *Teología y Vida* 15 (1974), p. 254-257. O que Alliende diz para o Chile a propósito da Virgem do Carmo se aplica também ao nosso caso, sobretudo se levarmos em conta o fato de que a Virgem é a padroeira do Exército dos Andes, que libertou o Chile e o Peru e fortaleceu a independência argentina. Eduardo Pironio acha também que o culto de Maria representa para os latino-americanos o momento pascal do Mistério de Cristo: ver suas "Reflexiones sobre el hombre nuevo en América Latina". In: Vv. *Teología y mundo contemporáneo*. Madrid: Universidad pontificia Comillas, 1975, p. 323.

[68] Cf. a carta de Artigas ao índio Andresito, datada de 13 de março de 1815; na obra citada em nota 12. Nessa carta, Artigas se refere a Deus com o nome bíblico de "Deus dos Exércitos" (p. 130). Isso antecipa as atuais releituras do Êxodo numa perspectiva de libertação. Ver uma interpretação bíblica análoga por uma ilustre figura mexicana, Morelos, em: Augustín Churruca, El pensamiento de Morelos. Una ideología libertadora, *Christus* 477 (ago. 1975), p. 18

[69] Lembremos também a reconciliação de Perón com seus adversários democratas na sua volta da Espanha (1973), reconciliação simbolizada por seu abraço ao líder radical, Ricardo Balbín.

tocamos "a Argentina família, a Argentina profunda, aquela que reza".[70]

Um ambiente análogo foi vivido em 25 de março de 2010, durante a celebração do bicentenário da Revolução de maio: fez-se "sentir" um gosto que transcendia as legítimas divisões políticas.[71] Quando houve o desfile de carros comemorativos, alguém estendeu um folheto de seu partido à Presidente Cristina Fernández de Kirchner; esta recusou-o com um gesto que parecia indicar o reconhecimento de sua parte de que a unidade celebrada nessa ocasião estava além das ideologias partidárias.

Desses momentos fortes nasce a esperança (arraigada na fé na Providência) de que sucederá o mesmo com os momentos de desorientação e de recrudescimento dos conflitos não necessários, como o da transmissão das insígnias presidenciais em 10 de dezembro de 2015.[72]

---

[70] Cf. homilia de V. Zaspe pronunciada na catedral de Santa Fé, em *El Litoral* (7 de julho de 1974). É notável que esse momento reuniu, além dos clãs e das ideologias, adversários (e até inimigos) políticos de longa data. Outro caso desses "momentos fortes" de uma unidade que transcende as divisões políticas e sociais foi a reação do povo e dos dirigentes aos acontecimentos militares da Semana Santa de 1987: lá também a unidade da nação em defesa da democracia prevaleceu sobre os interesses e os combates setoriais. O editorial de *Criterio* (n. 1974, 2 de abril de 1987, p. 152) afirma, a propósito desses acontecimentos, que "'A argentina secreta' se afirmou mais uma vez, para a surpresa de muitos, e, talvez, para sua própria surpresa, como uma sociedade fundamentalmente sadia ou que, consciente de suas doenças públicas, não quer recair nelas".

[71] Sobre o sentido profundo desse bicentenário ver, do Cardeal Jorge Mario Bergoglio, s.j., *Hacia un bicentenario en justicia y solidaridad (2010-2016). Nosotros como ciudadanos y nosotros como pueblo*, Buenos Aires, Claretiana, 2010; J. C. Scannone et al., *¿Hacia dónde? Debates, consensos y estrategias para la Argentina bicentenária*, Buenos Aires, La Crujía, 2010.

[72] Mal-entendidos acerca do lugar dessa transmissão fizeram com que não fosse a presidente que saía que entregou essas insígnias ao novo mandatário, que era de um partido político diferente.

A TEOLOGIA DO POVO

B. Para uma teologia elaborada desde nossa perspectiva histórico-cultural

Na primeira parte deste capítulo, tentei mostrar a pertinência da sabedoria cristã no *ethos* cultural de nosso povo. Para isso, detive-me nos diferentes momentos históricos e nos diversos fenômenos culturais, tentando, porém, interpretá-los segundo uma visão de conjunto. De fato, através de elementos distintos aparentemente pontuais e anedóticos (fatos históricos, textos políticos ou literários, símbolos religiosos...), descobrimos uma *linha de sentido* que os estrutura em *espaço de significados e de valores* culturais e em *tradição* histórica. Agora se trata de mostrar que isso faz surgir uma alternativa teológica. Creio, aliás, que uma maneira de fazer análoga poderia ser posta em ação a partir de outros povos, de sua(s) história(s) e de sua(s) cultura(s).

Começarei explicitando os *pressupostos* de ordem teológica sobre os quais se apoia tal afirmação. Em seguida, direi brevemente em que sentido é possível falar de "alternativa". Mostrarei, finalmente, *como* essa alternativa pode ser considerada no nível de uma *hermenêutica teológica* (correspondente à teologia fundamental). Isso permitirá enriquecer o que já foi exposto no capítulo precedente sobre uma teologia inculturada e em contexto.

1. Pressupostos hermenêuticos

Após ter apresentado a compreensão de nossa história e de nossa cultura que guia a minha abordagem, indicarei agora dois pressupostos desta abordagem que são de ordem teológica e que se referem à relação entre fé, cultura e teologia.

a) A sabedoria cristã, na medida em que se encontra inculturada no *ethos* cultural de um povo, possui, enquanto sabedoria, uma *racionalidade* específica, um *logos* teologal historicamente determinado. Essa determinação lhe vem do fato de sua "encarnação" e de sua inculturação, mas é, contudo, uma determinação *aberta*, porque esse *logos* transcende todas as situações históricas e culturais nas quais se encarna. Ele possui uma universalidade situada.

b) Esse *logos* ou essa racionalidade sapiencial, estando historicamente inculturada, pode ser assumida de forma articulada, reflexiva e crítica, pela teologia como *ciência* (por conseguinte, através de conceitos, de julgamentos e de linhas sistemáticas cujo valor é *universal*).

Podem-se sustentar as mesmas ideias com outras palavras. Os dois parágrafos precedentes partiram da sabedoria *cristã* (ou do sentido global da vida implicado na fé cristã), à medida que ela se incultura historicamente. Se partirmos do ponto de vista oposto, a partir da cultura, poderemos afirmar a mesma coisa da seguinte maneira: na sabedoria da vida que forma o núcleo ético e antropológico de um *ethos* cultural, há um sentido da vida que está em ação. Trata-se de um povo cuja cultura foi evangelizada, se tratará, então, de um sentido cristianizado, mas, de qualquer forma, sempre sob a forma de uma sabedoria *humana*. Como tal, esta última possui uma racionalidade ou um *logos* que pode ser conceptualizado filosoficamente e assumido pela reflexão teológica para a inteligência da fé.

A possibilidade de chegar às mesmas afirmações a partir dessas duas perspectivas diferentes é o reflexo da interação entre fé e cultura. Esta relação pode ser abordada tanto a partir da fé (e da sua racionalidade teologal) como a partir da cultura (e do seu sentido sapiencial, implicitamente filosófico, da existência humana).

2. Por que falar de "alternativa"?

Em outros escritos, examinei os progressos qualitativos feitos pela teologia latino-americana recente. Levando em conta esse contexto *teológico* latino-americano, falo de "alternativa teológica" *por oposição* a outras abordagens: (a) aquelas que tendem a ser *a-históricas* em suas perspectivas; (b) aquelas que descobriram a *historicidade* (da história da salvação e da razão humana), mas que não pensam teologicamente a *inculturação* da fé e da intelecção da fé na *história concreta dos povos*; (c) aquelas que pretendem assumir história, cultura e sociedade na reflexão teológica, mas que as interpretam com categorias estranhas à compreensão cristã do homem e da sociedade; é o que acontece com *categorias marxistas* quando não são submetidas previamente a uma profunda revisão crítica.

Falo de alternativa porque creio que se trata de um caminho possível e fecundo, mas não único, para chegar a uma intelecção reflexiva da fé a partir da experiência histórica do *ethos* cultural de um povo; sobretudo, embora não de maneira exclusiva, quando o sentido cristão da vida atuou e continua atuando em sua raiz, como é o caso dos povos latino-americanos.

3. Uma hermenêutica teológica

A abordagem que apresento aqui pode mostrar a sua fecundidade para a teologia nos níveis seguintes: (a) no nível teológico-fundamental de uma *hermenêutica teológica*; (b) no nível *teológico-dogmático* de uma releitura teológica dos principais mistérios da fé, a partir de uma situação histórico-cultural determinada; (c) no nível de uma *teologia da história* ou da *ação e da paixão* históricas (concretamente: as de um povo ou de um conjunto de povos, por exemplo, em nível continental).[73]

Quanto ao primeiro nível, que é fundamental, tratei dele no subitem 1 deste capítulo. Trata-se da *sabedoria popular* de todos os povos e de cada povo, uma sabedoria que pode ser considerada como *teologal* entre os povos cuja cultura foi evangelizada (e na medida

---

[73] Essa formulação se inspira em Jean Ladrière. Ver o seu trabalho (sobre minhas orientações): Filosofía de la acción histórica, *Stromata* 55 (1999), p. 319-324. Cf. também o meu livro *Discernimiento filosófico de la acción y pasión históricas. Planteo para el mundo global desde América Latina*, Barcelona/México: Anthropos/Universidad Iberoamericana, 2009.

em que está evangelizada). No que se segue, procurarei completar o que disse demasiado brevemente no capítulo precedente, levando em conta também o que já expus na primeira parte deste capítulo.

Pode-se aplicar à diversidade dos povos evangelizados o que o documento sobre a Pastoral Popular do Episcopado argentino diz a propósito do seu povo, a saber, que "a Igreja se insere e se encarna na experiência nacional do povo argentino" e que ela há de

> discernir acerca de sua ação libertadora ou salvífica desde a perspectiva do povo e de seus interesses, pois, por ser esse sujeito e agente da história humana, que "está vinculada intimamente com a história da salvação", os sinais dos tempos se fazem presentes e decifráveis nos acontecimentos próprios desse mesmo povo ou que a ele afetam. Por isso, a ação da Igreja não deve ser somente orientada para o povo, mas também, e principalmente, desde o povo mesmo.[74]

Ora, um dos momentos dessa ação salvífica da Igreja é a reflexão teológica e pastoral, assim – no nosso caso – como a teologia argentina do povo a considera.

Essa perspectiva supõe que o povo de Deus concreto, aqui e agora, é *sujeito de sabedoria teologal* e de um *senso da fé* que tende a inculturar-se, mas em comunhão com o povo de Deus universal e com a tradição universal da Igreja. Ora, essa sabedoria teologal pode articular-se de forma reflexiva, crítica e metódica, em *ciência* teológica.

Eis o que revaloriza o *"sensus fidei"* dos fiéis como "lugar teológico" ou como *fonte* de conhecimento teológico; e isso, se for interpretado de maneira situada, no nível da Igreja particular em comunhão

---

[74] CONFERENCIA DEL EPISCOPADO ARGENTINO. *Declaración de San Miguel*, 1969, p. 38. Eu faço a distinção, com o episcopado argentino, entre o "povo argentino" (ou o povo de uma nação determinada) e o "povo de Deus" *na* Argentina (*nesta* nação determinada), embora os dois possam de fato coincidir em grande parte. É preciso notar que o documento citado aqui recebeu o apoio de Lucio Gera e dos teólogos da COEPAL.

com *toda* a Igreja.[75] A perspectiva histórico-cultural local *não* leva a exprimir verdades diferentes ou novas, mas influencia sobre o "estilo" ou sobre a maneira de crer, sobre o *acento* ou a *modalidade* de crer, sobre a *estruturação* específica do vivido, da expressão e da reflexão da *mesma* fé comum. Ela não se mostra no nível dos julgamentos de verdade, mas no nível do *insight* (da compreensão do sentido) e das opções hermenêuticas.[76]

O povo fiel, porém, não é apenas o sujeito, é também o *destinatário* do trabalho teológico que é uma de suas *normas*. É isso que permite uma reinterpretação da *função do teólogo*. Enquanto membro desse povo fiel inculturado, cabe a ele, ou faz parte de sua missão e de seu carisma, "elevar ao conceito",[77] ou seja, exprimir de maneira reflexiva, articulada e sistemática, essa sabedoria teologal desse povo de Deus "em cada grande território sociocultural" (AG 22). Ademais, como esse povo tem uma estrutura hierárquica, nosso ponto de vista serve para esclarecer a função de discernimento e de controle que compete ao *magistério local* dentro de sua inserção na Igreja universal, sob o magistério de Pedro. O acento colocado sobre a pertinência teológica do povo crente, dotado de memória, contribui

---

[75] Sobre o *sensus fidei* (sentido da fé) de todo o povo de Deus, é preciso referir-se ao n. 12 de *Lumen gentium*.

[76] Faço referência à teoria do método de Lonergan, tal como a apliquei a este ponto no capítulo precedente e como aplicarei de novo no capítulo VII. Para ilustrar essa possibilidade de estruturação ou de configuração diferente, no plano da vivência, da expressão e da reflexão teológica da *mesma* fé, se pode servir-se analogicamente do que Joseph de Guibert diz a propósito da "estruturação" diferente dos *mesmos* elementos nas diversas espiritualidades vivenciadas na Igreja; cf. *La spiritualité de la Compagnie de Jésus*, Roma, Institutum historicum, 1953.

[77] A alusão a Hegel não deve ser interpretada num sentido hegeliano; trata-se, antes, de colocar o conceito *a serviço* da sabedoria (que ele não poderia esgotar). Cf. a relação entre sabedoria e ciência, símbolo e conceito, exposta em meu ensaio "Sabiduría Popular y Pensamiento Especulativo", no livro coordenado por mim: *Sabiduría popular, símbolo y filosofía*, Buenos Aires, Guadalupe, 1984, p. 51-74.

igualmente para uma melhor compreensão da *tradição* viva como fonte de conhecimento e de fé, como também para uma explicitação da maneira como a inculturação convida a desenvolver em formas sempre *novas* a riqueza inesgotável da mensagem de Cristo.

Essa perspectiva hermenêutica implica também uma epistemologia teologal que revalorize o conhecimento comunitário, sapiencial, prático e histórico, sem por isso negligenciar a função do magistério nem a função do teólogo, como tampouco o momento científico e teórico da teologia com a sua validade universal. Está claro, no entanto, que é preciso repensar nesse contexto a noção de *ciência* aplicada à teologia, não somente a purificando dos fedores racionalistas que ela pôde adquirir nos últimos séculos, mas também mostrando que ela está a serviço da *sabedoria* e que esta última é comunitária e histórica, sem deixar de ser espiritual e transcendente. Em ligação com tudo isso, reafirma-se o caráter *analógico* e *simbólico* da linguagem teológica.

Assim se tornou possível uma *caminhada hermenêutica* que permite, por um lado, reler a Revelação divina a partir da situação histórica, prática e cultural, de um povo determinado (especialmente se for crente) e, por outro lado, reler teologicamente, à luz da Revelação divina, a história, a práxis e a cultura desse povo e os símbolos culturais nos quais ele se exprime. Esse discernimento teológico da ação de Deus na vida dos povos contribui, por sua vez, para um conhecimento mais profundo do que o próprio Deus revelou dele mesmo.

Essa caminhada hermenêutica leva em conta a contribuição das interpretações *científicas, políticas e/ou poéticas* da história, da cultura e da sociedade, enquanto *mediação* para o conhecimento teológico.[78]

---

[78] *Mutatis mutandis*, pode-se dizer de todas essas mediações o que afirmo da mediação socioanalítica nos capítulos 1 e 2 de minha *Teología de la liberación y doctrina social de la Iglesia*, aplicando a elas o que Santo Tomás diz da mediação filosófica na *Suma teológica*, 1a parte, q. 1.

Esse tipo de mediação é possível em razão do momento humano globalmente significativo que tais interpretações implicam, quer dizer, de seu momento implícita ou explicitamente filosófico.[79] Esse momento globalmente significativo pode ser assumido pela teologia, mas deve antes ser criticado à luz da fé, porque esta, já disse isso antes, implica também um sentido humano global.[80]

---

[79] No tocante à mediação das ciências sociais, Ignacio Ellacuría sustenta que ela "não implica a negação da contribuição filosófica, mas a sua retomada de maneira diferente": cf. suas Tesis sobre la posibilidad, necesidad y sentido de una teología latino-americana. In: *Teología y mundo contemporáneo*. Madrid: Cristiandad, 1975, p. 338.

[80] Estendo a todas as mediações de que falei o que a Instrução *Libertatis nuntius* diz das relações extrateológicas à teologia: "A utilização, por parte dos teólogos, de elementos filosóficos ou das ciências humanas tem um valor 'instrumental' e deve ser objeto de um discernimento crítico de natureza teológica. Em outras palavras, o critério final e decisivo da verdade não pode ser, em última análise, senão um critério teológico. É à luz da fé, e daquilo que ela nos ensina sobre a verdade do homem e sobre o sentido último de seu destino, que se deve julgar a validade ou o grau de validade daquilo que as outras disciplinas propõem, de resto, muitas vezes à maneira de conjectura, como sendo verdades sobre o homem, sobre a sua história e sobre o seu destino" (LN VII, 10). No meu livro *Un nuevo punto de partida en la filosofía latinoamericana* pode ser encontrado um aprofundamento filosófico, numa mesma linha de pensamento, das orientações dadas neste capítulo e no precedente, a propósito da teologia inculturada.

CAPÍTULO VI

Religiosidade popular, sabedoria do povo e teologia popular

A revalorização da "religião do povo, da religiosidade popular ou da piedade popular" (DP 444, citando EN 48) é um sinal dos tempos na Igreja de hoje (cf. EG 122-126). Essa revalorização não é apenas pastoral, com suas enormes consequências práticas, é também *teológica*; porque o Papa Francisco chegou a reconhecê-la como *lugar teológico* (EG 126). E os seus frutos teóricos ainda não foram suficientemente explicitados.

Essa revalorização da religiosidade popular é dupla. Por um lado, trata-se, para dizer com Karl Rahner, do "significado criador e normativo" que a religião do povo tem para a teologia (e não somente da relação inversa);[1] por outro lado, a questão é acerca do que se chama "teologia popular". É que a consideração do povo como *sujeito* de religiosidade, de religião e de piedade, bem como sujeito da cultura popular na qual se encarna a fé e sujeito da espiritualidade e da mística populares nas quais floresce essa fé encarnada em cultura e expressa em piedade, essa consideração, portanto, levou a levantar

---

[1] Cf. K. RAHNER. Einleitende Überlegungen zum Verhältnis von Theologie und Volkreligion [Considerações introdutórias à relação entre teologia e religião popular]. In: K. RAHNER et al. *Volksreligion – Religion des Volkes*, Stuttgart/ Berlin/ Köln/ Mainz, 1979, p. 12; ver o meu livro *Weisheit und Befreiung. Volkstheologie in Lateinamerika*, Düsseldorf, Patmos, 1992.

a questão do povo como *sujeito do discurso a partir da fé e sobre ela*, de uma fé assim situada na história, na sociedade e na cultura e, por conseguinte, como sujeito da teologia.

Neste capítulo, abordarei esta segunda questão, a da relação entre a piedade popular e uma teologia popular cujo sujeito seja o povo, propondo ver na sabedoria popular a ligação orgânica entre os dois. Comecei, aliás, a tratar, de maneira breve, disso no capítulo anterior.

Ao mesmo tempo, contudo, não poderei deixar de fazer de novo alusão à primeira questão, aquela que trata da relação entre a religião do povo e a teologia em geral. A problemática terá, então, um caráter universal, mas está claro que a abordarei levando, sobretudo, em conta a problemática latino-americana compreendida como um universal situado.

Começarei lembrando, muito brevemente, o sentido de duas das palavras "chaves" que dão o título a este capítulo: "sabedoria" e "teologia". Num segundo tempo, dedicar-me-ei à questão teológica de fundo colocada por esse título, assim como acabo de apresentá-la. Uma terceira e última parte completará a resposta que dou a esta questão examinando a relação entre a teologia popular e a teologia científica ou acadêmica.

A. Dois conceitos "chaves"

1. Sabedoria

Quando falo aqui da sabedoria (popular ou do povo) implicada na piedade popular, refiro-me a um conhecimento de certa maneira contemplativo ou intuitivo (*sapere*) do sentido último ou do fundamento primeiro da vida com a luz que isso projeta sobre todo o resto: é todo o "estilo de vida" humano de um povo, seu *ethos* cultural e sua *maneira* particular de entrar em relação com Deus, com os homens e com as coisas que se encontram assim estruturadas. Teologicamente falando, o seu caráter de sabedoria autêntica não deverá ser julgado por critérios de antropologia cultural ou de filosofia, mas, antes de tudo, em referência a Cristo, sabedoria de Deus. Ele é a medida teológica da sabedoria autenticamente cristã, o que a distingue eventualmente de toda ideologia. No caso da América Latina, o *Documento de Puebla* afirma, na mesma linha do que foi indicado anteriormente, que "a religiosidade do povo, em seu núcleo, é um acervo de valores que respondem com sabedoria cristã às grandes incógnitas da existência" (DP 448; cf. 413).

2. Teologia

Que sentido é preciso conceder a essa palavra na expressão "teologia popular"? Pode-se, antes de tudo, compreendê-la num sentido *amplo*, etimológico, como palavra ou discurso (*logos*) de Deus, ao mesmo tempo à medida que nele fala de si e à medida que exprime a sua Palavra (a sua Revelação) num discurso humano. Se usarmos também esse termo para qualificar, sem mais precisões, o *intellectus fidei*, ele compreende em si mesmo todo discurso inteligente feito desde a fé e sobre ela.

Num sentido mais *restrito*, no entanto, mais corrente atualmente e mais estrito, pensa-se, primeiro, quando se fala de "teologia", na teologia como ciência (como *analogatum princeps*), sem negar, porém, a sua função sapiencial. Finalmente, a teologia da libertação evidenciou uma terceira função ou tarefa da teologia, entendida como "reflexão crítica da práxis histórica à luz da Palavra" de Deus, função que assume, conserva e reinterpreta os seus momentos de sabedoria e de ciência.[2]

Em função do que acabamos de indicar, coloca-se, então, o problema de uma teologia *do povo* (genitivo subjetivo!) em sua relação com a religião do povo como expressão inculturada da

---

[2] Cf. G. GUTIÉRREZ. *Teología de la liberación*, p. 38.

fé cristã, especialmente num povo pobre e crente como o povo latino-americano.

Trata-se simplesmente de outro nome (seja ele impróprio ou próprio, mas sempre derivado e análogo) para o discurso religioso crente? Em que relação se encontra ele com a teologia como ciência? Em que sentido o povo é o sujeito da reflexão teológica? Trata-se, talvez, de um deslocamento do *analogatum princeps* no uso da palavra "teologia"? Baste, por enquanto, dizer que falamos *pelo menos* de teologia no sentido *amplo* e que o tomamos num sentido *próprio*, quando falarmos de "teologia popular".[3]

B. Relação entre piedade popular e teologia popular

Essa relação passa pela mediação da sabedoria popular, quer consideremos esta sabedoria "a partir de baixo", como a sabedoria *humana*, que estrutura a religiosidade e a cultura populares, quer a consideremos "a partir do alto", como a sabedoria *teologal* implicada pela fé enquanto encarnada e inculturada nessa religiosidade e nessa cultura para as quais ela contribui com uma dimensão especificamente nova de sentido. Com relação à inteligência da fé e, afinal de contas, com relação à teologia (popular), a primeira abordagem compreende essa sabedoria como "semente do verbo" (DP 401, 451): instrumento que a fé ilumina, purifica e assume para buscar (*manuductio*) e encontrar a sua forma inculturada de intelecção. Na segunda abordagem, ela é considerada "fruto" do verbo (DP 403) numa religiosidade popular que foi evangelizada, que contém por isso "a

---

[3] Sobre essa questão, ver, entre outros, Adolf Exeler e Norbert Mette (ed.), *Theologie des Volkes*, Mainz, Grünewald, 1978; o n. 140 de *Lumière et Vie* (1978), dedicado às "teologias populares"; como também o debate entre Alfredo Fierro e Juan José Tamayo em *Iglesia viva* 89-90 (1980), p. 533-538 e 93 (1981), p. 85-91.

Palavra de Deus encarnada" (DP 450) e por isso mesmo também "ativamente evangelizadora" (DP 396).

Para compreender a primeira abordagem, introduzimos o uso do par *revelabile-manuductio* que Santo Tomás emprega na *Suma teológica* para explicar o serviço instrumental que a filosofia presta à teologia como ciência, preservando a unidade de seu objeto formal (a luz da Revelação): as *divinitus revelabilia* (realidades divinamente reveláveis) ou as *divino lumine cognoscibilia* (realidades cognoscíveis à luz divina).[4] A segunda abordagem evoca, por sua vez, a trans-significação e a transvalorização semânticas que vêm, segundo o mesmo santo doutor, quando a filosofia, iluminada pela fé e assumida por e para sua inteligência, pode, sem ter perdido seu caráter racional, ser comparada com a água transformada em vinho.

O concílio nos orienta para um paralelismo entre sabedoria filosófica e sabedoria popular quando defende, em *Ad gentes* 22 (já citado), uma consideração teológica própria a cada grande região sociocultural: ele pensa que "assim se entenderá mais claramente o processo de tornar a fé inteligível, tendo em conta a filosofia ou a sabedoria dos povos". O presente trabalho se dedica precisamente a um desses caminhos, partindo da piedade popular e caminhando para a teologia pela mediação da sabedoria da vida que está no centro dessa piedade.

O par tomista *revelabile-manuductio* nos inspirou porque compreende "a unidade noética" entre fé e razão, segundo o modelo de Calcedônia ("inconfuso e indiviso") relativo à estrutura da Revelação de Cristo em sua encarnação, em seus sacramentos e também, afinal de contas, na sua intelecção e na teologia. Mas, no que diz

---

[4] Cf. TOMÁS DE AQUINO. *Suma teológica*, I, q. 1, a. 3, c e ad. 2; a. 4, ad 1. Sobre a *manuductio*, se pode ver Michel Corbin, *Le chemin de la théologie chez Thomas d'Aquin*, cap. 4; sobre o *revelabile*, ver também Étienne Gilson, *Le thomisme*, Paris, Vrin, 1948, p. 8-41.

A TEOLOGIA DO POVO

169

respeito a nós, trata-se, em primeiro lugar, de uma racionalidade *sapiencial.*

Essa última afirmação pode nos permitir dar mais um passo. Com efeito, nos parágrafos anteriores se tratava da relação entre religiosidade e sabedoria (humana e/ou cristã) populares; agora é preciso considerar o problema da relação entre essa sabedoria mediadora e a teologia popular. Para isso indicarei, primeiro, como essa sabedoria implica um *logos.* Abordarei em seguida a relação de unidade e de ruptura entre esse *logos* e o da teologia como *ciência.*

A sabedoria popular, ainda que considerada como simplesmente humana, implica sentido, intelecção e, portanto, também palavra e razão, visto que o seu sentido e a sua compreensão se exprimem e se articulam não somente em símbolos práticos ou em ritos significativos, mas também em discurso (narrativo, proverbial, poético, de revisão de vida...) que tem suas próprias regras de jogo e sua própria lógica.[5] A esse funcionamento correspondem ao mesmo tempo um tipo de *reflexão* concreta e situada, bem como um *julgamento crítico* enraizado no sentido comum e no discernimento sapiencial (por conaturalidade). Podemos, portanto, dizer propriamente que essa linguagem não é apenas significativa, mas é também lógica, racional e capaz de crítica; com efeito, ele não se move somente num mundo mediatizado pelo significado e pelo valor, mas é, ademais, capaz de verdade e de discernimento da verdade.

De acordo com a visão de Bernard Lonergan a propósito das formas diferenciadas da consciência humana,[6] poderíamos dizer que

---

[5] Sobre a linguagem religiosa, ver o capítulo 6 de meu livro *Religión y nuevo pensamiento* (inspirado em grande parte por Ricoeur); sobre a linguagem teológica, ver o capítulo 7 do mesmo livro.

[6] Lonergan distingue as formas diferenciadas da consciência da seguinte maneira: a forma que é própria ao *senso comum*, a que é *científica* (ou teórica), a que é *religiosa* (no nosso texto a chamamos de "vida segundo o Espírito"), a do *scholar* (característica das ciências histórico-interpretativas), a forma, enfim, que é própria à *filosofia moderna*

a piedade e a sabedoria populares, do mesmo modo que a teologia popular, movem-se no mundo do senso comum e (graças à conversão crente) no mundo da "vida segundo o Espírito", mas que nelas há também a *racionalidade humana*, embora esta última não seja mediatizada nem pela teoria nem pela ciência e tampouco por uma consciência explicitamente hermenêutica (como é o caso do *scholar*). Essas características são realçadas quando se fala de uma sabedoria popular *cristã*. A fé, com efeito, está estruturalmente em busca de *compreensão* de si, e "dar *razão* de sua esperança" convida a uma *comunicação* alegre e a um *testemunho* missionário; há um "sentimento de fé" dado pela ação do Espírito Santo e um "instinto evangélico" para discernir a *verdade* de Cristo. Isso não leva somente a confessar a fé e a anunciá-la, mas também a articulá-la, ensiná-la e defendê-la.

Tudo o que se acaba de dizer adquire mais força ainda se nos lembrarmos de que os pobres, em razão de uma disposição gratuita do Senhor, não são apenas os destinatários preferenciais do anúncio do Evangelho e o lugar privilegiado para conhecer o Deus de Jesus e a sua vontade, mas são também chamados a ser sujeitos ativos na Igreja, inclusive no plano da inteligência da fé e de seu anúncio racional. A propósito do "potencial evangelizador dos pobres" (DP 1147), Jon Sobrino chega a falar de seu "potencial 'teologizador'".[7] Gutiérrez afirma também que "as comunidades eclesiais de base mesmas são o sujeito da reflexão teológica" e que isso se verifica em muitos lugares da América Latina: "Não se trata apenas de uma reflexão feita em

---

(do sujeito transcendental); cf. Unità e pluralità. La coerenza della verità Cristiana. In: KARL NEUFELD (ed.). *Problemi e perspective di teologia dogmatica*, p. 122-125.

[7] J. SOBRINO. La "autoridad doctrinal" del pueblo de Dios en América Latina. *Concilium* 200 (1985), p. 78; cf. também G. Gutiérrez, Quehacer teológico y experiencia eclesial. Ibid., 196 (1984), p. 403. Sobre o sujeito coletivo em EG, ver o capítulo X deste livro.

comum ou 'em Igreja', mas também e de maneira muito especial do sujeito da reflexão teológica: sujeito comunitário, coletivo".[8]

Essa citação de Gutiérrez nos leva a distinguir dois níveis na "teologia popular": o primeiro, o mais espontâneo e o mais imediato, se enraíza antes de tudo na Palavra de Deus encarnada na piedade e na espiritualidade populares; o segundo, apoiando-se nesse "*humus*" primeiro, vem de um contato *novo e renovado* do povo crente e pobre com essa Palavra de Deus, através da instância de uma organização popular como as comunidades eclesiais de base ou os círculos bíblicos etc. Esses dois níveis estão em relação íntima: é preciso sublinhar a *novidade qualitativa* desse encontro renovado do povo com a Escritura, bem como as suas consequências para a teologia popular; porém, é preciso também não esquecer que essa nova experiência eclesial, espiritual e teológica, tem suas raízes naquilo que se chamou de encarnação do Evangelho na religiosidade popular e que se alimenta em parte dela (enquanto a alimenta, por sua vez). Com efeito, antes mesmo de chegar a esse grau mais alto de organização, de reflexão explícita e de consciência de si, a piedade popular evangelizada já era evangelizadora e até "teologizadora" à sua maneira, embora seja provavelmente o novo avanço qualitativo ulterior que permitiu tomar consciência disso. É preciso sublinhar que esse progresso inclui dois aspectos que não tinham importância antes e cujas consequências são enormes para a teologia popular e para a teologia simplesmente: o contato *direto* do povo pobre e crente com a Bíblia e a luz projetada assim sobre a vida e a convivência *históricas*. Entre a Escritura e a vida (práxis pastoral e social inclusive), produz-se, assim, um círculo hermenêutico fecundo, cujo fruto é um discurso teológico cuja articulação não é científica, mas sapiencial.

---

[8] Cf. G. GUTIÉRREZ, L'irruption du pauvre dans la théologie de l'Amérique latine. *Convergence* 1-2 (1981), p. 24.

Em que sentido, afinal de contas, uma teologia popular assim compreendida pode ser propriamente chamada de teologia? É em parte uma questão de nome, mas também uma questão de valorização. Alguns, como Clodovis Boff, em seu livro *Teologia e prática*, adotam uma distinção incisiva entre discurso religioso (profético, sapiencial, de revisão de vida etc.) *e* discurso teológico, sendo este último então tomado no sentido da teologia como ciência. João Batista Libanio, por sua vez, teme que essa distinção terminológica oculte certo elitismo e privilegie de maneira exclusiva a teologia como ciência; ao passo que, segundo ele, trata-se antes de dois discursos *teológicos* diferentes, todos os dois ao mesmo tempo legítimos e legitimadores.[9]

Gutiérrez, por sua vez, sustenta que "esta reflexão de comunidades que evangelizam, que convocam em *Ecclesia* (e são por isso precisamente eclesiais), é uma maneira de fazer teologia, de pensar a fé e a condição cristãs. Trata-se de pôr em prática o direito de pensar que o povo pobre tem"; contudo, ele acrescenta que há cristãos "que chamamos mais estritamente de teólogos (em certos meios, são qualificados como 'teólogos profissionais')".[10] Ora, este advérbio "estritamente" implica a aceitação da terminologia corrente (que coloca o vocábulo "teologia" como análogo principal), mas não significa qualquer desvalorização do discurso teológico popular, visto que reconhece, pelo contrário, o seu caráter *propriamente* teológico.

De minha parte, creio que seja possível qualificar esse discurso como "*teologia* popular" em toda propriedade, mas de maneira analógica; ainda que o uso atual pareça ser antes o de falar de teologia simplesmente, sem outras precisões, remetendo principalmente

---

[9] Cf. respectivamente Cl. Boff, *Teologia e prática*; e J. B. Libanio, Théologies populaires, légitimité et existence, *Lumière et Vie* 140 (1978), p. 85-100. Casiano Florestan está de acordo com o segundo em: Povo de Deus e teologia cristã, *Revista Eclesiástica brasileira* 45 (1985), p. 296-309.

[10] G. GUTIÉRREZ. A irrupção do pobre na teologia da América Latina, p. 403.

à teologia como ciência. E não afirmamos o caráter de *analogatum princeps* desta última como algo essencial, mas como algo *histórico*, embora fosse possível proceder a um deslocamento histórico do uso.

Tampouco se trata de uma valorização maior ou menor, quer esta seja devida a certo cientismo ou racionalismo para o qual a ciência é a única a implicar ou garantir o *logos* e a razão ou, inversamente, a um entusiasmo romântico que opõe o popular ao racional, o que seria apenas outra face de uma mesma moeda. Simplesmente, nós reconhecemos a validade *específica* dessas duas teologias, tendo cada uma o seu *logos* próprio e, portanto, a sua racionalidade própria.

O que caracteriza propriamente a teologia como ciência não é, com efeito, que ela tenha regras, lógica e capacidade crítica, porque isso é próprio de todo discurso humano enquanto humano e, portanto, racional. O que a caracteriza como *ciência* lhe vem de uma nota tripla: em primeiro lugar, trata-se de um discurso *teórico*, cujo mundo de significados foi objetivado de maneira reflexiva, explicitado de maneira analítica, definido de maneira conceitual e ligado de maneira sistemática. Em segundo lugar, não apenas tem regras, mas se trata de um discurso cuja reflexividade crítica é *metódica* e tende, portanto, a *controlar a si mesma*. Enfim, a sua articulação é *aumentada* e sujeita a uma crítica *consciente de si*: não se contenta em discutir, julgar e discernir de maneira racional, mas sabe por que o faz e pode dar razão disso de forma metódica e sistemática. É claro que esse tipo de discurso teológico não corresponde à consciência popular como tal, que não se move no mundo da teoria científica ou da hermenêutica acadêmica (ou seja, da *scholarship* segundo a terminologia de Lonergan).

C. A teologia popular e a teologia como ciência

De tudo o que foi dito se pode concluir que o modelo adequado para pensar a relação entre esses dois saberes teológicos não pode absolutamente ser um modelo de relações de tipo ignorância-saber, opinião-verdade, *doxa*-episteme ou ideologia-ciência.

Tampouco é suficiente, porém, evocar um paradigma de estilo mais dialético como a relação "saber implícito – saber explícito" ou "representação – conceito", porque não se trata de um saber prévio, ingênuo, inferior e imperfeito que se tornaria crítico, superior e perfeito apenas no saber ulterior, explicitado conceptualmente, da ciência. E não é mais adequada a relação *simples* (de inspiração fenomenológica) entre o "mundo da vida" e sua "vinda à ideia", entre "o vivido" e "o refletido" ou entre a "facticidade" e o *eidos*; porque na teologia popular não há apenas a vida e o conteúdo, mas também a forma, a ideia e a reflexão que, à sua maneira, alcançam o sentido essencial e a sua verdade. Sem dúvida, tanto a exposição dialética como a redução fenomenológica valorizam a sabedoria popular não somente como *pré*-científica, mas também como *intra*-científica (respectivamente como *momento* da ciência enquanto saber imediato ou como seu *horizonte* enquanto mundo da vida); isso não impede que, finalmente, elas a meçam a partir da ciência e com a sua medida, como se esta fosse o *protótipo*, senão a forma única, da racionalidade. Por isso tais modelos não são adequados para pensar a relação entre teologia popular e científica.

Por outro lado, concordo com Clodovis Boff para sustentar que o modelo que precisamos para compreender a relação entre os saberes do povo e do intelectual não deve ser unidirecional, mas sim levar em conta a interação mútua de saberes *específicos, distintos,*

A TEOLOGIA DO POVO

irredutíveis um ao outro e *válidos* cada um no seu gênero.[11] Cada um tem, portanto, a sua função insubstituível na teologia como momento interno da Igreja e como tarefa e carisma legítimos nela; de sorte que, se há uma contribuição específica da teologia como ciência, há também uma contribuição própria da teologia popular tanto para a teologia como para a Igreja.

Propriamente falando, porém, essa relação é mais tridimensional que bipolar ou circular, na medida em que a fé, em sua busca da inteligência, constitui uma espécie de terceiro polo prioritário e normativo entre os dois outros polos. É ela que orienta, julga e discerne o intercâmbio desses saberes, enquanto instrumento "que conduz" à sua própria intelecção. Daí decorre também a função insubstituível de discernimento do magistério da Igreja, enquanto intérprete autêntico da fé, nesse diálogo teológico.

Embora esse intercâmbio tenha raízes profundas nas Sagradas Escrituras[12] e também na história da Igreja e da teologia, ele dá espaço hoje a uma nova tomada de consciência cuja explicitação, acentuação e aprofundamento são devidos a um acontecimento de duas faces: a "irrupção do pobre" na consciência da sociedade, da Igreja e da teologia, e a revalorização correlativa da religião e da sabedoria populares. Esse acontecimento constitui um verdadeiro sinal dos tempos; e o Papa Francisco não é estranho a ele.

Dentro de tal intercâmbio, em que consiste a contribuição própria da teologia popular? Sem que ele seja necessariamente mais livre

---

[11] Cf. Cl. BOFF. Agente de pastoral e povo, p. 216-242. Sobre a diversidade dos modelos com vistas a pensar a relação entre esses dois saberes, faço alusão no texto a Carlos Cullen, Sabiduría popular y fenomenología. In: J. C. SCANNONE (ed.). *Sabiduría popular, símbolo y filosofía*, p. 30s.

[12] Sobre a relação entre o povo e o Novo Testamento, cf. Hubert Frankemölle, Zur "Theologie des Volkes" im Neuen Testament. Eine Problemskizze. In: A. EXELER; N. METTE (ed.). *Theologie des Volkes*, p. 86-119.

de desvios ou de influências ideológicas, pode-se creditar a ela as notas positivas seguintes:

a) Essa sabedoria espiritual tem antes de tudo como próprio o fato de ser um saber primeiro e original, o mais próximo das fontes espirituais da religião e da fé (tanto as que surgem da sede humana de Deus como as que provêm do dom gratuito do Senhor), despojado de mediações e de complicações demasiado conceptuais.[13] Isso lhe dá um caráter mais carismático, profético e escatológico.

b) Ela contribui assim com o que tem de próprio para a sabedoria da vida, ou seja, uma proximidade e uma conexão mais íntimas com a existência humana cotidiana, a cultura particular, a práxis e a realidade histórica concretas.

c) Desses dois aspectos segue-se uma terceira contribuição: uma chamada crítica continuamente dirigida à teologia acadêmica e a reenviando ao que há de mais elementar e de mais fundamental na existência humana e cristã, graças ao senso da realidade, da humanidade e da fé que o povo pobre e crente tem.

d) Ligada ao que precede, uma quarta contribuição pode ser percebida: o seu testemunho contínuo do que a fé traz de irredutível à razão, tanto a transcendência e a gratuidade do mistério de Deus e de seu desígnio de salvação como o papel insubstituível para toda teologia da experiência contemplativa e história, bem como, finalmente, da linguagem simbólica e narrativa (sobretudo bíblica),[14] estando a teorização e a sistematização apenas a serviço de tudo isso.

e) Uma quinta série de contribuições situa-se em outra ordem de coisas. Na medida em que se trata da teologia dos pobres, ela traz para a teologia profissional e acadêmica, como disciplina e

---

[13] Cf. K. RAHNER. Einleitende Überlegungen zum Verhältnis von Theologie und Volksreligion, p. 14.

[14] Cf. JOHANN BAPTIST METZ. Brève apologie du récit. *Concilium* 85 (1973), p. 222-236.

instituição, um lugar hermenêutico privilegiado para conhecer o Deus de Jesus,[15] graças a uma conversão evangélica, ética e histórica, voltada para os pobres. De maneira que, ao mesmo tempo que respeita a autonomia da teologia como ciência e hermenêutica, abre a ela um horizonte e espaços novos, mais evangélicos, mais humanos e mais históricos. E essa mudança de ponto de partida ("a partir de onde") está também ligada a uma mudança de método ou de "como" (numa perspectiva *inculturada*) e de mira ou de "para onde" (*pertinência* prática, pastoral e histórica). Tudo isso não desfigura em nada o conteúdo (o "quê") da fé, mas a abre a uma inteligência mais profunda; e a razão teórica não está contaminada, mas antes situada e libertada.[16]

f) Uma sexta contribuição depende também de um plano mais diretamente intelectual. A teologia popular pode, com efeito, suscitar "suspeitas metodológicas"[17] legítimas em relação a uma teologia acadêmica demasiado separada da vida espiritual, da vida humana ou da realidade histórica. De maneira mais positiva, contudo, ela pode também oferecer a ela não apenas novas interrogações, mas também novas orientações, modos de expressão, até categorias ou linhas de articulação, que caberão então à teologia científica assumir e elaborar de maneira crítica, segundo o seu método próprio, dando ao mesmo tempo as suas próprias contribuições específicas à teologia popular.

g) Há ainda a indicar uma última contribuição, que diz respeito à maneira como o povo crente pode ser fiel à teologia acadêmica que lhe é comunicada ao *recebê*-la segundo o modo próprio da teologia popular. Trata-se, em primeiro lugar, do "instinto evangélico" (DP

---

[15] Cf. J. SOBRINO. La "autoridad doctrinal" del pueblo de Dios en América Latina.

[16] Sobre essa relação do simbólico com o especulativo e o prático, ver o capítulo 15 de meu livro já citado: *Nuevo punto de partida en la filosofía latino-americana*.

[17] Ver o que diz sobre isso J. L. Segundo em *Liberación de la teología*, p. 260.

448) que o leva a aceitar ou não, por conaturalidade, um tipo de teologia como em acordo ou em desacordo com a fé e o ensinamento da Igreja. Mas se trata também de discernir se a recepção dessas contribuições de uma teologia científica pode permitir-lhe ou não crescer na sua vida (espiritual, humana, histórica) e na sua piedade. Existem, com efeito, teologias perfeitamente ortodoxas, mas que são pouco pertinentes a esse respeito, talvez por falta de espiritualidade, de inculturação ou de dinamismo histórico. Ou, há para o teólogo profissional uma confirmação quando a sua teologia, mediatizada pela hermenêutica e pela teoria, volta ao povo fiel, sobretudo ao povo pobre e crente, e se encontra "traduzida" em seu discurso e lhe permite crescer na fé, esperança e caridade realmente encarnadas.

Notemos, ademais, que essa interação se realiza na unidade do saber, em razão da continuidade tanto dos conteúdos como do objeto formal que é a luz da fé. Mais ainda, nossa abordagem nos conduz a levantar a questão da *unidade do sujeito* da teologia popular e da teologia como ciência. Na primeira, fala-se de um sujeito comunitário, coletivo, sem negar por isso, antes o pressupondo, o papel irredutível das pessoas. O que se passa com a teologia como ciência?

Em primeiro lugar, em razão da ruptura epistemológica ou, antes, metodológica entre os dois saberes em discussão, dir-se-á que os sujeitos dessa teologia científica são os teólogos profissionais ou a sua comunidade. É, no entanto, possível afirmar que, em razão da unidade do objeto formal (e talvez também do horizonte hermenêutico inculturado), há uma verdadeira unidade de sujeito (comunitário e orgânico) entre as duas teologias.

Essa unidade deriva antes de tudo do *caráter eclesial* comum à fé e à teologia. Esta última, com efeito, é um carisma e um trabalho confiados à Igreja, a uma Igreja na qual há precisamente diversidade orgânica de carismas e de funções. Ademais, se o teólogo profissional conseguiu levar a sua inteligência da fé até a opção preferencial pelos pobres com suas implicações evangélicas, éticas, históricas e até culturais, a sua teologia acadêmica compartilhará com a teologia popular que tiver percorrido o mesmo caminho não somente a luz da fé e a fidelidade à doutrina da Igreja (que fundamentam a analogia *intrínseca* que há entre elas como teologias), mas também o horizonte hermenêutico, o enraizamento cultural e a pertinência pastoral e histórica. Isso faz aparecer a unidade organicamente diferenciada do sujeito teológico, na e apesar da ruptura epistemológica ou metodológica e da irredutível especificidade desses dois tipos de teologia.

Do mesmo modo que a interação dos saberes teológicos é uma exigência intrínseca, uma possibilidade real, uma tarefa e já uma certa realidade, mas que a sua plena realização é escatológica (na tensão do já e do ainda não), assim também, de maneira análoga, acontece para a plena unidade e comunhão do sujeito desses dois saberes. Ela exige desde agora a superação de toda falsa divisão do trabalho fundada sobre oposições mais ou menos antagônicas de classe ou de cultura em proveito de uma diferenciação de carismas, de funções, de abordagens e de tarefas teológicas, fundada sobre a comunhão com todos e a participação de todos, segundo o mesmo Espírito de Cristo.

TERCEIRA PARTE

PERSPECTIVAS TEOLÓGICO-PASTORAIS DO PAPA FRANCISCO

INTRODUÇÃO

A primeira e a segunda parte deste livro correspondem a seu título, "a teologia do povo e a cultura": aí se examinou essa teologia em seu surgimento histórico, suas características e seus autores, bem como em seu caráter de teologia inculturada. A terceira parte que se anuncia corresponde antes ao subtítulo da obra: "raízes teológicas do Papa Francisco". Porque, se essa teologia, que nasceu na Argentina, pode reivindicar um valor intrínseco e universal, o interesse que recebe, fora da América Latina, está, sobretudo, no fato de ela constituir uma das principais raízes teológicas do *conteúdo* e da *forma* que caracterizam o magistério, a pastoral, o estilo de governo da Igreja e, também, a influência extraeclesial, em suma, o estilo do papa argentino. É uma de suas fontes, uma fonte da qual ele não se contenta a tirar o alcance universal, mas cujo surgimento ele leva adiante, tanto teórica como praticamente.[1]

O capítulo VII mostrará, portanto, como Francisco, ao adotar a mudança de paradigma do Vaticano II, bem como a mudança de método da constituição pastoral *Gaudium et spes* – na linha do magistério social latino-americano desde Medellín até Aparecida –, leva a cabo a agenda inacabada do concílio, em particular no plano evangélico de uma "Igreja pobre para os pobres". Depois, o capítulo VIII examinará explicitamente o enraizamento do papa na teologia argentina do povo e também a sua maneira de ir além na mesma direção. Quanto aos três últimos capítulos, eles apresentam

---

[1] Não deixarei de sublinhar isso no decorrer dos capítulos desta última parte; pode-se consultar também o meu artigo: El papa Francisco, ¿teólogo del pueblo? *Criterio* 2414 (maio 2015), p. 44-47.

três temáticas importantes da Exortação apostólica *Evangelii gaudium*, roteiro do seu pontificado, sem esquecer a sua primeira encíclica *Laudato si'*: eles são, com efeito, dedicados à inculturação, ao sujeito comunitário da espiritualidade e da mística populares e aos quatro princípios que sustentam a formação dos povos e do povo de Deus. Cultura, inculturação e piedade popular são noções-chaves para a teologia do povo; o papa as assume e as aprofunda. Os quatro princípios, por sua vez, representam a sua contribuição pessoal não somente para a pastoral popular e o governo da Igreja, mas também para uma política nacional e internacional que busque a justiça, a paz e o bem comum universal.

Desta maneira, a terceira parte completa e coroa as duas primeiras, ela fecha o círculo vivo e fecundo que põe em relação recíproca a teologia do povo e a cultura segundo o título do presente trabalho, com a teologia e a pastoral do Papa Francisco de acordo com o que o seu subtítulo indica.

CAPÍTULO VII

A agenda inacabada do Vaticano II, *Gaudium et spes* e o Papa Francisco

Para São João XXIII, Vaticano II foi um novo Pentecostes ou um acontecimento de salvação que leva a Igreja a inesgotavelmente pensar, celebrar e agir. A sua agenda permanece ainda aberta e o seu texto é uma fonte permanente de renovação. Em minha opinião, nós vivemos ainda na etapa que se segue ao Vaticano II: nós ainda não refletimos suficientemente sobre ele no plano teológico, nem o realizamos plenamente na prática pastoral, nem, menos ainda, o exprimimos sob formas canônicas adequadas.

Como é impossível, num texto breve, examinar, ainda que em grandes traços, toda a agenda inacabada do concílio, limitar-me-ei aqui a um de seus documentos principais, *Gaudium et spes* (GS), sem pretender, aliás, abordar toda a ampla riqueza de seus conteúdos. Farei isso especialmente porque é um dos documentos que tiveram mais influência tanto sobre a teologia do povo como sobre o Papa Francisco.

Examinarei três pontos decisivos: (1) a mudança de *paradigma* teológico geral que ocorreu durante o concílio e que é particularmente visível nessa constituição pastoral; (2) a mudança de *método* que isso acarreta e a importância que teve e continua a ter para levar a cabo a agenda inacabada do concílio; (3) enfim, um de seus *conteúdos* evangelicamente fundamentais, que surgiu dessas mudanças e paradigma e de método: *a opção pelos pobres*, que o concílio não chega a explicitar nem a aprofundar, mas que é decisiva para nossa época atual "de globalização e de exclusão"[1] e que o Papa Francisco traduziu dizendo: "Quero uma Igreja pobre para os pobres" (EG 198).[2]

A. Mudança de paradigma

O novo Pentecostes e o *aggiornamento* da Igreja desejados por João XXIII começaram a se fazer sentir desde a primeira sessão do Vaticano II, quando uma ampla maioria de padres conciliares se opôs aos documentos preliminares preparados sob a direção do Cardeal Alfredo Ottaviani, prefeito daquela que se chama hoje Congregação para a Doutrina da Fé, e que João XXIII decidiu devolver à fase de redação. Não se tratava de simples críticas a cada documento em particular, mas, de maneira implícita e num sentido análogo às "mudanças de paradigma" examinadas por Thomas S. Kuhn nas ciências duras, da rejeição radical de um *paradigma* teológico e da busca de um paradigma alternativo. Como diz o teólogo dominicano brasileiro Carlos Josafat Pinto de Oliveira, antigo professor da Universidade de Friburgo (Suíça), a emergência de um novo paradigma, teológico neste caso, manifesta intenções primordiais e opções fundadoras sobretudo através das quais é *rejeitado*; porque, nos momentos de transição, sabe-se bem o que *não* se quer, embora não se saiba bem ainda o que se quer positivamente.[3] De fato, as interven-

---

[1] Faço alusão ao título do livro importante de E. Dussel, *Ética de la liberación en la época de la globalización y la exclusión*, Madrid, Trotta, 1998 [trad. bras. *Ética da libertação: na idade da globalização e da exclusão*. Petrópolis: Vozes, 2002].

[2] Sobre esse tema cf. J. Gallegos Sanchéz e M. Luber (ed.), *Eine arme Kirche für die Armen*, especialmente p. 75s; aí se encontra o meu artigo: "Aus der Peripherie heraus kann man die Wirklichkeit besser erfassen". Die Armen und die Gesellschaft in *Evangelii gaudium*, p. 43-56.

[3] Cf. C. J. PINTO DE OLIVEIRA. *Gaudium et spes*: ¿nuevo paradigma de ética fundamental y social? In: J. C. MACCARONE et al. *La Constitución* Gaudium et spes. *A*

ções dos cardeais, patriarcas e bispos, durante essa primeira sessão do concílio, concordavam, segundo Oliveira, em criticar o caráter *a-histórico* e intemporalmente *unívoco* dos documentos preliminares, que não levavam em conta nem a nova consciência histórica da cultura e da filosofia ocidentais, nem os avanços já realizados nesse domínio pelos estudos bíblicos, patrísticos, litúrgicos e sistemáticos, e tampouco indicações do bom Papa João XXIII acerca de uma leitura crente dos sinais dos tempos, como também a "atualização" correspondente da teologia e da pastoral eclesiais num mundo em mudança acelerada. Todos esses aspectos implicavam, ao contrário, uma visão *histórica* da realidade.

De minha parte, acrescento às considerações de Oliveira o fato de que, com Heidegger, a filosofia, até em representantes precavidos do catolicismo e do tomismo (como Étienne Gilson, a escola de Lovaina ou teólogos como Lubac, Congar, Karl Rahner ou von Balthasar), tinha superado o simples paradigma clássico da substância e estava superando o paradigma moderno do sujeito para se orientar para um novo paradigma não apenas teológico, mas histórico-cultural. Enquanto os dois primeiros paradigmas privilegiavam a identidade, a necessidade, a inteligibilidade e a eternidade como características fundamentais do primeiro princípio e, portanto, da compreensão de Deus, o novo paradigma que emergia, com a sua revalorização da categoria de relação com referência à de substância, convidava a repensar todas essas características a partir da diferença ou da alteridade (a relação), a partir do mistério, dando-se a conhecer *como* mistério, a partir da gratuidade e do dom e, por conseguinte, da imprevisível novidade histórica.[4]

---

30 años de su promulgación. Buenos Aires: San Pablo, 1995, p. 51-108, especialmente p. 57s.

[4] Cf. WERNER MARX. *Heidegger und die Tradition*. Stuttgart: Kohlhammer, 1961; MARCO M. OLIVETTI. El problema de la comunidad ética. In: J. C. SCANNONE (ed.). *Sabiduría popular, símbolo y filosofía*, p. 209-222.

A mudança de paradigma que decorre disso em ética social aparece com evidência gritante se GS for comparada com o documento preliminar rejeitado pelos padres conciliares e cujo título era *De ordine morali Christiano*. Segundo Oliveira, esse documento defendia uma "ordem objetiva e absoluta" sem levar suficientemente em conta a realidade e a objetividade dos fatores humanos *subjetivos* e *históricos*, concebia Deus como um "vingador da ordem moral" e defendia uma atitude negativa e autoritária de condenação;[5] tratava-se, em minha opinião, de um "eticismo sem bondade", como aquele que o Papa Francisco critica na exortação *Evangelii gaudium* (EG 231). A bondade, de fato, sabe considerar a realidade *singular* de cada pessoa e de cada situação, e o eticismo é apenas uma caricatura da ética.

Por outro lado, o paradigma ético fundamental de GS não é negativo, mas positivo, porque está orientado pelos princípios da dignidade e da responsabilidade humanas. Esse não é um paradigma ético e social puramente "natural", mas histórico, porque reconhece as realidades históricas *plurais* dos povos e das culturas, bem como as das estruturas sociais, políticas e econômicas.

B. Mudança de método

A virada que leva a passar de um paradigma não histórico para um paradigma histórico conduz a uma mudança de método, não de maneira dedutiva, mas porque toma por ponto de partida do lugar hermenêutico a situação histórica, social e cultural.[6] O novo método se converte, assim, num instrumento precioso para fazer aflorar,

---

[5] Cf. C. J. PINTO DE OLIVEIRA. *Gaudium et spes*: ¿nuevo paradigma de ética fundamental y social? In: J. C. MACCARONE et al. *La Constitución* Gaudium et spes, p. 71s.

[6] Ver o meu artigo: La recepción del método de *Gaudium et spes* en América Latina. In: J. C. MACCARONE et al. *La Constitución* Gaudium et spes, p. 19-49.

de acordo com as circunstâncias temporais e culturais, as riquezas ainda não exploradas da agenda aberta pelo Vaticano II.

GS adota de fato o método que, segundo João XXIII em *Mater et magistra* 216, é o da doutrina social da Igreja: método formulado anteriormente pela Juventude Operária Católica como "ver, julgar, agir" e assumido mais tarde pelas conferências gerais do Episcopado Latino-americano em Medellín, Puebla e Aparecida. Esse método permite que a constituição pastoral "escrute" e "interprete à luz do Evangelho" (portanto, teologicamente) os sinais dos tempos, vendo neles ao mesmo tempo características da época (GS 4) e sinais "da presença ou dos planos de Deus" (GS 11) nela. É claro que esse ver não é apenas sociológico, mas crente, visto que é feito "à luz do Evangelho" e descobre sinais da vontade de Deus na história. Mais tarde, o *Documento de Puebla* falará de uma "visão *pastoral* da realidade" (DP, título da primeira parte) e o *Documento de Aparecida* reconhecerá nela um enquadramento trinitário (DAp 19).

Um método busca a verdade no interior de um domínio específico, mas está em relação estreita com o *sentido*, quer dizer, com a maneira de *compreender* essa verdade e com o *horizonte* dessa compreensão; por isso, novos métodos implicam, no mais das vezes, uma mudança de paradigma e reciprocamente. Enquanto respeita as verdades – e, portanto, a adequação do julgamento às realidades correspondentes –, o novo paradigma interpreta o seu sentido de maneira renovada, segundo outra perspectiva e outro ponto de vista, o que, aliás, torna possível a descoberta e a explicitação de novas verdades ou uma hierarquização e sistematização diferentes das antigas verdades, por mudança de acentos em sua interconexão e sua exposição. Assim, o que era verdadeiro na ciência moderna de Galileu e de Newton segue sendo verdadeiro, mas o paradigma global da física transformou-se depois de Max Planck, Einstein e Heisenberg.

A teoria do método de Bernard Lonergan, fundamentado nas quatro operações intencionais, que são a experiência, o *insight*, o julgamento e a decisão, pode ajudar a compreender essa distinção entre sentido e verdade, entre paradigma (configuração do sentido) e doutrina (ensinamento da verdade), tanto na teologia como nas diferentes ciências, pelo menos aquelas que tratam do "mundo mediatizado pelo significado e motivado pelo valor".[7] É aí que se torna possível não tocar na verdade das doutrinas, mas *reinterpretá*-las em fidelidade e criatividade, encontrando nelas nuanças e explicitações ainda não descobertas até certo momento histórico e cultural.

Nesses dois binômios (sentido e verdade; paradigma e doutrina), o primeiro termo se refere ao *insight* (a compreensão) e o segundo ao *julgamento* da realidade. O teólogo canadense distingue-os a fim de uni-los e pô-los em relação recíproca, seguindo ou invertendo a ordem das quatro operações intencionais indicadas, segundo se trate da primeira ou da segunda fase do círculo hermenêutico e do seu método em teologia. A essas quatro operações correspondem, com efeito, oito especializações funcionais da teologia (quatro em cada uma das duas fases) que representam outros tantos passos sucessivos do seu método.

Segundo Lonergan, a primeira fase do método teológico começa com a especialização funcional de uma "pesquisa" que não se refere apenas, em minha opinião, aos estudos bíblicos e patrísticos ou à história da Igreja, mas também à situação atual quando se trata, como em GS, de ler teologicamente os sinais dos tempos. Isso corresponde, então, ao nível da primeira operação intencional: no caso dos sinais dos tempos, a experiência deve recorrer à ajuda das ciências do homem e da sociedade.[8] A segunda especialização é a "hermenêutica",

---

[7] Cf. B. LONERGAN. *Method in Theology*. New York: Herder and Herder, 1972.

[8] Uma aplicação do método de Lonergan à questão do método da teologia da libertação se pode encontrar no meu livro *Teología de la liberación y doctrina social de la Iglesia*, cap. 1 e 2.

190   Juan Carlos Scannone

que corresponde ao *insight* (compreensão da experiência). Quanto à terceira especialização, a "história", ela corresponde ao julgamento que afirma ou nega a verdade de tal interpretação (*insight*) da realidade experimentada. Por sua vez, a "dialética", quarta e última especialização da primeira fase do método, acompanha, condiciona e completa a afirmação de verdade, graças a uma opção racional por uma interpretação determinada reconhecida como verdadeira, contrariamente às que se opõe a elas. Ela se move, portanto, no nível do *valor* (a quarta operação intencional), ao criticar eventuais desordens afetivas que obnubilam ideologicamente o entendimento e o impedem pura e integralmente tanto de perceber a verdade como de valorizá-la com exatidão. Por isso, o último Lonergan diz que, depois dos mestres da suspeita (Marx, Nietzsche, Freud), toda ciência que comporta um momento hermenêutico requer necessariamente uma conversão afetiva.[9] Aristóteles já afirmava (*Ética a Nicômaco*, VI, 2) que, nas questões de ética e de política, a retidão do desejo é a condição *sine qua non* de um conhecimento efetivo da verdade prática; e Inácio de Loyola exigia, para esse tipo de conhecimento, a libertação dos afetos desordenados. No caso da leitura dos sinais dos tempos em circunstâncias de injustiça e de violência, como na América Latina, uma conversão dessas se torna concreta ao se voltar historicamente para os pobres que passam por essas circunstâncias.

Acho que esta quarta especialização funcional é eminentemente importante na medida em que, sem fornecer argumentos à ciência em questão, ela *condiciona* tanto as três especializações anteriores como as seguintes: ela as libera, com efeito, de desvios ou de simplificações ideológicas com também de (pseudo-)racionalizações, ao

---

[9] Cf. B. LONERGAN. Natural Right and Historical Mindness. In: FREDERICKE CROWE (ed.). *A Third Collection Papers by Bernard J. F. Lonergan s.j.* New York/Mahwah/Londres: Paulist Press International, 1985, p. 169-183, sobretudo p. 175s; ver também o meu artigo: Afectividad y método. La conversión afectiva en la teoría del método de B. Lonergan. *Stromata* 65 (2009), p. 173-186.

libertar o desejo sem reserva do verdadeiro e do bem que reside implicitamente no coração e na inteligência de cada homem e de cada mulher.

Na segunda fase do método teológico, a quinta especialização trata dos "fundamentos" e se move igualmente no nível da escolha: ela exprime, com efeito, em forma de categorias fundadoras, o novo horizonte de compreensão aberto pela conversão (em teologia, a conversão religiosa, que inclui a conversão ética e afetiva). Como se vê, nessa especialização funcional, se esboçam já as linhas fundadoras de um paradigma eventualmente novo, visto que a experiência histórica é nova e que a sua interpretação foi libertada dos anteriores desvios ideológicos. Esse paradigma tomará forma com a sétima especialização, a "sistemática" (que corresponde ao *insight*), para ser enfim realizado no oitavo e último tempo, o das "comunicações" práticas: assim é feita a volta à experiência e à sua transformação graças ao *agir* no qual culminam também tanto o *ver* como o *julgar* intelectual e valorizador.

Mas entre os "fundamentos" e as duas últimas especializações funcionais há o sexto tempo, o das "doutrinas". Esse tempo corresponde ao julgamento, porque se trata de doutrinas verdadeiras, que podem eventualmente dar lugar a reinterpretações em função do contexto histórico e cultural da época, sem que a sua verdade seja mudada. Elas permanecem as mesmas, mas não são sempre formuladas da mesma maneira, salvo naquilo que nelas é negado como não verdadeiro (por exemplo, mediante um anátema). Positivamente, emprega-se, para formulá-las, a linguagem *analógica*, própria da expressão teológica do Mistério e de sua explicitação progressivamente inculturada na história. Essas doutrinas são colocadas em ordem e hierarquizadas na sistematização que segue, a qual corresponde ao *insight* ou à compreensão do sentido. Trata-se de uma compreensão global, mas aberta, cuja sistematicidade não se fecha em sistema porque se apoia no Mistério.

A mudança de paradigma não implica por si mesmo a mudança das doutrinas, porque há uma distinção entre o domínio do sentido e o domínio da verdade. Muitas vezes, contudo, em razão de sua relação recíproca, a mudança de paradigma conduz ao mesmo tempo a uma reinterpretação enriquecedora de verdades já conhecidas e a uma explicitação histórica de novas verdades, quer dizer, a uma evolução homogênea do dogma e da doutrina. O Papa Francisco se referia e se refere ainda a isso em sua maneira de citar, com bastante frequência, São Vicente de Lérins a propósito da evolução da doutrina.[10]

Muitas novidades do Vaticano II, que foram descobertas posteriormente ou que ainda estão sendo descobertas, são devidas a essa mudança de paradigma e, portanto, de método, por ocasião do concílio; assim, por exemplo, no magistério atual do Santo Padre, o que se refere aos pobres ou ao casamento. Sem mudar as doutrinas, faz-se uma reinterpretação numa fidelidade criadora, segundo uma hermenêutica analógica[11] que responde à leitura dos sinais dos tempos à luz da Palavra de Deus vivida e compreendida na tradição da Igreja. Tudo isso faz parte da agenda inacabada do Vaticano II, uma agenda que está dando lugar a uma explicitação histórica, segundo os tempos e os lugares culturais e pessoais, graças ao novo método.

---

[10] Cf. entre outras, a entrevista de Francisco com Antonio Spadaro em agosto de 2013: A Big Heart Open to God, *America*, 30 set. 2013.

[11] Faço alusão ao título de Maurice Beuchot, *Tratado de hermenéutica analógica*, México, UNAM/Itaca, 2009; apresento uma compreensão atualizada da analogia no meu livro sobre *Religión y nuevo pensamiento*, cap. 7.

C. Um conteúdo antigo e no entanto "novo": a opção pelos pobres

1. De João XXIII à *Evangelii gaudium*

Segundo a Instrução *Libertatis conscientia* (LC) da Congregação para a Doutrina da Fé (de 1986), o amor preferencial pelos pobres, já proclamado como messiânico pelos profetas, não se manifestou apenas em Jesus, na sua pessoa, na sua vida e no seu ensinamento, mas também em toda a história da Igreja. A reflexão teológica, porém, a partir de experiências históricas novas, como "a irrupção do pobre" na América Latina, "permite pôr em evidência aspectos da Palavra de Deus, cuja riqueza total ainda não tinha sido plenamente percebida" (LC 70). Nesse sentido se trata de algo *novo*; mas a fidelidade ao seu significado evangélico dependerá da "interpretação da experiência da qual se parte, à luz da experiência da própria Igreja", assim como ela "brilha com uma luminosidade singular e em toda a sua pureza na vida dos santos" (ibid.). Por conseguinte, a fidelidade semântica (no nível do significado) dependerá da correspondência pragmática (de atitudes e de sentimentos) entre a nova experiência, por um lado, e, por outro, da experiência narrada pelo texto bíblico e retomada pela Igreja em sua história, sobretudo a dos santos. Essa correspondência produz-se no quarto nível intencional de Lonergan, tanto no nível do valor como da escolha.

Por esse motivo, quando a Igreja da América Latina e do Caribe se esforça por aplicar o método de GS às suas circunstâncias históricas ao ler os sinais dos tempos em sua região, em face da nova experiência da "irrupção dos pobres" na história latino-americana, quer dizer, na sociedade e na consciência histórica do subcontinente e de sua Igreja, ela leva em conta Medellín (1968) e formula explicitamente em Puebla (1979) a opção preferencial pelos pobres. Pobres sempre houve, e a opção evangélica pelos pobres sempre existiu na comunidade cristã, mas a novidade, comparável a uma "irrupção", consiste na forte *tomada de consciência da injustiça estrutural*, que é a causa da pobreza, bem como no "fato maior" de que os pobres se tornam atualmente *protagonistas* na sociedade e na Igreja; é, aliás, o que aparece nos discursos do Papa Francisco durante seus encontros com os movimentos populares em Roma e em Santa Cruz de la Sierra (na Bolívia).

Foi assim que começou a se tornar cada vez mais presente e mais premente um elemento de importância evangélica fundamental que pertence à agenda ainda não acabada do Vaticano II. Porque me parece indubitável que essa nova experiência, vivida não somente por todo um episcopado, mas por uma grande parte de suas Igrejas locais e confirmada pelos papas, se encontra em continuidade criadora com relação à experiência bíblica e com relação à experiência da Igreja em sua história e na história dos seus santos.

Acabei de pôr em relação essa novidade eclesial com a agenda ainda inacabada do Vaticano II. Pois o próprio São João XXIII já tinha afirmado o que segue na mensagem radiofônica preparatória do concílio (11 de setembro de 1962): "Diante dos países pobres, a Igreja se apresenta assim como ela é e como ela deseja ser: a Igreja de todos, mas especialmente a Igreja dos pobres". E, durante a primeira sessão do concílio, o Cardeal Giacomo Lercaro propôs aquilo que foi "*o* grande tema do concílio".[12] No entanto, embora estivesse presente, por exemplo, na GS, esse tema não teve toda a importância que merecia segundo o Evangelho. Por isso, o historiador Giuseppe Alberigo chega mais tarde a dizer que "a principal omissão do

---

[12] Sobre essa história, cf. P. Trigo, Una Iglesia pobre para los pobres. ¿A dónde nos lleva el sueño del papa Francisco?, *Revista Latinoamericana de Teología* 30 (2013), p. 247-262.

concílio foi o compromisso com os povos pobres assim como João XXIII pedira, bem como a pobreza da Igreja".[13]

Mas a aplicação do método da GS à América Latina, região ao mesmo tempo cristã e pobre, tenta remediar essa omissão fazendo uma leitura continental dos sinais dos tempos. E agora um papa vindo "do fim do mundo" a aplica ao mundo globalizado e a proclama para a Igreja universal, explicitando e radicalizando mais ainda o que já tinham ensinado os seus predecessores imediatos. Ele reconhece, com efeito, que "para a Igreja, a opção pelos pobres é uma categoria teológica antes de ser uma categoria cultural, sociológica, política ou filosófica" (EG 198), e que "as expressões da piedade popular" dos "pobres e dos simples", segundo as palavras de Paulo VI (EN 48), "são um *lugar teológico* ao qual devemos prestar atenção, em particular no momento de pensar a nova evangelização" (EG 126), a de todos, tanto pobres como não pobres, em nossa "casa comum", a terra.

O tema bíblico e levinasiano do "rosto do pobre" foi assim assumido pelo episcopado latino-americano primeiro em Puebla (1979), a partir de sua utilização pela teologia e pela filosofia da libertação. Ele devia ser renovado e enriquecido historicamente mais tarde, ao se levar em consideração novos rostos da pobreza nas conferências de Santo Domingo (1991) e de Aparecida (2007), nas quais se fala dos excluídos, "explorados" e "supérfluos", até contar também hoje, desde EG, mas sobretudo na *Laudato si'* (LS), "nossa irmã a mãe terra" (LS 1) entre os frágeis dos quais devemos cuidar (EG 209-216). Trata-se aí de uma nova leitura de *outro* sinal dos tempos, um passo a mais é dado para completar a agenda inacabada do concílio, segundo o método de GS e de acordo com o novo paradigma conciliar.

Vaticano II foi o primeiro concílio a não tratar somente de temas diretamente religiosos, mas a se ocupar também, em sua constituição

---

[13] Cf. PRIMO CORBELLI. La Iglesia de los pobres en el Concilio Vaticano II. *Umbrales* (2010-2011), <http:umbrales.edu.uy/articulos/pobres.php>.

pastoral, com a sociedade, a cultura, a política, a economia e as relações internacionais à luz do Evangelho. Mais tarde, o sínodo de 1971 sobre a justiça no mundo afirmará que a luta pela justiça, entrelaçada com a opção pelos pobres, é uma dimensão *constitutiva* da evangelização. Depois do Sínodo de 1974, EN (1975) reconhece os laços estreitos que há entre a ordem antropológica, teológica e estritamente evangélica, que há entre a evangelização e a promoção humana, e o desenvolvimento e a libertação (e, portanto, a opção pelos pobres), mas acaba não decidindo a questão de saber se se trata de um laço que é apenas de *integração*, por importante que seja, ou de um laço constitutivo *essencial*, sem o qual não haveria evangelização. De sorte que, tanto o sínodo de 1974 como Puebla (janeiro de 1979) interpretam esse laço constitutivo como fazendo parte *integrante* do Evangelho.

Meus braços, minhas pernas, meus olhos são elementos integrantes e muito importantes para a minha pessoa; mas, se forem amputados, continuo a existir e a ser eu mesmo, o que não é o caso quando se trata de meus componentes essenciais, a alma e o corpo. Por conseguinte, se a promoção social é um elemento *essencial* da evangelização, não há evangelização se esta for limitada a seus aspectos só e especificamente religiosos e culturais. Daí a importância dessa questão.

Desde sua primeira encíclica, *Redemptor hominis* (RH), São João Paulo II, logo após Puebla, em março de 1979, declara:

> A Igreja, que é animada pela fé escatológica, considera esta solicitude pelo homem, pela sua humanidade e pelo futuro dos homens sobre a face da terra e, por consequência, pela orientação de todo o desenvolvimento e progresso, como um elemento *essencial* da sua missão, indissoluvelmente ligado com ela.[14]

---

[14] O sublinhado é meu.

E ele acrescenta imediatamente o fundamento cristológico dessa afirmação: "E o princípio de uma tal solicitude encontra-o a mesma Igreja no próprio Jesus Cristo, como testemunham os Evangelhos". Esse caráter essencial foi reiterado mais tarde pelo mesmo pontífice, quando fez referência à doutrina social da Igreja como "parte essencial da mensagem cristã, porque essa doutrina propõe as suas consequências diretas na vida da sociedade e enquadra o trabalho diário e as lutas pela justiça no testemunho de Cristo Salvador" (*Centesimus annus* 5). Ele acrescenta, aliás, no parágrafo seguinte: "A nova evangelização [...] deve incluir entre os seus componentes essenciais o anúncio da doutrina social da Igreja" (ibidem). Mais tarde, em seu discurso inaugural em Aparecida (2007), Bento XVI reafirmará esse fundamento cristológico ao sublinhar que "a opção preferencial pelos pobres está implícita na fé cristológica naquele Deus que se fez pobre por nós, para nos enriquecer com sua pobreza (cf. 2Cor 8,9)".[15]

Em minha opinião, o Papa Francisco não se contenta em avançar na mesma linha de fidelidade criadora em relação ao concílio, ao prologar a mudança de paradigma de GS, à utilização do seu método, bem como à opção pelos pobres do magistério latino-americano, já assumido no plano universal pelos seus antecessores, mas chega a manifestar tudo isso muito concretamente, com gestos e palavras, numa linguagem de estilo evangélico que, sendo teologicamente profunda, é também pastoral, simples e acessível a todos. Daí o impacto maior que é o seu e que corresponde aos novos sinais dos tempos em nossa "época de globalização e de exclusão".

---

[15] Cf. BENTO XVI. Discurso inaugural na V Conferência Geral do Episcopado Latino-Americano e do Caribe. Aparecida, Brasil, 13-31 de maio de 2007, n. 3 (cf. DAp 392).

2. O Papa Francisco, a opção pelos pobres e a agenda inacabada do Vaticano II

No que se segue, não me arriscarei a fazer uma síntese do magistério do Papa Bergoglio a propósito de uma "Igreja pobre para os pobres"; gostaria apenas de sugerir duas pistas convergentes de trabalho utilizando, sobretudo, EG e LS. Trata-se de duas faces, uma negativa e a outra positiva, da mesma opção evangélica pelos pobres, proclamada não somente para a Igreja *universal*, mas também em e para a sociedade *global*, na linha da agenda inacabada de Vaticano II.

a) Os "nãos!" do Papa Francisco e o novo paradigma sociocultural

O Papa Francisco diz "*não* a uma economia de exclusão e de marginalidade social" porque "essa economia mata" ao criar excluídos, resíduos e "sobras" (EG 53); a injustiça é "a raiz dos males sociais" (EG 202). Ele diz *não* ao "fetichismo do dinheiro e... à ditadura da economia sem rosto e sem objetivo verdadeiramente humano" (EG 55), *não* a um "sistema social e econômico injusto na sua raiz" (EG 59), *não* a "ideologias que defendem a autonomia absoluta dos mercados e da especulação financeira" (EG 56, 202), *não* a "uma corrupção ramificada e a uma evasão fiscal egoísta, que alcançaram dimensões mundiais" (EG 56), *não* a uma "globalização da indiferença" (EG 54) etc., etc.[16] Para ele, não se trata absolutamente de rejeitar a economia de mercado e de livre empresa,[17] mas de se opor

---

[16] Ver: V. CODINA. Los "¡No" del papa Francisco. In: *Religión Digital.* <http://amerindiaenlared.org./noticia/413/los-no-del-papa-francisco/>.

[17] O próprio Michael Novak reconhece em seu artigo: A proposito di etica e capitalismo. *Evangelii gaudium* secondo me, *I Martedi* 329 (set.-out. 2014), p. 30-35. Ver também: DIEGO ALONSO-LAS HERAS. Evangelizzazione ed economia: denoncia e proposta. In: HUMBERTO MIGUEL YÁÑEZ (dir.). *Evangelii gaudium. Il testo ci interroga. Chiavi di lettura, testimonianze e prospettive.* Roma: Gregorian & Biblical Press, 2015; RAÚL GONZÁLEZ FABRE. Significado económico en *Evangelii gaudium.* In:

à *ideologia neoliberal* que defende a absolutização e a autorregulação do mercado, converte-o em fim e não em meio, aceita, enfim, a hegemonia das finanças com relação ao capital produtivo e ao trabalho.

Na LS, o Papa Bergoglio aprofunda o denominador comum a tudo o que ele rechaça ao especificar o que está subjacente a tanta iniquidade e injustiça, bem como às suas causas pessoais e estruturais: o *paradigma* sociocultural atual e a *lógica* que daí deriva em todos os níveis da existência: individual, social, cultural, político, econômico, internacional e até religioso. Neste último caso, EG já criticava o "mundanismo espiritual" (EG 93-97 e 207) e outras tentações pastorais (EG 76-109).

Porque, para Francisco, se uma mudança radical de estruturas é necessária, contudo não é suficiente, porque "uma mudança nas estruturas, sem se gerarem novas convicções e atitudes, fará com que essas mesmas estruturas, mais cedo ou mais tarde, se tornem corruptas, pesadas e ineficazes" (EG 189). Por isso se trata de transformar o paradigma sociocultural atual, que rege muitas instituições, mas também as mentes e os corações: ele chama esse paradigma de *tecnocrático* (LS 106s), outras vezes, *tecnoeconômico*, porque a sua virulência se desencadeia, sobretudo, neste último domínio. Observemos que não se trata da técnica nem da tecnociência ou, ainda, da tecnologia, mas da tecnocracia. Isso pode parecer uma visão muito abstrata, mas não é, porque permite unificar todos os "nãos!" concretos que afetam a nós todos, em particular os pobres, os excluídos da terra, e cavar até os seus fundamentos. Esse fundamento não é a infraestrutura econômica (Marx), seja qual for a sua importância, mas o *núcleo ético-cultural* (Ricoeur fala de "núcleo ético-mítico"[18]),

---

JORGE BENEDETTI (ed.). *Francisco: la alegría que brota del pueblo. Una reflexión compartida de Evangelii gaudium.* Buenos Aires: Santa María, 2016, p. 287-332.

[18] Cf. P. RICŒUR. Civilisation universelle et cultures nationales. *Histoire et vérité.* Paris: Seuil, 1966.

postos em ação por nossa liberdade e pelas relações mútuas das liberdades encarnadas na cultura e na sociedade, inclusive no mercado.

Por isso Francisco acha urgente, diante dos problemas ecológicos muito graves – e, podemos acrescentar, também diante dos problemas sociais muito graves da ecologia humana –, "avançar para uma corajosa revolução cultural" (LS 114), quer dizer, para "um olhar diferente, um pensamento, uma política, um programa educativo, um estilo de vida e uma espiritualidade que oponham resistência ao avanço do paradigma tecnocrático" (LS 111). Remédios puramente técnicos não bastam, ainda que seja preciso saber utilizá-los; precisamos é de um novo paradigma integral, ligado a uma nova espiritualidade, que não se esqueça do coração.

Nisso o papa está de acordo, pelo menos em parte, com diagnósticos filosóficos sobre a situação histórica contemporânea, os de Heidegger e de seus continuadores, como os da Escola de Frankfurt. Porque a crítica heideggeriana do *Gestell* (*posição* do ser por um sujeito moderno que o reduz assim a um puro objeto), bem como, por outro lado, a recusa fankfurtiana de uma absolutização da *razão instrumental* (Adorno, Horkheimer, Habermas...) parecem concordar com a interpretação de Francisco a propósito dos desafios negativos de nossa atualidade. Nesse contexto, o papa cita Romano Guardini, que é posterior a Heidegger e que previa já "o fim dos tempos modernos".[19]

Por sua vez, a virada (*Kehre*) de Heidegger, bem como a da fenomenologia e da hermenêutica pós-heideggerianas em direção à acolhida do *dom* e da *doação* (por exemplo, em Marion) como irredutíveis à posição de tudo pelo sujeito transcendental, como também a alteração da segunda escola de Frankfurt (Habermas, Apel) em

---

[19] Cf. R. GUARDINI. Das Ende der Neuzeit. Ein Versuch zur Orientierung. In: *Das Ende der Neuzeit. Die Macht*. Ostfildern-Paderborn: Grünewald-Schöningh, 2006 [*O fim da idade moderna*, Edições 70, s/d.].

direção da *racionalidade e da ética da comunicação* (também na economia[20]) e até à virada pragmático-linguística da filosofia analítica (o segundo Wittgenstein, Austin, Searle), que redescobre a importância cognitiva do prático e do afetivo, tudo isso parece dar testemunho de uma orientação que converge com a de Francisco em sua crítica ao autocentramento da Igreja e das sociedades, sua abertura ao dom gratuito e aos outros, sua "cultura do encontro", da comunicação e do diálogo, bem como a sua "revolução da ternura" e da misericórdia. Porque tudo isso parece visar à possibilidade real de um novo paradigma *sociocultural* integral.

b) O novo paradigma sociocultural e os novos sinais dos tempos

Quando surge um novo paradigma, é mais fácil saber o que se rejeita do que o que se quer. Tampouco é possível descobrir nas experiências de hoje, à luz do Evangelho, "sementes de futuro", de um futuro positivo realmente possível, que a nós cabe deixar e/ou fazer crescer. Para o crente, essas sementes são os sinais e os frutos da ação do Espírito do Senhor ressuscitado na história.

Penso que o papa nos indica pelo menos duas pistas, que se cruzam e se enriquecem, mutuamente, nessa direção. A primeira se encontra na vida e na convivência dos pobres; a segunda nos movimentos populares.

1ª "Experiências de salvação comunitária" na vida cotidiana dos pobres: a primeira pista está indicada especialmente, entre outros textos, nas páginas que LS dedica à "ecologia da vida cotidiana"

---

[20] Faço referência a Peter Ulrich, *Transformation der ökonomischen Vernunft. Fortschrittsperspektiven der modernen Industriegesellschaft*, Berne/Stuttgart, Haupt, 1993. Sobre a doação em fenomenologia, ver, sobretudo, a trilogia de Jean-Luc Marion, *Réduction et donation*, Paris, PUF, 1989; *Étant donné*, Paris, PUF, 1997; *De surcroît*, Paris, PUF, 2001.

(LS 147-155). Aí Francisco louva "a criatividade e generosidade de pessoas ou grupos que são capazes de dar a volta às limitações do ambiente, modificando os efeitos adversos dos condicionalismos" (LS 148) sociais. Ele remete, assim, ao interior amigável e cordial de casas de famílias, apesar de suas fachadas muito deterioradas, à "ecologia humana que os pobres podem desenvolver", à "rede de comunhão e de pertença" que faz com que "qualquer lugar deixa de ser um inferno e torna-se o contexto duma vida digna" (ibid.). Bergoglio fez frequentemente experiência de tudo isso nas favelas de sua arquidiocese de Buenos Aires.

No parágrafo seguinte, ele chega a sustentar que, mesmo nos meios de penúria extrema, em que o anonimato social e o desenraizamento "favorecem comportamentos antissociais e a violência", "o amor é mais forte". Porque, até "nestas condições muitas pessoas são capazes de tecer laços de pertença e de convivência que transformam a superlotação numa experiência comunitária, onde se derrubam os muros do eu e superam as barreiras do egoísmo" (LS 149). Francisco vê aí "experiências de salvação comunitária" e as descobre nas "reações criativas para melhorar um edifício ou um bairro" (ibid.). Observemos que se trata de *experiências*, não de simples teorias, e que essas experiências são *comunitárias* e não apenas individuais. Mais ainda, ele as interpreta teologicamente como experiências *de uma salvação já* atuante neste mundo, embora *ainda não* de maneira plena e definitiva.

Numa nota desse capítulo, o papa cita um trabalho do qual eu sou o autor;[21] de minha parte, mais tarde, em contextos semelhantes, remeto ao que o teólogo venezuelano Pedro Trigo observava nos bairros miseráveis da Grande Caracas e cuja experiência nós fazemos

---

[21] Ver LS capítulo 4, § 149, nota 4; o artigo citado é: La irrupción del pobre y la lógica de la gratuidade. In: J. C. SCANNONE; MARCELO PERINE (ed.). *Irrupción del pobre y quehacer filosófico. Hacia una nueva racionalidad.* Buenos Aires: Bonum, 1993, p. 213-239, sobretudo p. 225-230.

também nas favelas argentinas da Grande Buenos Aires, a saber, que, até no meio de circunstâncias de morte, pode brotar uma superabundância de vida, de solidariedade e de liberdade e que, com o papa, podemos chamar isso de "experiências de salvação comunitária". Esses são sinais dos tempos, germes de algo novo em gestação, a saber, da presença ativa do Senhor na história.[22] O título do livro citado pelo Santo Padre nessa nota faz alusão à "irrupção do pobre" na consciência e na sociedade latino-americanas, segundo uma expressão tomada de Gutiérrez, e eu vejo aí um "fato de vida e de liberdade", porque, lá onde se esperava a morte, é a força de um excesso de vida que se manifesta: até no meio da opressão e da exclusão se faz a profunda experiência, para si mesmo e para os outros, da dignidade e da liberdade, o que se transforma em prática de libertação humana para todos.

Nesse artigo citado pelo papa e em outros que se seguiram, ponho em relação esses fenômenos de vida e de convivência entre os pobres com processos mais vastos, como aquele que o economista brasileiro Euclides André Mance chama de "a revolução das redes" da economia popular solidária ou o que o politólogo argentino Daniel García Delgado chama de "neocomunitarismo de base"[23] e que ele vê aparecer em diferentes partes do mundo em todos os níveis: econômico, político, social, cultural, religioso, da convivência popular. Esses dois fenômenos nos introduzem no segundo tipo de sinais positivos que

---

[22] Cf. P. TRIGO. *La cultura del barrio*, Caracas: Universidad católica Andrés Bello--Centro Gumilla, 2004.

[23] Cf. E. A. MANCE. *A revolução das redes. A colaboração solidária como uma alternativa pós-capitalista à globalização atual*. Petrópolis: Vozes, 2001; D. GARCÍA DELGADO. Las contradicciones culturales de los proyectos de modernización en los años 80. *Le monde diplomatique* (ed. latino-americana) 4 (1989), n. 27, p. 15-16, e n. 28, p. 17-18. Ver o meu trabalho: El comunitarismo como alternativa viable. In: LUCIANO MENDES DE ALMEIDA et al. *El futuro de la reflexión teológica en América*, p. 195-241.

o Santo Padre parece descobrir entre os pobres do mundo global, os movimentos populares.

2a) *Os movimentos populares:* o papa não se contenta em pôr o acento sobre a dignidade dos pobres, ele sabe também ler os sinais dos tempos que os seus movimentos representam, ele os sustenta e apoia como uma maneira de pôr em prática a opção por e com os pobres enquanto *sujeitos coletivos ativos* (cf. EG 122). Quando recebeu alguns desses movimentos em 28 de outubro de 2014, o papa agradeceu a eles e animou-os dizendo:

> Vós sentis que os pobres querem ser protagonistas de sua história, se organizam, estudam, trabalham, reivindicam e, sobretudo, praticam essa solidariedade tão especial que existe entre os que sofrem. [...] A solidariedade [...] consiste em lutar contra as causas estruturais da pobreza e da desigualdade: a falta de trabalho, de terra e de moradia, a negação dos direitos sociais e trabalhistas. [Solidariedade] é enfrentar os destrutivos efeitos do império do dinheiro: os deslocamentos forçados, as migrações dolorosas, o tráfico de pessoas, a droga, a guerra, a violência e todas essas realidades que muitos de vós sofreis e que todos somos chamados a transformar.[24]

Não se trata apenas do sofrimento dos pobres, estes crucificados da história, mas também das luzes de Páscoa que se manifestam no fato de eles se tornarem atores históricos, em sua criatividade, sua luta ativa, sem violência, pela justiça e contra a idolatria do dinheiro, como também, sobretudo, em sua solidariedade. Porque esta, afirma Francisco, "consiste em pensar e agir em termos de comunidade, de prioridade de vida de todos sobre a apropriação dos bens por parte

---

[24] Cf. Papa FRANCISCO. Discurso aos participantes do Encontro Mundial de Movimentos Populares, 28 de outubro de 2014. Sobre esse encontro, ver Michaël Czerny; Paolo Foglizzo, The Strenght of the Excluded: World Meeting of Popular Movements at the Vatican: <www.thinkingfaith.org/articles/strenghtexcluded-world-meeting-popular-movements-vatican>.

de alguns. [...] A solidariedade, entendida em seu sentido mais profundo, é um modo de fazer história, e é isso que os movimentos populares fazem" (ibid.).

Trigo já dizia isso ao falar da cultura dos bairros na qual brilham valores humanos e cristãos inesperados em circunstâncias nas quais se poderia esperar não encontrar senão marcas de egoísmo e de violência. Para o Santo Padre, "é precisamente no bairro onde se começa a construir essa grande família da humanidade, a partir do mais imediato, a partir da convivência com os vizinhos" (ibid.). Ele indica, assim, que "os assentamentos estão abençoados com uma rica cultura popular: ali, o espaço público não é um mero lugar de trânsito, mas uma extensão do próprio lar, um lugar para gerar vínculos com os vizinhos". Isso o leva a pôr o acento sobre a criatividade que aí é exercida, chegando a afirmar:

> Muitos de vós, trabalhadores excluídos, sobrantes para esse sistema, fostes inventando o vosso próprio trabalho com tudo aquilo que parecia não poder dar mais de si mesmo... mas vós, com a vossa artesanalidade que Deus vos deu, com a vossa busca, com a vossa solidariedade, com o vosso trabalho comunitário, com a vossa economia popular, conseguistes e estais conseguindo... E, deixai-me dizer isto, isso, além de trabalho, é poesia (ibid.).

Vemos que o que se revela dessa maneira e o que o Santo Padre reconhece nesse texto é uma forma de "fazer história" poeticamente; isso confirma a minha afirmação de que se trata aí de um fato de vida e de liberdade.

Com a dimensão mundial que é a deles, tais encontros entre esses movimentos, favorecidos e acompanhados pelo papa e pela Igreja, são por si mesmos sinais dos tempos, indicam uma novidade ou uma globalização alternativa cujo modelo é o poliedro (EG 236). É o que o Papa Francisco afirma:

Sei que entre vós há pessoas de distintas religiões, ofícios, ideias, culturas, países, continentes. Hoje estais a praticar aqui a cultura do encontro, tão diferente da xenofobia, da discriminação e da intolerância que vemos tantas vezes. Entre os excluídos, dá-se esse encontro de culturas em que o conjunto não anula a particularidade. Por isso eu gosto da imagem do poliedro, uma figura geométrica com muitas caras distintas. O poliedro reflete a confluência de todas as particularidades que, nele, conservam a originalidade. Nada se dissolve, nada se destrói, nada se domina, tudo se integra. Hoje vós também estais buscando essa síntese entre o local e o global (ibid.).

Em resumo, o reconhecimento e o apoio que Francisco dá às organizações, às lutas e à solidariedade dos pobres fazem parte do seu desejo de uma Igreja pobre para os pobres. Exatamente como prediz aos pobres, no nível propriamente cristão, um papel decisivo na nova evangelização, ele augura também que eles possam tornar-se protagonistas históricos no projeto de uma nova humanidade mais justa, mais fraterna e mais humana, no interior de uma globalização alternativa, poliédrica e não hegemônica.

De fato, em 2015, em Santa Cruz de la Sierra, o papa respondeu à pergunta que não pode deixar de ser feita por cada um dos pobres e pequenos: "O que eu posso fazer?". Sua resposta foi a seguinte:

Vós podeis fazer muito. Vós, os mais humildes, os explorados, os pobres e os excluídos, vós podeis e fazeis muito. Eu me arrisco a dizer-vos que o futuro da humanidade está em grande parte nas vossas mãos, na vossa capacidade de vos organizar e de promover alternativas criadoras na busca cotidiana dos três "T"..., trabalho, teto e terra. E também participando como protagonistas nos grandes processos de mudança, mudanças nacionais, mudanças regionais e mudanças mundiais. Não vos rebaixeis! (ibid.)

D. À guisa de conclusão

A mudança de paradigma teológico do concílio e a mudança de método de GS continuam fazendo aparecer riquezas na agenda inacabada de Vaticano II. Entre muitos outros conteúdos possíveis, concentrei a minha atenção num desses conteúdos, privilegiado pelo próprio Cristo, pela Igreja, pelos últimos papas e, muito especialmente, pelo pontífice atual: a opção pelos pobres como categoria evangélica e teológica. Penso que essa opção é *essencial* não somente para a nova evangelização da Igreja e do mundo, mas também para contribuir eficazmente para fazer surgir um novo paradigma sociocultural mais humano, mais justo, mais solidário e mais democrático, em ligação com uma globalização alternativa com relação àquela que está hoje em vigor.

CAPÍTULO VIII

Evangelii gaudium
e a teologia do povo

Ao sair ao balcão de São Pedro, após a sua eleição, o Papa Francisco realizou gestos simbólicos, deu entrevistas, falou como chefe da Igreja e publicou uma espécie de "roteiro" do seu pontificado com a Exortação pós-sinodal *Evangelii gaudium* (EG); sob muitos aspectos, tudo isso lembra a teologia argentina do povo (TP).[1] Por isso se pode colocar a questão das convergências prováveis entre a sua perspectiva pastoral e essa teologia.

Entre essas convergências, primeiro me dedicarei, neste capítulo, à compreensão do *povo fiel* de Deus (A). Isso me conduzirá, em seguida, à sua compreensão *dos povos* da terra, na sua relação com o povo de Deus e na sua construção histórico-cultural própria enquanto povos (B). Num terceiro tempo, examinarei a sua valorização pastoral e teológica da *piedade popular* (C). Para terminar, salientarei a relação dessa piedade com os *pobres* (D).

A. O povo fiel

Muitos ficaram impressionados com o primeiro gesto do papa, que consistiu em se fazer bendizer pelo povo quase imediatamente

---

[1] Na sua primeira encíclica, *Laudato si'*, as convergências não saltam tanto à vista; mas a nota 4 do § 149 cita um dos meus trabalhos que se situa no interior da corrente filosófica correspondente à TP.

após ser apresentado a ele em público. Isso, porém, não espantou aqueles que, como nós, conheciam a sua estima teológica pelo "povo fiel de Deus", uma estima que implica ao mesmo tempo uma maneira específica de conceber a Igreja, o reconhecimento do "senso da fé" do povo e o reconhecimento do papel dos leigos nesse povo. Daí a sua predileção pela expressão "povo fiel", que se repete na EG (cf. 95.96) e que reconhece explicitamente aí "um *mistério* que mergulha as raízes na Trindade, mas que tem a sua concretização histórica num povo peregrino e evangelizador, que sempre transcende toda a necessária expressão institucional" (EG 111; cf. 95).[2] É esse povo, em seu conjunto, que anuncia o Evangelho. Deus "escolheu nos convocar como povo e não como seres isolados [...]; ele atrai-nos no respeito da complexa trama de relações interpessoais que a vida numa comunidade humana supõe" (EG 113).

Nesses textos se percebem os ecos das Escrituras e do Vaticano II, mas também da TP, sobretudo no que diz respeito aos povos, a suas culturas e sua história.

> Este povo de Deus encarna-se nos povos da Terra,[3] cada um dos quais tem a sua cultura própria. [...] Trata-se do estilo de vida que uma determinada sociedade possui, da forma peculiar que têm os seus membros de se relacionar entre si, com as outras criaturas e com Deus.

---

[2] O mesmo Bergoglio falava aos seus estudantes de teologia da sua admiração pelo "povo fiel" que "é infalível 'in credendo', no ato de crer", o que ele formulou assim, para lembrar a si mesmo: "quando quiseres saber *em que* a Igreja crê, procura o magistério", "mas, quando quiseres saber *como* a Igreja crê, procura o povo fiel"; cf. *Meditaciones para religiosos*, San Miguel, Diego de Torres, p. 46s (cf. EG 124).

[3] Recordo que a tese doutoral de Carlos María Galli, orientada por Gera e infelizmente ainda inédita em sua totalidade, tem como título: *El Pueblo de Dios y los pueblos del mundo. Catolicismo, encarnación e intercambio en la eclesiología actual* (1993). Um dos seus capítulos foi publicado: La encarnación del pueblo de Dios en la Iglesia y en la eclesiología latinoamericanas, *Sedoi* 125 (1994).

[...] A graça supõe a cultura, e o dom de Deus encarna-se na cultura de quem o recebe (EG 115).

Observo que Francisco adota a releitura que o DP, na esteira da TP, faz dos dois primeiros parágrafos de GS 53, lendo-os a partir do terceiro. Recordo igualmente que, quando Bergoglio era reitor das Faculdades de San Miguel, ele organizou o primeiro congresso realizado na América Latina (1985) sobre a evangelização da cultura e a inculturação do Evangelho; ele o programou apelando a teólogos da América do Sul e do Norte, da Europa, da Ásia e da África e, na conferência inaugural, falou da inculturação citando o Padre Arrupe, pioneiro na utilização desse neologismo.[4]

Por isso, quando o Papa Francisco fala do povo de Deus, refere-se a seu "rosto pluriforme" (EG 116), à sua "multiforme harmonia" (EG 117), graças à diversidade das culturas que o enriquecem; do mesmo modo que, quando fala *dos* povos, ele utiliza de maneira analógica a imagem do poliedro para significar a unidade plural, no seio do conjunto, de diferenças irredutíveis.

Além disso, na mesma linha da TP, ele *acentua* uma doutrina tradicional, reconhecendo que "Deus dota a totalidade dos fiéis com um *instinto da fé* – o *sensus fidei* – que os ajuda a discernir o que vem realmente de Deus. A presença do Espírito confere aos cristãos certa conaturalidade com as realidades divinas e uma sabedoria que lhes permite captá-las intuitivamente, embora não possuam os meios adequados para expressá-las com precisão" (EG 119). Mais ainda, "o próprio rebanho possui o olfato para encontrar novos caminhos" (EG 31) de evangelização.

---

[4] Cf. J. M. Bergoglio, Discurso inaugural, no CONGRESO INTERNACIONAL DE TEOLOGÍA, Evangelización de la cultura e inculturación del Evangelio, *Stromata* 61 (1985), nº 3-4, p. 161-165; a referência à intervenção do Padre Arrupe no Sínodo de 1974 encontra-se na p. 164 (reed. Buenos Aires: Guadalupe, 1986, p. 15-19).

B. As quatro prioridades "bergoglianas" na construção e na condução do povo

O episcopado argentino, que incluía o Cardeal Bergoglio, seguindo as perspectivas da TP, enriquecendo-as, adotou a posição da Comissão Argentina de Justiça e Paz, cujo objetivo era passar de "habitantes a cidadãos". Isso aclara o que o Papa Francisco aprofundou ao escrever em EG 220 a propósito do povo-nação:

> Em cada nação, os habitantes desenvolvem a dimensão social da sua vida, configurando-se como cidadãos responsáveis dentro de um povo e não como massa arrastada pelas forças dominantes... Mas tornar-se um *povo* é algo mais, exigindo um processo constante no qual cada nova geração está envolvida. É um trabalho lento e árduo que exige querer integrar-se e aprender a fazê-lo até se desenvolver uma cultura do encontro numa harmonia pluriforme.

Notemos esta expressão tipicamente sua: "cultura do encontro".

Já como provincial dos jesuítas, e mais tarde como arcebispo de Buenos Aires, Bergoglio formulou e depois explicou mais detalhadamente prioridades de governo que conduzem ao bem comum,[5] a saber, (1) a superioridade do *todo sobre as partes* (o que é *mais* que a *simples* soma das partes), (2) a superioridade da *realidade sobre a ideia*, (3) a superioridade da *unidade sobre o conflito*, (4) a superioridade do

---

[5] Na 14ª Congregação Provincial da Província Argentina s.j., em 18 de fevereiro de 1974, ele fala, como provincial, desses três critérios sem mencionar explicitamente a superioridade da realidade sobre a ideia. Ver a obra já citada, *Meditaciones para religiosos*, p. 49-50; a apresentação e o desenvolvimento dos quatro se encontram na conferência que ele deu como arcebispo de Buenos Aires na 13ª Jornada Arquidiocesana de Pastoral Social em 2010: "Hacia un bicentenario en justicia y solidaridad (2010-2016). Nosotros como ciudadanos, nosotros como Pueblo", sobretudo a alínea 4; todo o documento ilustra a sua concepção de "povo". O documento está disponível em: <www.arzbaires.org.ar/inicio/homilias2010.htm#XIV_Jornada_Arquidiocesana_de_Pastoral_Social>. Desenvolverei esse tema mais adiante, no capítulo XI.

tempo sobre o espaço. Parece que essas prioridades são tomadas emprestadas da carta de Juan Manuel de Rosas (governador de Buenos Aires) a Facundo Quiroga (governador de La Rioja, na Argentina) a propósito da organização nacional argentina; essa carta foi escrita em 20 de dezembro de 1814, na fazenda de Figueroa em San Antonio de Areco,[6] na qual Rosas não explicita essas prioridades, mas as leva em conta implicitamente. Mais tarde, como papa desta vez, Francisco introduziu as duas últimas prioridades na encíclica a quatro mãos, *Lumen fidei* (n. 55 e 57). Finalmente, ele as desenvolveu de maneira articulada em EG 215-237, apresentando-as como uma contribuição elaborada a partir do pensamento social cristão "para a *construção* de um povo" (em primeiro lugar dos povos do mundo, mas também do povo de Deus).

1. Sentido teológico-pastoral do tempo

A exortação começa com a prioridade do tempo sobre o espaço. Porque se trata mais de dar início a "processos que construam o povo" (EG 223-224) na história do que de ocupar espaços de poder ou de possessão (territórios ou riquezas).

Em minha opinião, o sentido espiritual do tempo propício à justa *decisão* (seja esta existencial, interpessoal, pastoral, social ou política) é característico do carisma inaciano e está em ligação direta com o discernimento dos espíritos. Em sua teologia, Gera reconhece a sua importância para os profetas, os pastores e os políticos, e Methol é conhecido por suas análises geopolíticas, bem como por sua interpretação cristã dos sinais atuais dos tempos e da Igreja latino-americana como tendo já chegado ao status de Igreja fonte. Por seu lado, Bergoglio, como jesuíta, participa desse carisma de discernimento e conhecia as contribuições teóricas dos pensadores que acabo de

---

[6] Cf. ENRIQUE BARBA. *Correspondencia entre Rosas, Quiroga y López*. Buenos Aires: Hyspamérica, 1984, p. 94.

mencionar. Notar-se-á, aliás, que ele não deixa o espaço de lado, mas o considera a partir do tempo. Ele conclui, com efeito, as suas considerações, dizendo que "o tempo ordena os espaços, ilumina-os e transforma-os em elos duma cadeia em constante crescimento, sem marcha atrás" (EG 223).

2. Unidade plural e conflito

A TP pensava o povo a partir da unidade, ao mesmo tempo que reconhecia a realidade de antipovo, do conflito e da luta pela justiça. Sobre esse ponto também há no pensamento do papa não apenas uma influência recebida de maneira inteligente, mas também um aprofundamento evangélico e teológico. Ele afirma, com efeito, que não se podem ignorar os conflitos, mas que é preciso não ficar aprisionado a eles ou fazer deles a chave do progresso. Ao contrário, trata-se "de aceitar suportar o conflito, resolvê-lo e transformá-lo no elo de ligação de um novo processo. 'Felizes os pacificadores' (Mt 5,9)" (EG 227), não a paz dos cemitérios, mas a paz da "comunhão nas diferenças", "um âmbito vital onde os conflitos, as tensões e os opostos podem alcançar uma unidade multifacetada que gera nova vida" (EG 228), "um pacto cultural", uma "diversidade reconciliada" (EG 230). Porque "não é apostar no sincretismo ou na absorção de um no outro, mas na resolução num plano superior que conserva em si as preciosas potencialidades das polaridades em contraste" (EG 228). Lembro que Bergoglio desejaria fazer a sua tese de doutorado sobre Romano Guardini; ele consultou os seus arquivos e se dedicou à sua compreensão do dinamismo dialético (não num sentido hegeliano ou marxista!) dos contrários,[7] para fazer a sua aplicação à práxis e à história, porque a sua união se realiza em plenitude em Cristo (EG 229). Aí se encontra o fundamento último da "cultura do encontro" que ele deseja realizar sem ignorar a realidade do conflito.

---

[7] Cf. R. GUARDINI. *Der Gegensatz*.

3. A realidade superior à ideia

Aí também, uma tensão bipolar existe entre as duas (cf. EG 231), porque a segunda, a ideia, está em função da primeira, a realidade, da qual não deve separar-se; de outro modo, ela corre o risco de manipulá-la. "É preciso passar do nominalismo formal à objetividade harmoniosa" (EG 232), afirma o papa. Segundo ele, "a realidade é superior à ideia. Esse critério está ligado à encarnação da Palavra e a seu cumprimento", porque, acrescenta ele, "não pôr em prática, não levar à realidade a Palavra, é construir sobre a areia, permanecer na pura ideia e degenerar em intimismos e agnosticismos que não dão fruto, que esterilizam o seu dinamismo" (EG 233).

De modo diferente dos casos precedentes, não vejo uma ligação imediata entre essa prioridade e a TP, a não ser na crítica feita por esta última às *ideologias*, sejam elas de viés liberal ou marxista, e em sua busca de categorias hermenêuticas que partam da *realidade* histórica latino-americana, especialmente a dos pobres.

4. A superioridade do todo sobre as partes e sobre a soma das partes

O papa põe esse princípio em relação com a tensão entre globalização e localização (cf. EG 234). Esta última remete ao *enraizamento* histórico-cultural da TP, *situada* socialmente e hermeneuticamente na América Latina e na Argentina, como também à *encarnação* do Evangelho, que é transcultural por si mesmo, mas deve ser *inculturado* no catolicismo popular.

Quanto à globalização, a COEPAL não a levou explicitamente em conta quando ela era apenas emergente. Isso se deu mais tarde, graças àqueles que continuaram o seu trabalho, Alberto Methol Ferré, Gerardo Farrell e os trabalhos interdisciplinares do Grupo de Pensamiento Social de la Iglesia, que tomou o nome de Farrell após a morte deste.[8] Farrell tinha feito parte da COEPAL, da qual era o secretário; por causa de sua idade, ele é considerado como pertencente à segunda geração da TP e foi membro fundador do grupo que leva hoje o seu nome.

Também nesse ponto, o papa avança para uma síntese superior que não elimina as tensões, mas as compreende, vivifica-as, tornando-as fecundas ao abri-las para o futuro. Como ele diz, com efeito, para ele "o modelo não é a esfera, pois não é superior às partes e, nela, cada ponto é equidistante do centro, não havendo diferenças entre um ponto e o outro. O modelo é o poliedro, que reflete a confluência de todas as partes que nele mantêm a sua originalidade". E acrescenta quase imediatamente depois: "É a união dos povos, que, na ordem universal, conservam a sua própria peculiaridade; é a totalidade das pessoas numa sociedade que procura um bem comum que verdadeiramente incorpore a todos" (EG 236). Sem empregar a palavra, o papa visa a um ideal *intercultural*.

Antes o papa tinha indicado o fundamento trinitário de suas afirmações: "O Espírito Santo é a harmonia, tal como é o vínculo de amor entre o Pai e o Filho. É ele que suscita uma abundante e diversificada riqueza de dons e, ao mesmo tempo, constrói uma unidade que nunca é uniformidade, mas multiforme harmonia que atrai" (EG 117). A atração da beleza caracteriza muito expressões de Francisco; elas o aproximam nesse ponto de Bento XVI.

C. A piedade popular

Uma característica distintiva da TP é a sua revalorização teológica e pastoral da religião do povo; ao ponto que TP chegou a reconhecer

---

[8] Cf. G. FARRELL et al. *Argentina: alternativas frente a la globalización*. Buenos Aires: San Pablo, 1999. Ver também: A. METHOL FERRÉ; Alver METALLI. *El papa y la filosofía*. Buenos Aires: Biblos, 2013.

na religião popular uma "*mística* popular", como faz igualmente DAp 262. Por duas vezes, EG se refere a esse tipo de mística, por exemplo, quando mostra a superioridade do todo sobre as partes, afirmando que "a mística popular acolhe, a seu modo, o Evangelho inteiro e encarna-o em expressões de oração, de fraternidade, de justiça, de luta e de festa" (EG 237; cf. 124).

Há também convergência com a TP quando EG relaciona a piedade popular com outros temas decisivos para as duas, tanto a inculturação do Evangelho (EG 68-69-70) como a "promoção social" dos "mais desfavorecidos" (EG 70). Nos dois casos, essa piedade popular é claramente distinguida de um "cristianismo de devoções, característico de uma maneira individual e sentimental de viver a fé", que exige uma "purificação e maturação" ulterior de sua religiosidade, por cujo motivo "é precisamente a piedade popular o melhor ponto de partida" (EG 69).

Quando a mesma exortação se refere às "relações novas geradas por Jesus Cristo", ela as põe espontaneamente em relação com a religiosidade popular, reconhecendo que

> suas formas próprias são encarnadas, porque brotam da encarnação da fé numa cultura popular. Por isso mesmo, incluem uma relação pessoal, não com energias harmonizadoras, mas com Deus, Jesus Cristo, Maria, um santo. Têm carne, têm rostos. Estão aptas para alimentar potencialidades relacionais e não tanto fugas individualistas (EG 90).

Uma das apreciações mais ricas e mais profundas do Papa Francisco, a propósito da religião do povo, ocorreu no Rio de Janeiro, perante o CELAM, quando ele a apresentou, no contexto de sua crítica à tentação do clericalismo na Igreja, como uma expressão *de criatividade, de liberdade e de sadia autonomia leigas*. Assim, ele reconheceu nela uma manifestação do "católico como povo", caracterizado por uma fé comunitária e adulta, ao mesmo tempo que fez então

A TEOLOGIA DO POVO

o elogio de organismos característicos da América Latina, como os grupos bíblicos e as comunidades eclesiais de base.[9]

Outro exemplo patente de convergência com a TP encontra-se em EG, quando, ao citar DP 450 (DAp 264), a exortação conclui que, graças à sua piedade popular, "o povo se evangeliza continuamente a si mesmo" se se trata de povos "nos quais o Evangelho foi inculturado" (EG 122; cf. 68). Cada povo, com efeito, "é o criador da sua cultura e o protagonista da sua história. A cultura é algo dinâmico, que um povo recria constantemente, e cada geração transmite à seguinte um conjunto de atitudes relativas às diversas situações existenciais, que esta nova geração deve reelaborar em face dos próprios desafios" (ibid.).

> Quando o Evangelho se inculturou num povo, no seu processo de transmissão cultural também transmite a fé de maneira sempre nova; daí a importância da evangelização entendida como inculturação. Cada porção do povo de Deus, ao traduzir na vida o dom de Deus segundo a sua índole própria, dá testemunho da fé recebida e enriquece-a com novas expressões que falam por si (ibid.).

Observemos que esse texto não fala de uma *simples* transmissão cultural *externa*, mas de um *testemunho* coletivo vivo. Por isso ele acrescenta: "Trata-se de uma realidade em permanente desenvolvimento, cujo protagonista é o Espírito Santo" (ibid.).

Não citarei *in extenso* esses parágrafos importantes de EG, mas observo simplesmente que o papa chega a falar pela segunda vez de "mística popular" como "espiritualidade encarnada na cultura dos simples" que "no ato de fé acentua mais o *credere in Deum* que o *credere Deum*" – isso me lembra expressões de Tello –, mas nem por

---

[9] Ver essa alocução do papa por ocasião do encontro com o CELAM, de 28 de julho de 2013, em Monsenhor Víctor M. Fernández et al., *De la Misión continental (Aparecida, 2007) a la Misión universal (JMJ Rio 2013)*, Buenos Aires, Docencia, 2013, p. 287.

isso é "vazia de conteúdos mas descobre-os e exprime-os mais pela via simbólica do que pelo uso da razão instrumental" (EG 124); mais ainda, "ela comporta a graça da missionariedade, do sair de si e do peregrinar, o caminhar juntos para os santuários" (ibid.).

Imediatamente depois, quase copiando Lucio Gera e a TP, ele ensina que "só a partir da conaturalidade afetiva que dá o amor é que podemos apreciar a vida teologal presente na piedade dos povos cristãos, especialmente nos pobres" (EG 125).

Mais ainda, no seu tratamento da religiosidade popular, a exortação culmina reconhecendo, como a TP, que a sua importância não é apenas pastoral, mas estritamente *teológica*: "As expressões da piedade popular são, para quem as sabe ler, um *lugar teológico* ao qual devemos prestar atenção particularmente na hora de pensar a nova evangelização" (EG 126).

O Espírito sopra quando quer e onde quer. Em todo caso, parece-me que hoje, nos espaços secularizados do Norte, onde "Deus *brilha* pela sua ausência",[10] uma contribuição para a nova evangelização pode ser oferecida modestamente, a partir do Sul, pelo *testemunho* vivido e sentido da piedade "dos pobres e dos simples" e de sua "mística popular" (cf. EG 126).

Contudo, o papa não é ingênuo e não ignora que "nas últimas décadas se produziu uma ruptura na transmissão geracional da fé cristã no povo católico" (EG 70). Ele já sentira isso como arcebispo de Buenos Aires. Agora, não somente ausculta as suas causas (EG 70), mas aposta numa pastoral urbana (EG 71-75), porque "Deus vive na cidade" (DAp 514). A sua presença, porém, deve ser "descoberta,

---

[10] Faço referência a expressões convergentes de fenomenólogos europeus da religião como Bernhard Welte (cf. *Das Licht des Nichts*, p. 54s.) e Jean-Luc Marion (ver o seu artigo; Métaphysique et phénoménologie: une relève pour la théologie. *Bulletin de littérature ecclésiastique* 94 [1993], p. 189-206, sobretudo p. 203). No capítulo precedente fiz alusão à "noite (escura) da cultura" segundo Chiara Lubich.

desvendada" (EG 71), e isso especialmente nos "'não citadinos', nos 'meio citadinos', nos 'resíduos urbanos'" (EG 74) tanto dos pobres como dos excluídos, e em sua "luta para sobreviver", na qual "se esconde um sentido profundo da existência que habitualmente comporta também um profundo sentido religioso" (EG 72).

D. A opção preferencial pelos pobres

Coloco o acento sobre o laço estreito que existe entre essa opção e a piedade popular assim como é vivida na América Latina, sobretudo nos setores pobres. Porque, se é verdade que toda a Igreja, os soberanos pontífices incluídos, fez essa opção, é inegável que a TL, em todas as suas correntes, tem como característica própria fazer dessa opção o seu ponto de partida e o seu lugar hermenêutico central.

Ora, o novo papa, a partir da escolha do seu nome, pôs em evidência a sua acentuação desse amor preferencial pelo pobre, pelo marginal, pelo excluído, pelo desempregado, pelo doente, pelo enfermo, aquele que é "resíduo" ou "sobrante"; a ponto de alguns terem dito que as suas primeiras visitas fora de Roma, em Lampedusa e na Sardenha, bem como os seus encontros nesses lugares com os migrantes refugiados e com os desempregados, agiram simbolicamente como verdadeiras encíclicas.

Ele não apenas declara, de acordo com a doutrina católica, que "a solidariedade é uma reação espontânea de quem reconhece a função social da propriedade e o destino universal dos bens como realidades anteriores à propriedade privada" (EG 189), mas acrescenta que "para a Igreja, a opção pelos pobres é mais uma categoria teológica que cultural, sociológica, política ou filosófica" (EG 198). Por isso, ele reitera o que já tinha dito em outras ocasiões: "Por isso, desejo uma Igreja pobre para os pobres. Eles têm muito para nos ensinar. Além de participar do *sensus fidei*, nas suas próprias dores conhecem

Cristo sofredor. É necessário que todos nos deixemos evangelizar por eles" (ibid.).

Francisco, porém, vê também muito bem a outra face da mesma moeda. Por isso, ele critica "uma economia [que] mata" (EG 53), o "fetichismo do dinheiro" (EG 55) e "um sistema social e econômico injusto em sua raiz" (EG 59), em razão das "ideologias que defendem a autonomia absoluta dos mercados e da especulação financeira" (EG 56, 302). E afirma que "Deus, em Cristo, não redime somente a pessoa individual, mas também as relações sociais entre os homens" (EG 178), embora nós, cristãos, devamos lutar, sem violência, mas com eficácia histórica, pela "integração social dos pobres" (EG 185), bem como contra "a economia de exclusão e da injustiça" (EG 53) e "o mal cristalizado nas estruturas sociais injustas" (EG 59).

Não tenho a pretensão de desenvolver aqui esse tema dos pobres segundo o Papa Francisco, porque ele é demasiado conhecido e evidente; mas, no contexto presente, não posso deixar de mencionar como ponto *essencial* de convergência entre o seu magistério, o ensino social da Igreja e a TP. Nesses três casos, não se trata de uma simples teoria, mas de sua encarnação em práticas existenciais e sociais (inclusive estruturais) que dão realidade à "encarnação do Evangelho" e à "revolução da ternura" (EG 88).

E. À guisa de conclusão

Do mesmo modo que a realidade é superior à ideia, penso que, além das ideias novas trazidas por Francisco ao papado e das quais falo neste capítulo, há algo mais importante ainda que é trazido pela *realidade* de sua pessoa e de seu carisma: uma transformação radical do *clima espiritual* na Igreja, mas também fora dela.

Com Ricoeur, acho que a história, inclusive a história da Igreja e a da sua relação com o mundo nestes últimos anos com o papado de

Francisco, pode ser interpretada como um texto.[11] Ora, segundo o filósofo, faz parte do significado de um texto não somente *o que* se diz nele, mas também o momento pragmático de *como* isso é dito, com qual *atitude* existencial e em qual *clima espiritual* isso é expresso, qual *tonalidade* afetiva e qual *maneira de viver* o acompanham. Há indícios objetivos disso no estilo do texto ou na reiteração de certas palavras etc.

Pois bem, o tempo do atual pontificado considerado como texto e o próprio texto de EG me parecem refletir um novo clima espiritual na Igreja, tanto nas intervenções do papa como nas respostas criativas do povo fiel. Esse clima espiritual aparece claramente na reiteração textual e vivida de *leitmotiv* como a "alegria do Evangelho", a "revolução da ternura", a "cultura do encontro" etc. Esses *leitmotiven* se opõem às atitudes de *desencorajamento, de desencantamento e de isolamento individualista*; sobretudo, atestam e manifestam com evidência a *alegria* de evangelizar e de ser ao mesmo tempo discípulos e missionários, *o despojamento feliz*, o *amor* preferencial *pelos pobres*, a *misericórdia* de Jesus, a *esperança* do Reino e de um "outro mundo possível". Porém, aí não se trata de tonalidades separadas, mas de um conjunto harmonioso "de atitudes" (EG 122), de acordo com as de Jesus e do seu Evangelho.

---

[11] Cf. PAUL RICŒUR. Le modèle du texte: l'action sensée considérée comme un texte, e Expliquer et comprendre. Sur quelques connexions remarquables entre la théorie du texte, la théorie de l'action et la théorie de l'histoire. In: *Du texte à l'action. Essais d'herméneutique II*. Paris: Seuil, 1986, respectivamente p. 183-211 e 161-182.

CAPÍTULO IX

A inculturação do Evangelho na *Evangelii gaudium*

A importância que o Papa Francisco concede à inculturação em sua Exortação apostólica *Evangelii gaudium* (EG) nada tem de espantoso, porque isso já há tempo constituía uma preocupação pastoral importante para ele. Já notei que, quando Bergoglio era reitor das faculdades de filosofia e de teologia de San Miguel, havia organizado o primeiro congresso sobre esse tema na América Latina (1985), convidando, para ele, o Cardeal Paul Poupard, recentemente nomeado presidente do Conselho Pontifício para a Cultura, numerosos bispos latino-americanos, teólogos de todos os continentes, bem como um numeroso público interessado. Ele proferiu, então, um "discurso inaugural"[1] referindo-se à tradição jesuíta da inculturação com figuras como os Padres Ricci, De Nobili, José de Acosta, como também a importante intervenção do Padre Arrupe no Sínodo de 1974 sobre a evangelização. Este último tinha, então, utilizado o neologismo "inculturação", adotado mais tarde por João Paulo II, o qual sublinhou o seu paralelismo *analógico* com a encarnação.

Por isso a *encarnação* é a *chave de leitura* mais importante que proponho para estudar essa problemática na EG. A segunda chave é a outra face da primeira, a saber, a chave *pneumatológica*, que continua

---

[1] Cf. J. M. BERGOGLIO. Discurso inaugural. In: Vv. *Evangelización de la cultura e inculturación del Evangelio*, p. 15-19.

a analogia trinitária com a inculturação da Palavra. A terceira chave é outra de suas continuações, a *piedade popular*, convertida, graças ao Espírito, em *espiritualidade* popular, em relação intrínseca com a eclesiologia do povo fiel e de sua missão evangelizadora. Trata-se, pois, de três momentos ligados entre eles e que remetem a uma só chave: a *encarnação* em cultura pela obra do Espírito.

A inculturação é um dos *conceitos-guias* que inspiram não somente a EG, mas todo o pensamento teológico-pastoral do papa: ele concebe "a evangelização como inculturação" (cf. EG 122), mas sem que a primeira se esgote na segunda. O Espírito incita o povo fiel – encarnado nos povos protagonistas de sua história e de sua cultura, e especialmente os pobres e os simples – tanto a viver e a compartilhar a sua piedade e a sua mística populares, segundo a sua idiossincrasia cultural, como a se evangelizar continuamente a si mesmo e a ser discípulo-missionário diante do desafio atual da nova evangelização.

A. A analogia da encarnação e sua contrapartida pneumatológica

A analogia da encarnação foi utilizada antes do termo "inculturação", por exemplo, no *Documento de Puebla* (DP), III Conferência Geral do Episcopado Latino-americano (1979), que fazia referência à "encarnação da fé na cultura". Como já indiquei, o neologismo "inculturação" foi empregado por Arrupe no Sínodo de 1974. Foi em seguida utilizado por João Paulo II que, por ocasião do seu encontro com a Comissão Bíblica, referiu-se à inculturação da Palavra de Deus nas culturas bíblicas como a uma encarnação. Mais tarde, o mesmo João Paulo II retomou o termo em *Catechesi tradendae* (n. 53) e, depois, desenvolveu a sua analogia cristológica estendendo-a ao mistério pascal – Morte e Ressurreição – na *Redemptoris missio* (n. 52s).

A temática da *encarnação* é uma ideia-força do Papa Francisco; ela aparece várias vezes na EG, especialmente diante da ambiguidade atual de uma volta ao sagrado. Às vezes, com efeito, procura-se matar a sede de Deus "com propostas alienantes ou com um Jesus Cristo sem carne e sem compromisso com o outro" (EG 89). Notemos que se trata de dois critérios fundamentais de discernimento. Por outro lado,

> as formas próprias da religiosidade popular são encarnadas, porque brotaram da encarnação da fé cristã numa cultura popular. Por isso mesmo, incluem uma relação pessoal, não com energias harmonizadoras, mas com Deus, Jesus Cristo, Maria, um Santo. Têm carne, têm rostos. Estão aptas para alimentar potencialidades relacionais e não tanto fugas individualistas (EG 90).

Como se constata, o papa põe em relação os três momentos indicados anteriormente. Ele não utiliza sempre a palavra "encarnação" para a relação da fé com a cultura, mas a supõe. Fala, assim, da "realidade viva", do "substrato cristão de alguns povos, sobretudo ocidentais" (EG 68), expressão que lembra a linguagem do DP em sua referência à América Latina. Aí há, segundo o texto, "uma reserva moral que guarda valores de autêntico humanismo cristão" (ibid.). Bergoglio não dá razões sociológicas para isso, mas razões estritamente teológicas e pneumatológicas, apoiadas certamente na experiência aclarada pela fé, quando argumenta:

> Um olhar de fé sobre a realidade não pode deixar de reconhecer o que semeia o Espírito Santo. Significaria não ter confiança na sua ação livre e generosa pensar que não existem autênticos valores cristãos, onde uma grande parte da população recebeu o Batismo e exprime de variadas maneiras a sua fé e solidariedade fraterna (EG 68).

Notemos, por um lado, a alusão ao Espírito Santo, a um "olhar de fé" e ao Batismo, e, por outro lado, a referência a dados empiricamente verificáveis, lidos com olhos de fé. O humanismo cristão e a solidariedade aparecem como outros critérios de discernimento.

O papa retoma uma constatação da teologia argentina do povo, já assumida pelo DP: "É preciso reconhecer aí muito mais que 'sementes' do Verbo", visto que se trata de *frutos* desse mesmo Verbo inculturado. Por isso, seguindo o seu princípio de que "o todo é superior à soma das partes", quer dizer, um povo é maior que a simples soma dos seus componentes individuais, ele afirma: "Não convém ignorar a enorme importância que tem uma cultura marcada pela fé, porque, não obstante os seus limites, esta cultura evangelizada tem, contra os ataques do secularismo atual, muitos mais recursos do que a mera soma dos crentes" (EG 68).

Essa capacidade de resistir e de superar, típica de uma "cultura popular evangelizada", é o produto de "valores de fé e de solidariedade que podem provocar o desenvolvimento de uma sociedade mais justa e crente", porque essa cultura "possui uma sabedoria peculiar" (EG 68). Ela é ao mesmo tempo sabedoria humana e teologal, sem confusão, mas sem separação.

Muitas vezes se fala da evangelização da cultura e da inculturação do Evangelho como uma espécie de sístole-diástole que constitui as duas faces simétricas da mesma moeda. No parágrafo seguinte, o papa introduz um "para" que reconhece um *primado final* à segunda expressão e dá mais sentido à "evangelização como inculturação". Ele sustenta, com efeito, "a necessidade imperiosa de evangelizar as culturas *para* inculturar o Evangelho" (EG 69 – o sublinhado é meu) e distingue em seguida o caso de países de tradição católica, os de outras tradições religiosas e os que são profundamente secularizados. Nestes dois últimos casos "há que procurar novos processos de evangelização da cultura, ainda que suponham projetos a longo prazo" (ibid.).

Apesar da inculturação, Francisco sabe reconhecer defeitos e fraquezas nas "culturas populares de povos católicos"; mas acrescenta imediatamente que "é precisamente a piedade popular", na medida em que o Evangelho está encarnado nela, "que é o melhor ponto de partida para curar e ver-se livre de tais fragilidades" (ibid.).

Outro desafio, ao qual ele fazia já referência em Buenos Aires, antes da V Conferência do Episcopado Latino-americano em Aparecida (2007), consiste no fato impossível de ignorar "que, nas últimas décadas, se produziu uma ruptura na transmissão geracional da fé cristã no povo católico" (EG 70). A sequência da exposição (EG 71-75) mostra que o papa tenta responder a esse novo desafio com suas indicações sobre uma pastoral urbana que há de encarnar o Evangelho em formas novas na realidade multicultural das cidades: porque "Deus habita na cidade" (EG 71). Já falei um pouco disso no capítulo precedente.

O Papa Francisco reconhece, portanto, a pluralidade cultural atual, especialmente no nível urbano, mas sabe encontrar aí, senão o fruto, pelo menos sementes do Verbo. Por isso, segundo ele, na "luta para sobreviver" dos citadinos em sua vida cotidiana "se esconde um profundo sentido da existência que habitualmente comporta também um profundo sentido religioso" (EG 72) e aberto, portanto, por isso mesmo, à nova evangelização.

B. O povo de Deus com os rostos dos numerosos povos da terra

Após ter falado da Igreja como povo de Deus (EG 114), o papa emprega a analogia da encarnação ao dizer: "Esse povo de Deus encarna-se nos povos da terra, cada um dos quais tem a sua cultura própria" (EG 115). Observemos que, nesse contexto, ele se refere à pluralidade dos *povos-nações* e que os considera como protagonistas de suas histórias e de suas culturas específicas. No entanto, não é, em primeiro lugar, em função de sua relação com o povo do qual ela emana que ele valoriza essa realidade cultural, mas em razão de seu sentido e de sua função eclesiológicos: ele a pensa como "um instrumento precioso para compreender as diversas expressões da vida cristã que existem no povo de Deus" (ibid.), ou seja, para compreender a inculturação.

Ele relê, portanto, a Constituição conciliar *Gaudium et spes* (GS) 53, parágrafos a e b, a partir de GS c, numa perspectiva latino-americana, como já fizera o DP 386-387 (que ele cita): isso faz com que o conceito humanista de cultura (o dos dois primeiros parágrafos conciliares) seja relido a partir do conceito mais etnológico e sociológico do terceiro parágrafo. O papa define assim a cultura: "Trata-se do estilo de vida que uma determinada sociedade possui, da forma peculiar que têm os seus membros de se relacionar entre si, com as outras criaturas e com Deus. Assim entendida, a cultura abrange a totalidade da vida dum povo" (EG 115).

Imediatamente depois, ele sublinha, com o concílio, a autonomia do temporal, ao afirmar que "cada povo, na sua evolução histórica, desenvolve a própria cultura com legítima autonomia". E porque "natureza e cultura encontram-se intimamente ligadas", ele aplica à segunda o que se costuma dizer da primeira, recorrendo à analogia da encarnação: "A graça supõe a cultura, e o dom de Deus encarna-se na cultura de quem o recebe" (ibid.). Com efeito, seja qual for a realidade multicultural eventual de um povo-nação, pode-se reconhecer aí um "estilo de vida" comum que o reúne numa unidade plural distinta da realidade dos outros povos.

Ele se refere ainda ao dom de Deus na alínea seguinte, quando afirma: "Quando uma comunidade acolhe o anúncio da salvação, o

Espírito Santo fecunda a sua cultura com a força transformadora do Evangelho" (EG 116). Por isso, em vinte séculos de história, após ter evangelizado "uma quantidade inumerável de povos segundo suas modalidades culturais próprias, a Igreja exprime a sua catolicidade genuína e mostra a 'beleza deste rosto pluriforme'" (ibid.). Através desse admirável intercâmbio, cada povo e cada cultura se realizam mais a si mesmos, segundo a analogia da encarnação, enquanto, de maneira paralela, "pela obra e graça do Espírito Santo", a Igreja se torna mais atrativa e mais efetivamente católica. A própria Revelação se desvenda melhor ainda a ela e ao mundo ao se encarnar em cultura, porque

> nas manifestações cristãs dum povo evangelizado, o Espírito Santo embeleza a Igreja, mostrando-lhe novos aspectos da Revelação e presenteando-a com um novo rosto [...] porque "cada cultura oferece formas e valores positivos que podem enriquecer o modo como o Evangelho é anunciado, compreendido e vivido" (EG 116).

Eu me lembro que Carlos Galli, em sua tese doutoral inédita sobre "o povo de Deus e os povos da terra", se perguntava se as culturas podiam ter um valor intrinsecamente eclesiológico (o que Hans Urs von Balthasar nega, ao passo que ele mesmo, ao contrário, o sustenta). Pois bem, nem a citação de João Paulo II (tirada de *Ecclesia in Oceania*, n. 16, 2001) nem as afirmações do Papa Francisco deixam lugar à dúvida. Os "modos" culturais não são extrínsecos, como desejaria uma espécie de nestorianismo eclesiológico, mas intrínsecos, são a carne da inculturação; o seu valor não é, aliás, apenas eclesiológico, mas diz respeito também pelo menos à teologia fundamental e à epistemologia teológica, na medida em que elas manifestam à Igreja "novos aspectos da Revelação".

A profunda teologia trinitária do papa leva a compreender melhor o parágrafo seguinte, que a inculturação tem um valor não somente pastoral, mas teológico, que ela diz respeito ao mesmo tempo à encarnação e à pneumatologia, que permite compreender de maneira diferente e melhor, a partir do Mistério trinitário, a unidade plural e multiforme da Igreja:

> É o Espírito Santo, enviado pelo Pai e o Filho, que transforma os nossos corações e nos torna capazes de entrar na comunhão perfeita da Santíssima Trindade, onde tudo encontra a sua unidade. O Espírito Santo constrói a comunhão e a harmonia do povo de Deus. Ele mesmo é a harmonia, tal como é o vínculo de amor entre o Pai e o Filho. É ele que suscita uma abundante e diversificada riqueza de dons e, ao mesmo tempo, constrói uma unidade que nunca é uniformidade, mas multiforme harmonia que atrai (EG 117).

Logo em seguida, o papa faz alusão à "lógica da encarnação", que é a chave de tudo o que falamos, e sua outra face é pneumatológica, dado que o Verbo e o Espírito são "as duas mãos do Pai" (Santo Ireneu). Por isso "não faria justiça à lógica da encarnação pensar num cristianismo monocultural e monocórdico" (ibid.).

Francisco toma, assim, posição – teológica e pastoral – em favor da inculturação do Evangelho em *todas* as culturas, reconhecendo, no entanto, que "algumas culturas estiveram intimamente ligadas à pregação do Evangelho e ao desenvolvimento do pensamento cristão"; de fato, se não o reconhecesse, ele ficaria em oposição à "lógica da encarnação" e ao seu sentido da história, ligado a acontecimentos contingentes, mas realmente acontecidos. Mas, de um e de outro lado, ele reafirma que "a mensagem revelada não se identifica com nenhuma dessas culturas (como a grega, a latina ou a germânica...) e possui um conteúdo transcultural" (EG 117). Por isso, na missão, "não é indispensável impor uma determinada forma cultural, por mais bela e antiga que seja, juntamente com a proposta do Evangelho" (ibid.).

Essas afirmações me lembram de discussões sobre a inculturação da liturgia na África, durante o Congresso de San Miguel em 1985, bem como de debates eclesiais posteriores sobre a teologia na Índia e sobre a teologia índia na América Latina. Quando Francisco fala, em EG, do "rosto multiforme" da Igreja, da "harmonia multiforme" na comunhão das diferenças, da imagem do poliedro em vez da esfera, da descentralização etc., acho que, sem empregar esta palavra, ele faz alusão à *dimensão intercultural* na Igreja como outra face da inculturação. E penso que a imagem do poliedro, embora diga respeito, em primeiro lugar, à pluralidade dos povos, aplica-se também à realidade pluricultural no interior de um mesmo povo em sua unidade plural.

Na linha trinitária dos primeiros parágrafos de LG e de AG e de acordo com uma eclesiologia de comunhão (unidade nas diferenças), o papa se inspira nos mistérios mais elevados da fé – a Trindade e a Encarnação –, encontrando aí modelos para viver e pensar a Igreja e a sua missão evangelizadora. Daí ele tira orientações e critérios de um discernimento ao mesmo tempo pastoral e teológico para uma inculturação autêntica.

C. A piedade popular como encarnação do Evangelho

O Concílio Vaticano II não levou em consideração a religião do povo. Parece-me que esta começou a obter uma revalorização não só pastoral, mas também teológica, apenas com a teologia argentina do povo, primeiro conduzida por Lucio Gera e seus companheiros da COEPAL (Comissão Episcopal de Pastoral: 1966-1967), depois retomada por pelo menos três gerações de continuadores,[2] como indiquei no primeiro capítulo deste livro.

---

[2] Cf. o meu artigo: "Papa Francesco e la teologia del popolo".

Bispos latino-americanos se tornaram portadores dessa questão ao Sínodo de 1974 sobre a Evangelização, e a intervenção especialmente do bispo argentino Eduardo Pironio (que se tornaria cardeal) contribuiu para o fato de Paulo VI ter recolhido magisterialmente esse tema na *Evangelii nuntiandi* (EN), cuja inspiração devia mais tarde ser aplicada explicitamente à América Latina por Puebla (1979). Esta última conferência enriqueceu mais ainda a questão, sobretudo nas partes do DP dedicadas à "evangelização da cultura" e à "religião popular", cujos principais redatores foram respectivamente o próprio Gera e Joaquín Alliende, representante e defensor do que ele chamava, com referência à "teologia do povo", de "escola argentina de pastoral popular". Vê-se que essa problemática passou, primeiro, da América Latina a Roma, depois voltou para América Latina, num processo em espiral, que lhe permite aprofundar-se cada vez. O *Documento de Aparecida* (DAp 2007) parecia ter levado a questão à sua culminação com a sua valorização explícita da *espiritualidade e da mística populares* (DAp 258-265), mas atualmente o magistério universal de Francisco aprofundou-a de novo e a tornou mais fecunda ainda.

1. Autoevangelização inculturada do povo e piedade popular

O papa trata dessa questão num contexto em que sustenta que todo o povo de Deus é evangelizador enquanto discípulo e missionário. Ora, Puebla já reconhecera que o catolicismo latino-americano – no qual o Evangelho se encarnou historicamente na piedade dos pobres e dos simples – permite que o nosso povo se evangelize historicamente a si mesmo (DP 450; DAp 264). Francisco estende essa afirmação a todos "os diferentes povos, nos quais foi inculturado o Evangelho" (EG 122), e o explica recorrendo ao conceito histórico de cultura (cuja autonomia secular ele respeita):

Assim é, porque cada povo é o criador da sua cultura e o protagonista da sua história. A cultura é algo de dinâmico, que um povo recria constantemente, e cada geração transmite à seguinte um conjunto de atitudes relativas às diversas situações existenciais, que esta nova geração deve reelaborar em face dos próprios desafios. [...] Quando o Evangelho se inculturou num povo, no seu processo de transmissão cultural também transmite a fé de maneira sempre nova (EG 122).

Segue então a frase importante à qual já fiz alusão: "daí a importância da evangelização entendida como inculturação" (ibid.). Não se trata de uma transmissão puramente externa, mas da transmissão criadora, dinâmica, através de testemunhos vivos, de um "sistema de atitudes" e de valores em face dos novos desafios históricos lançados também à fé. Isso aparece claramente pelo fato de que "cada porção do povo de Deus, ao traduzir na vida o dom de Deus segundo a sua índole própria, dá testemunho da fé recebida e enriquece-a com novas expressões que falam por si" (ibid.).

É precisamente nesse contexto que Francisco se refere à "importância da piedade popular, expressão autêntica da ação missionária espontânea do povo de Deus" (EG 122; DA 263); piedade que não é absolutamente estática ou morta, visto que se trata de uma "realidade em desenvolvimento permanente, cujo protagonista é o Espírito Santo" (ibid.). Observemos de novo essa lembrança constante do caráter pneumatológico da encarnação, de acordo com a analogia da encarnação.

Nas alíneas que seguem, o papa põe no centro de sua exposição essa encarnação da fé na cultura graças a essa piedade popular já revalorizada por seus predecessores, e coloca de novo o povo e a sua cultura em relação com "os pobres e os simples" (EG 123; EN 48). Um pouco adiante, sem jamais cessar de afirmar o papel principal do Espírito e de sua iniciativa gratuita, ele retoma as afirmações de Aparecida (DAp 262) sobre a piedade popular, na qual ele reconhece "uma verdadeira espiritualidade encarnada na cultura dos simples" (EG 124; DAp 263) e até uma "mística popular", segundo a expressão proposta por Jorge Seibold.[3] O que ele sustenta sobre esse ponto previne os mal-entendidos de falsos eruditos: "[Essa fé] não é vazia de conteúdos, mas descobre-os e exprime-os mais pela via simbólica do que pelo uso da razão instrumental e, no ato de fé, acentua mais o *credere in Deum* que o *credere Deum*" (EG 124).

No entanto, para apreciar de maneira justa essa piedade popular, precisa-se de uma epistemologia teológica adequada, característica do "olhar do Bom Pastor" que vive também as virtudes teologais sob a forma da caridade pastoral. Porque "só a partir da conaturalidade afetiva que dá o amor é que podemos apreciar a vida teologal presente na piedade dos povos cristãos, especialmente nos pobres" (EG 125). "Quem ama o povo fiel de Deus não pode ver estas ações unicamente como uma busca natural da divindade. São a manifestação duma vida teologal animada pela ação do Espírito Santo, que foi derramado em nossos corações (cf. Rm 5,5)" (ibid.).

É precisamente o conhecimento sapiencial *per connaturalitatem* – magistralmente exposto por Santo Tomás, que o papa cita – que é o instrumento epistemológico e metodológico adequado para esses casos; esse conhecimento não toma o lugar da ciência, mas dá a esta um enraizamento, acompanha as suas análises e os seus argumentos dotando-os de uma tonalidade afetiva (*Stimmung*) adequada tanto hermenética quanto pragmaticamente, ele a completa e a confirma.

Finalmente, o Papa Bergoglio mostra a profundeza de sua consideração em relação à piedade popular ao reconhecê-la como *fonte* para a reflexão teológica: "As expressões da piedade popular têm muito que nos ensinar e, para quem as sabe ler, são um *lugar teológico* a que devemos prestar atenção particularmente na hora de pensar a nova evangelização" (EG 126).

---

[3] Ver a sua obra *La mística popular*.

Este não era o lugar, para o papa, explicitar o fundamento dessa afirmação. Permitir-me-ei prolongar essa linha de reflexão, por minha conta e risco, para concluir assim o presente capítulo.

2. Reflexão pessoal sobre a piedade popular como lugar teológico para a nova evangelização

A vida da Igreja é fonte de teologia, ela é um lugar teológico vivenciado e experimentado (Congar). Ora, na piedade de um povo evangelizado, encontramos "as duas mãos do Pai", quer dizer, tanto a Palavra de Deus encarnada histórica e etnologicamente em cultura e religiosidade como a ação diretora, purificadora e transformadora do Espírito que inspira, guia e move o processo de inculturação dotando os fiéis "com um *instinto de fé* – o *sensus fidei* – que os ajuda a discernir o que vem realmente de Deus. A presença do Espírito confere aos cristãos uma certa conaturalidade com as realidades divinas e uma sabedoria que lhes permite captá-las intuitivamente, embora não possuam os meios adequados para expressá-las com precisão" (EG 119).

Notemos a alusão ao conhecimento *per connaturalitatem* e à sabedoria, cujas expressões (simbólicas) não têm a precisão da ciência. Por isso o primeiro critério de discernimento é de ordem afetiva (o que, no entanto, não o torna menos objetivo): a saber, "a conaturalidade afetiva que dá o amor" (EG 125) ordenado e desinteressado.

Ora, a reflexão teológica, a serviço da sabedoria teologal do povo fiel inculturado, é capaz, à luz do critério vivo que é a própria Palavra, de fazer um julgamento crítico sobre "certo cristianismo feito de devoções, próprio duma vivência individual e sentimental da fé" (EG 70), bem como de distingui-lo da autêntica piedade teologal. Porque esta última está sempre aberta ao outro, especialmente àquele que sofre, ela é comunitária, comprometida socialmente e plenamente humanizante.

Além do mais, como já foi indicado nos capítulos anteriores, a teologia é capaz, seguindo um método adequado, de categorizar e de "levar ao conceito" com mais precisão as riquezas humanas e evangélicas vividas e conhecidas de maneira sapiencial na piedade teologal, sobretudo a dos pobres, os preferidos de Deus.

Por outro lado, qual é a intenção da alusão, em EG 126, à "nova evangelização"? Antes de tudo, já repetimos várias vezes que "a opção pelos pobres é mais uma categoria teológica que cultural, sociológica, política ou filosófica" (EG 198); ela vem da própria vida de Jesus e da primeira comunidade cristã, bem como de mais de vinte séculos de prática da Igreja. Por conseguinte, dado que ela é *essencial* à evangelização (RH 15; CA 5), essa opção é essencial também para a nova evangelização, em cada região e em toda circunstância. Ora, a opção pelos pobres implica uma valorização igualmente *teológica* de sua piedade popular, na qual se encontra inculturada a totalidade cristã, porque "a mística popular acolhe, a seu modo, o Evangelho inteiro e encarna-o em expressões de oração, de fraternidade, de justiça, de luta e de festa" (EG 237). Por isso, ela tem "muito a nos ensinar" (EG 126) a todos, inclusive aos teólogos acadêmicos. Ela representa, a partir do Sul, uma resposta à busca de sentido de um Norte secularizado no qual, se "Deus *brilha* por sua ausência" (Bernhard Welte), se começa já a viver – pelo menos em filosofia – a ingenuidade segunda, pós-crítica (Paul Ricoeur), que nos convida, "enquanto permanecemos adultos e modernos, a *nos tornar* como crianças".

CAPÍTULO X

O sujeito comunitário da espiritualidade e da mística populares

Como eu já disse, Karl Rahner, embora não conhecesse pessoalmente a América Latina, tinha um faro muito apurado com respeito às novas contribuições teológicas. É por isso que ele editou livros sobre duas dessas contribuições provenientes desse continente: *Befreiende Theologie* e *Volksreligion – Religion des Volkes* [Teologia libertadora e religião popular: religião do povo]. O primeiro dizia respeito à teologia da libertação. Quanto ao segundo tema, o Concílio do Vaticano II não o tratara, mas tinha surgido como tal a partir da realidade latino-americana e da pastoral e da reflexão pós-conciliares, sobretudo na Argentina. Hoje o Papa Francisco, que conhece essa questão por experiência, deu-lhe uma importância especial em sua Exortação apostólica *Evangelii gaudium* (EG), ao retomar a abordagem do *Documento de Aparecida* (2006), ou seja, da V Conferência Geral do Episcopado da América Latina e do Caribe; nessa exortação, com efeito, ele trata de "espiritualidade" e de "mística" populares, mas agora em nível universal.

No decorrer deste capítulo, seguirei a problemática desses dois documentos procurando responder à pergunta sobre o *sujeito* em questão: além do sujeito evidentemente pessoal dessa espiritualidade e dessa mística, é possível falar também de um sujeito *coletivo* e em que sentido?

Começarei expondo a maneira como a questão tem sido colocada. Em seguida a esclarecerei a partir da teologia, recorrendo, então, em grande parte ao que está exposto ou pressuposto por EG. Finalmente, para aprofundar essa compreensão, explicitarei alguns elementos de filosofia suscetíveis de ajudar na compreensão do mistério, seguindo aí também as linhas propostas pela exortação do papa.

A. Da religiosidade popular à mística popular

A religiosidade popular existiu na América Latina desde a primeira evangelização e a mestiçagem cultural fundadora; mas a teologia só a tornou um objeto de reflexão após o Vaticano II. Nessa mudança, um papel decisivo coube às reflexões pastorais, teológicas e interdisciplinares da Comissão Episcopal de Pastoral, criada pelo episcopado argentino após o concílio e cujos líderes foram os professores de teologia de Buenos Aires, Lucio Gera e Rafael Tello.[1]

Mais tarde, parece que foram os bispos latino-americanos, inspirados pela "teologia do povo" nascente, que foram os portadores desse tema no Sínodo de 1974 sobre a evangelização. E Paulo VI o assumiu na sua Exortação pós-sinodal *Evangelii nuntiandi* (n. 48). Houve aí um passo importante em sua descrição pastoral, porque ele não a chamou de religiosidade popular ou de religião do povo, mas de "piedade popular".

Puebla (III Conferência Geral do Episcopado Latino-americano, 1979), em sua aplicação à América Latina da exortação papal, reconhecia o catolicismo popular latino-americano como "a encarnação do Evangelho" na cultura. Um dos redatores principais da

---

[1] Além com capítulo I do presente livro, cf. o meu livro *Evangelización, cultura y teología*; S. Politi, *Teología del pueblo*; M. González, *Reflexión teológica en Argentina (1962-2010)*.

seção "Evangelização da cultura" foi Gera, enquanto um dos artífices principais da seção "Religiosidade popular" foi o chileno de Schönstatt Joaquín Alliende, que aderia a essa altura ao que chamara de "a escola argentina de pastoral popular".[2]

A quarta conferência (de Santo Domingo, 1992) fala já expressamente de "inculturação" e prolonga os avanços precedentes. Mas é Aparecida, em 2006, que formula explicitamente um novo caráter da piedade popular ao falar várias vezes de "espiritualidade popular" e uma vez de "mística popular". No entretempo, por outro lado, aquele que é considerado como o "pai" da teologia da libertação, o teólogo peruano Gustavo Gutiérrez (atualmente dominicano), escrevera, entre outras, páginas preciosas sobre a espiritualidade popular, e o jesuíta argentino Jorge Seibold, filósofo, pastor e teólogo pastoral, tinha forjado o conceito de "mística popular".[3] Essa qualificação foi utilizada em Aparecida pelos bispos argentinos e se encontrou em seguida inscrita no documento final, cujo comitê de redação foi presidido pelo Cardeal Bergoglio. Houve, assim, toda uma caminhada de revalorização pastoral e teológica da religiosidade popular, até o magistério universal considerá-la como "lugar teológico" e reconhecendo nela um papel decisivo com relação à nova evangelização (EG 126).

B. A questão do sujeito pessoal e comunitário

Na obra que citamos, Gutiérrez sublinha que essa espiritualidade corresponde à "caminhada de todo um povo" e não somente de indivíduos, e que foi assim tanto para Israel no deserto como para a

---

[2] No *Documento de Puebla*, ver em particular essas duas seções. Cf. também J. Alliende, Diez tesis sobre pastoral popular. In: *Religiosidad popular*, p. 119.

[3] Cf. G. GUTIÉRREZ. *Beber en su propio pozo*; J. R. SEIBOLD, *Mística popular*.

Igreja primitiva, segundo o livro dos Atos.[4] Ele aplica à nossa realidade o que João Paulo II afirmara em *Dives in misericordia* n. 4, a saber, que a experiência do povo judeu era tanto "social e comunitária como individual e interior". Do mesmo modo, os escritos inéditos de Rafael Tello, que começaram a ser publicados ultimamente, tratam dos atos e dos hábitos das virtudes teologais, especialmente da fé, na vida não somente pessoal, mas também comunitária; a exposição trata, por exemplo, do "cristianismo popular segundo as virtudes teologais" (1996).[5] Então, é preciso se perguntar como compreender, tanto teológica como filosoficamente, essa vida teologal enquanto coletiva.

Seibold se explicou muitas vezes e longamente sobre a "mística popular", fazendo referência a fenômenos e a acontecimentos que não são raros na piedade popular latino-americana. Afinal de contas, quando ele chega a explicar o momento místico, volta, com razão, às experiências de Santa Teresa ou de São João da Cruz, mas isso não lhe permite levar em conta o comunitário *enquanto tal*. Piero Coda, em exposições que não as põe em relação com a piedade popular, compara opondo a elas a mística do santo carmelita e a mística contemporânea de Chiara Lubich, o que abre novas pistas de reflexão.[6] Para Chiara Lubich, há uma quarta noite escura, a da cultura que é vivida socialmente: a cela sanjoanina não é mais a de um convento, mas a do outro, e a figura de "Jesus no meio" ajuda a compreender a Igreja e os grupos humanos enquanto comunidades. Todos esses elementos poderão nos ajudar a esclarecer as proposições do Papa Francisco quando ele trata da mística popular como comunitária e

---

[4] Cf. G. GUTIÉRREZ. *Beber en su propio pozo*, p. 101.

[5] Cf. E. C. BIANCHI. *Pobres en este mundo, ricos en la fe*, em particular o cap. 3.

[6] Cf. PIERO CODA. Trinidad y antropologia. In: ALEJANDRO BERTOLINI et al. *Antropología trinitaria para nuestros pueblos*, CELAM, O'Higgins, 2014, p. 23-50; G. M. ZANGHÌ. *Leggendo un carisma*.

não individual, sem que ela deixe por isso de ser pessoal no mais alto grau.

C. Espiritualidade e mística populares em *Evangelii gaudium*

Para o Papa Francisco, a Igreja é um mistério que mergulha suas raízes na própria Trindade, o que o Vaticano II reconhecia já nos primeiros parágrafos de *Lumen gentium*, a constituição dogmática sobre a Igreja, e de *Ad gentes*, sobre as missões. Esse mistério, porém, se concretiza na história, no povo fiel de Deus, peregrino e evangelizador, que transcende os seus aspectos institucionais (EG 111).

Por isso, o papa entrelaça muitas vezes pneumatologia trinitária e eclesiologia, sublinhando, por um lado, a iniciativa divina com a ação primordial do Espírito Santo e, por outro lado, seus efeitos humanos sobre o povo de Deus como sujeito coletivo; assim, ele nos pede que permaneçamos "à escuta do Espírito, que nos ajuda a reconhecer *comunitariamente* os sinais dos tempos" (EG 14; o itálico é meu). Esses dois aspectos se conjugam igualmente com a prioridade do pneumatológico, quando trata da evangelização das culturas assim como ela toma forma na piedade popular, antes de tudo a dos pobres. Ao se referir ao "substrato cristão de certos povos, sobretudo ocidentais", Francisco afirma que "aí encontramos, especialmente nos mais necessitados, uma reserva moral que guarda valores de autêntico humanismo cristão" e atribui isso ao "que semeia o Espírito Santo" e ao Batismo recebido pela maioria da população. Por isso, "aqui há que reconhecer muito mais que 'sementes do Verbo'" (EG 68), visto que são os seus frutos que nos é dado contemplar (EG 126).

Não se trata, porém, nem de cada indivíduo tomado separadamente nem mesmo de sua soma, e sim do povo *como* povo, considerado de maneira comunitária, enquanto sujeito coletivo de cultura;

porque, constata o papa, uma cultura evangelizada tem muito mais recursos, que uma simples soma de crentes, contra os ataques do secularismo atual e ela "possui uma sabedoria peculiar" (EG 68).

Essa sabedoria popular pode ser considerada simultaneamente teologal e humana, sem confusão nem separação. Ao mesmo tempo, com efeito, que atua comunitariamente, graças ao Espírito como fruto da inculturação do Evangelho num povo, ela surge naturalmente desse povo na sabedoria humana, a partir do qual se encarna a sabedoria teologal. Porque a graça não supõe apenas a natureza, mas também a cultura, e ela se encarna nesta última (EG 115). E o sujeito de uma cultura não é somente cada indivíduo tomado separadamente, mas se trata, antes de tudo, do "estilo de vida de um povo" (cf. GS 53c).

Após ter reconhecido, por outro lado, que as culturas populares padecem muitas vezes de fragilidades, o papa faz referência explícita ao nosso tema ao ligá-las à "piedade popular", que é "precisamente o melhor ponto de partida para curá-las e libertá-las" (EG 69). Ele supõe, assim, que o sujeito dessa piedade é coletivo e que se trata do povo fiel inculturado, quer dizer, encarnado nos povos da terra, tendo cada um deles a sua cultura própria (EG 115). Essa encarnação é devido à ação gratuita do Espírito em todos e em cada um, segundo a analogia da encarnação do Verbo, como expus no capítulo precedente.

Seja como for, Francisco distingue claramente essa piedade de um cristianismo de devoções, individualista e sentimental. Os critérios que permitem distingui-los estão todos em relação com o que é comunitário: trata-se da preocupação pela promoção social e pela formação dos fiéis (EG 70). Porque Deus "escolheu convocá-los (os seres humanos) como povo, e não como seres isolados. Ninguém se salva sozinho, isto é, nem como indivíduo isolado nem por suas próprias forças. Deus atrai-nos, no respeito da complexa trama de relações interpessoais que a vida numa comunidade humana supõe" (EG 113).

A humanidade não é uma soma de indivíduos justapostos, ela é composta historicamente de diversos povos[7] em relação recíproca, sendo cada um sujeito de sua cultura; e Deus convoca todos aqueles que pertencem a esses povos para formar o seu povo fiel, a saber, a Igreja. É por isso que "a noção de cultura é um instrumento preciso para compreender as diversas expressões da vida cristã que existem no povo de Deus" (EG 115). Ela tem, portanto, uma função não somente sociológica ou etnológica, mas também eclesiológica e pastoral. Permite, com efeito, refletir e levar à prática "o rosto pluriforme" da Igreja, obra do único Espírito do Pai e do Filho encarnado.

Quando uma comunidade acolhe o anúncio da salvação, o Espírito Santo fecunda a sua cultura com a força transformadora do Evangelho. De sorte que, como podemos ver na história da Igreja, o Cristianismo não tem um modelo cultural único, mas, "permanecendo o que é, na fidelidade total ao anúncio evangélico e à tradição eclesial, o cristianismo assumirá também o rosto das diversas culturas e dos vários povos onde for acolhido e se radicar" (*Novo millenio ineunte* 40). Nos diversos povos que experimentam o dom de Deus segundo a sua cultura peculiar, a Igreja exprime a sua catolicidade autêntica e mostra a "beleza desse rosto pluriforme" (ibid.). Nas expressões cristãs de um povo evangelizado, "o Espírito Santo embeleza a Igreja, mostrando-lhe novos aspectos da revelação e presenteando-a com um novo rosto" (EG 116).

Notar-se-á que se trata de uma beleza que atrai, mas também de uma verdade que irradia, porque dessa maneira se descobrem os elementos ainda não explicitados da própria Revelação, ou seja, outras

---

[7] Essa concepção é própria do teólogo jesuíta Francisco Suárez, da escola de Salamanca, e foi retomada pela atual teologia do povo. Ver o meu trabalho: Lo social y lo político según Francisco Suárez.

facetas do rosto de Cristo, à luz de seu Espírito que continua a "encarná-lo" na humanidade.

Como já foi dito, as raízes últimas dessa pluralidade na unidade (de comunhão) de um mesmo sujeito comunitário (de um nós povo de Deus) se encontram na própria Trindade. De fato, o Papa Francisco acrescenta:

> Se for bem entendida, a diversidade cultural não ameaça a unidade da Igreja. É o Espírito Santo, enviado pelo Pai e o Filho, que transforma os nossos corações e nos torna capazes de entrar na comunhão perfeita da Santíssima Trindade, onde tudo encontra a sua unidade. O Espírito Santo constrói a comunhão e a harmonia do povo de Deus. Ele mesmo é a harmonia, tal como é o vínculo de amor entre o Pai e o Filho. É ele que suscita uma abundante e diversificada riqueza de dons e, ao mesmo tempo, constrói uma unidade que nunca é uniformidade, mas multiforme harmonia que atrai. A evangelização reconhece com alegria estas múltiplas riquezas que o Espírito gera na Igreja (EG 117).

Mas não são somente a pneumatologia e a teologia trinitária que esclarecem essa eclesiologia do povo de Deus – sujeito comunitário da convocação divina e da evangelização – *em e desde* os povos da terra (sujeitos comunitários de cultura); ela recebe também a luz da cristologia, como já foi indicado com a analogia da inculturação e as menções das sementes e dos frutos do Verbo. Segundo a mesma linha de pensamento, o Papa Francisco acrescenta, de fato, que "não faria justiça à lógica da encarnação pensar num cristianismo monocultural e monocórdico" (EG 117).

Alguns parágrafos mais adiante, Francisco fará menção explícita de "sujeitos coletivos ativos" (EG 122),[8] ao se referir aos povos da terra e implicitamente ao povo fiel (enquanto totalidade, ele anuncia

---

[8] Em EG 30, ele fala de cada Igreja particular como "sujeito primeiro da evangelização".

o Evangelho de maneira comunitária), bem como à sua piedade popular. Podemos pensar, com efeito,

> que os diferentes povos, nos quais foi inculturado o Evangelho, são
> sujeitos coletivos e ativos, agentes da evangelização. Assim é, porque
> cada povo é o criador da sua cultura e o protagonista da sua história.
> [...] Quando o Evangelho se inculturou num povo, no seu processo de
> transmissão cultural também transmite a fé de maneira sempre nova;
> daí a importância da evangelização entendida como inculturação. [...]
> Pode-se dizer que 'o povo se evangeliza continuamente a si mesmo"
> (EG 122).

A reflexão sobre a evangelização da cultura de um povo e sobre a
inculturação do Evangelho nessa cultura[9] desemboca naturalmente
na consideração de sua religiosidade evangelizada e evangelizadora,
característica do Povo do Senhor compreendido como sujeito e agente comunitário, sob a condução do Espírito. Por isso, o papa continua dizendo: "Daí a importância particular da piedade popular,
verdadeira expressão da atividade missionária espontânea do povo de
Deus. Trata-se de uma realidade em permanente desenvolvimento,
cujo protagonista é o Espírito Santo" (EG 122).

O papa entrelaça assim, sob a ação principal da terceira pessoa da
Trindade, de um lado, a ação dos povos do mundo evangelizados e,
de outro, a ação do povo de Deus encarnado neles, porque ele reconhece que este último é *laós ex ethnôn*,[10] quer dizer, "Povo formado

---

[9] Como comentei nos capítulos precedentes, quando Padre Jorge Mario Bergoglio era
reitor de San Miguel, ele organizou um congresso internacional de teologia sobre esses
dois temas (1985), cujas atas foram publicadas em *Stromata* 61 (1985), n. 3-4; ver o seu
discurso inaugural sobre o tema do congresso, p. 161-165.

[10] Carlos Galli comenta essa expressão bíblica na parte especulativa de sua tese doutoral:
El Pueblo de Dios y los pueblos del mundo. No Novo Testamento se utiliza a palavra
grega *laós*, quando se fala do povo de Deus, e a expressão *ethnos* para se referir aos
povos-nações.

a partir de nações ou de povos", sem que seja possível nem confundir nem separar um dos outros, visto que estes são evangelizados a partir e do interior de suas culturas respectivas. Mas o papa acrescenta imediatamente: "Na piedade popular [característica do povo de Deus enquanto comunitário], pode-se captar a modalidade em que a fé recebida se encarnou numa cultura [de um povo particular da terra, como sujeito coletivo] e continua a transmitir-se" (EG 123). Mais longe, considerarei a questão de saber como o papa coloca o problema atual das sociedades multiculturais, quando ele aborda a cidade pluricultural.

Os parágrafos que seguem são dedicados a essa piedade e fazem referência à sua revalorização por Paulo VI e Bento XVI. Eles citam a última Conferência do Episcopado Latino-americano e empregam as expressões que dão o título a este capítulo:

> No *Documento de Aparecida* descrevem-se as riquezas que o Espírito Santo explicita na piedade popular por sua iniciativa gratuita [...]; os bispos chamam-na também "espiritualidade popular" ou "mística popular" (n. 262). Trata-se de uma verdadeira "espiritualidade encarnada na cultura dos simples" (ibid., n. 263) (EG 124).

Depois, sem o citar expressamente, o papa retoma considerações de Enrique Ciro Bianchi, quando este comenta a teologia de Rafael Tello sobre "o cristianismo popular segundo as virtudes teologais" e onde ele emprega as categorias tomistas para pensar a fé.[11]

O papa se refere, ademais, à mediação simbólica e às peregrinações, dois fenômenos característicos da cultura popular e de um sujeito coletivo. Por um lado, com efeito, ele afirma que essa espiritualidade descobre e exprime os seus conteúdos pela via simbólica, sem utilizar a razão teórica e que, no ato de fé, ela põe o acento mais no

---

[11] Cf. E. C. BIANCHI. *Pobres en este mundo, ricos en la fe*, cap. 5, seção 6, onde cita Tomás de Aquino, *Suma teológica*, II-II, q. 2, art. 2.

credere in Deum (crer em Deus tendo confiança nele e amando-o) do que no *credere Deum* (crer o que Deus revelou de si mesmo); e, por outro lado, valoriza o fato de "caminhar juntos para os santuários" como um gesto crente e evangelizador (EG 124).

E como já tinha feito, ele recorre de novo ao conhecimento por conaturalidade (assim como está teorizado por Santo Tomás) para explicar o seu pensamento; isso nos indica uma chave importante para compreender o seu pensamento. Com certeza, aqui não se trata – como antes – do sujeito comunitário que é o povo (EG 119), mas do outro lado da moeda, ou seja, do pastor em relação com o seu povo, que reconhece "a partir da conaturalidade afetiva que dá o amor" que essa piedade, em particular nos mais pobres, é uma manifestação de vida teologal e, portanto, um dom do Espírito Santo (EG 125). Por conseguinte, "as expressões da piedade popular têm muito que nos ensinar e, para quem as sabe ler, são um *lugar teológico* ao que devemos prestar atenção particularmente na hora de pensar a nova evangelização" (EG 126).

Essa afirmação é a culminação e coroamento de tudo o que foi dito anteriormente sobre esse assunto pelo episcopado latino-americano e pelo magistério dos últimos papas.

Parece, ademais, que essa "mística popular" está no coração do Papa Francisco, porque, um pouco mais longe, ele faz de novo alusão a ela num momento inesperado, quando aplica à "totalidade ou integridade do Evangelho" o princípio de que "o todo é mais do que a parte, sendo também mais do que a simples soma delas" (EG 235) (ver, respectivamente, EG 237 e 235), na linha do texto já citado segundo o qual uma cultura evangelizada é maior e tem mais recursos que a mera soma dos crentes (EG 68). Ele completa essas considerações acrescentando:

> A mística popular acolhe, a seu modo, o Evangelho inteiro e encarna-o em expressões de oração, de fraternidade, de justiça, de luta e de festa.

[...] O Evangelho possui um critério de totalidade que lhe é intrínseco: não cessa de ser Boa-Nova enquanto não for anunciado a todos, enquanto não fecundar e curar todas as dimensões do homem, enquanto não unir todos os homens à volta da mesa do Reino. O todo é superior à parte (EG 237).

Desse texto tão rico, por enquanto reterei apenas sua referência à mística popular, que não compreende somente os momentos de oração comum ou de celebrações e de festas comunitárias, mas que abraça *toda* a vida cristã inteiramente transfigurada pelo Espírito que atua tanto pessoalmente quanto comunitariamente em todas as dimensões humanas. Ele atua de maneira comunitária através de uma ação que é ao mesmo tempo pessoal e interpessoal, a partir e no interior da Cabeça que é Cristo. Daí os cinco substantivos escolhidos pelo papa para a sua descrição: *oração, fraternidade, justiça, luta e festa*, devendo cada um e todos ser interpretados segundo duas chaves conjuntas, a da comunidade e a de cada pessoa singular, na sua interação e sua intensificação mútua quando todos acolhem ativamente a iniciativa do Espírito que é o protagonista principal da evangelização. Aqui também, é a figura do poliedro, e não a da esfera, que se impõe.

D. Como compreender o sujeito comunitário da espiritualidade popular?

Quando Paulo VI fala da evangelização das culturas, ele se refere também à "consciência coletiva" (EN 18). E na mesma linha, o Papa Bergoglio considera tanto o povo fiel de Deus como os povos da terra como "sujeitos coletivos ativos" (EG 122), o que é indubitável à luz da teologia. Mas quando, nesse contexto, se fala de "consciência", de "sujeito", de "agente" de "evangelizador" etc., o que nos diz a reflexão filosófica? Poderia tratar-se de *simples* metáforas? Há uma verdadeira analogia intrínseca no uso individual e coletivo desses substantivos ou caímos num certo equívoco?

Para esclarecer a questão, farei, primeiro, referência à maneira como Gerard Whelan interpreta o pensamento de Bernard Lonergan sobre o sujeito plural de uma cultura comum. Comentarei, em seguida, a recusa que Paul Ricoeur opõe ao "*mais*" do espírito hegeliano, ao aceitar a sua crítica de Hegel, mas procurando pensar o "nós" como sujeito comunitário. Isso me dará a ocasião não somente de aprofundar a analogia já indicada do poliedro (oposta ao modelo circular de Hegel), mas também de responder à pergunta de saber se essa figura pode também ser aplicada às sociedades multiculturais.

1. O sujeito comunitário e histórico da cultura segundo Lonergan

No seu estudo ainda inédito sobre "o Papa Francisco, Bernard Lonergan e a teologia em contexto", G. Whelan se apoia sobre as quatro operações transcendentais expostas por Lonergan (experiência, *insight*, julgamento e decisão) para explicar o que há de comunitário no sujeito de uma cultura. Porque uma experiência comum conduz a compreensões (*insights*) comuns, ao passo que estas levam a julgamentos de realidade e de valor compartilhados, bem como, finalmente, a opções comuns, embora se chegue a um "senso comum" característico de uma sociedade determinada.[12] Penso que isso fornece um bom ponto de partida para colocar a nossa questão, embora talvez seja preciso dar ainda mais um passo para passar do comum ao comunitário.

---

[12] Whelan se refere à teologia da história de Lonergan exposta nos cap. 7 e 20; cf. *Insight. A Study on Human Understanding*, Londres/New York/Toronto, Longmans, Green & Co., 1957. Cf. G. Whelan, *Evangelii gaudium* come "teologia contestuale": aiutare la Chiesa ad "alzarsi al livello dei suoi tempi". In: H. M. YÁÑEZ (dir.). *Evangelii gaudium: il testo ci interroga*, p. 23-38.

O papa explica que a espiritualidade popular se exprime, sobretudo, em símbolos (EG 124). Pois bem, se aplicarmos isso aos símbolos compartilhados, especialmente religiosos, mas também nacionais, políticos ou esportivos etc., bem como aos climas afetivos que eles provocam (por exemplo, a veneração de uma mesma imagem de Cristo ou da Virgem, a participação numa peregrinação ou numa procissão, a celebração de uma festa popular), parece que não se trata apenas de um fenômeno comum, mas de uma realidade comunitária; embora as pessoas não participem aí apenas como indivíduos, mas também e enquanto comunidade interpessoal, segundo uma cultura comum, ou seja, segundo um *mesmo* "mundo de significado e de valor" (Lonergan).

Ao me apoiar no que se acaba de apresentar, procurarei agora dar mais um passo tentando compreender o "nós" comunitário enquanto tal, o que supõe evitar dois obstáculos opostos: o individualismo que resulta da simples soma dos particulares e o coletivismo que os absorve e os dilui num sujeito coletivo pensado como totalidade uniforme, dialética ou não.

2. A recusa de Ricoeur ao "mais" do espírito e da comunhão pluriforme no Espírito

Para abordar a questão filosófica do outro e do nós, Paul Ricoeur prefere Husserl e sua analogia do *alter ego* (outro eu) a partir do eu próprio – ao reconhecimento recíproco de Hegel.[13] Ele de fato teme a instrumentalização autoritária, às vezes até totalitária, desse "*mais*", quando Hegel se refere, por exemplo, ao "espírito do povo" ou quando resolve a dialética do eu, do outro e do nós numa totalização dialética. E o filósofo francês tem razão em rechaçar tanto a redução funcional do eu e do outro a simples momentos da totalidade do nós

---

[13] Cf. P. RICŒUR. La raison pratique. In: THEODORE GERAETS (ed.). *Rationality Today – La rationalité aujourd'hui*. Ottawa: University Press of Ottawa, 1979, p. 238s.

como a soberania do "espírito", entendido dialeticamente à maneira hegeliana. Porque Hegel pensa esse "nós outros" a partir do *nous*[14] grego interpretado como relação cognitiva e dialética sujeito-objeto.

Para o Papa Francisco, não é disso que se trata, mas da relação recíproca de amor e do *Pneuma* cristão. Este último, como vínculo de amor entre o Pai e o Filho (EG 117), respeita e garante, na identidade de um Deus único, as distinções interpessoais tanto entre essas duas pessoas como entre elas e o próprio Espírito. Por isso, na comunhão do povo de Deus, esse Espírito reforça a personalidade de cada um dos seus membros até em suas relações mútuas; o que proíbe toda redução à alteridade de cada um e à totalização dialética de um "nós". Essa é a razão pela qual a exortação, quando se refere à piedade popular, sublinha que ela é relacional, que se refere a rostos pessoais e não a forças anônimas (EG 90). Tampouco há analogia com a relação cognitiva e dialética sujeito-objeto, mas sim com a relação ética (ou, melhor, mais que ética) de comunhão na distinção, relação característica de Deus que é Amor e das pessoas como relacionais. A sua realidade não é representada, portanto, nas figuras hegelianas do círculo ou da espiral: "O modelo não é a esfera, pois não é superior às partes e, nela, cada ponto é equidistante do centro, não havendo diferenças entre um ponto e outro. O modelo é o poliedro, que reflete a confluência de todas as partes que nele mantém a sua originalidade" (EG 236).

Aparece com evidência que, nesse texto, Francisco pensa tanto no povo de Deus como nos povos-nações (nos quais os pobres ocupam um lugar especial) e que ele estima que todas as contribuições originais, de todos e de cada um, devem ser levadas em conta. Ele realmente prossegue afirmando:

---

[14] As palavras gregas *nous* e *pneuma* são traduzidas ambas por "espírito", mas com dois significados diferentes que, respectivamente, são indicados no texto.

Tanto a ação pastoral como a ação política procuram reunir nesse poliedro o melhor de cada um. Ali entram os pobres com a sua cultura, os seus projetos e as suas próprias potencialidades. Até mesmo as pessoas que possam ser criticadas pelos seus erros têm algo a oferecer que não se deve perder (ibid.).

Em oposição ao mesmo tempo a Hegel e a Husserl, o que Jean-Luc Marion diz sobre o reconhecimento mútuo (de amor) e o terceiro, tendo recorrido apenas à doutrina trinitária de Ricardo de São Vítor (onde o terceiro é o Espírito como *codilectus*, "co-amado"[15]), pode ajudar a explicar melhor a compreensão do papa. Porque o "nós" é entendido não como totalidade compacta ou dialética, mas graças à relação ética recíproca (presente desde a linguagem) entre o "eu", o "tu" e o "ele" (ou "ela") enquanto diferentes e irredutíveis entre eles; trata-se, então, de uma relação de comunhão ou de unidade plural que não os reduz a simples momentos de uma totalidade, mas tampouco os justapõe na simples adição de indivíduos que já não estariam eles mesmos em relação recíproca. Consideremos, além disso, o fato de que, para Marion, o terceiro é, no casal homem-mulher, o filho (ou, pelo menos, a sua possibilidade),[16] e que Gaston Fessard apoia a sua concepção de "povo" na fraternidade dos filhos e das filhas considerados como terceiros.[17] Aqui também, a fenomenologia *avant la lettre* de Ricardo de São Vítor esclarece o que se disse precedentemente sobre os povos (e o povo de Deus), assim como, por outro lado, a experiência de um nós fraterno, de uma "fraternidade *mística*, contemplativa" (EG 92) e de um "ser povo" ou de um

---

[15] Cf. J.-L. MARION. El tercero o el relevo del dual, *Stromata* 62 (2006), p. 93-120. Ver também meus artigos: La comunión del nosotros y el tercero. Comentario a la conferencia de Jean-Luc Marion, ibid., p. 121-128; El reconocimiento mutuo y el tercero, *Stromata* 64 (2008), p. 207-218.

[16] Cf. J.-L. MARION. *Le phénomène érotique. Six méditations.* Paris: Grasset, 2003.

[17] Cf. G. FESSARD. *Le mystère de la société. Recherches sur le sens de l'histoire.* Namur: Culture et Vérité, 1997.

"pertencer a um povo" (EG 270), pode levar a compreender melhor o mistério trinitário e, nele, o papel do Espírito.

Num encontro realizado em Paris, em 1981,[18] Levinas rechaçou o nós-povo porque via aí "o caminhar junto de uns *com* os outros" vinculado à consideração exclusiva do "ser-com" (*Mitsein*) heideggeriano, ao qual ele opunha o "face a face" ou o "frente a" (*coram*) da alteridade ética do outro assim como ele a pensa. Tanto Carlos Cullen como o autor deste livro responderam a ele que nós não é um eu coletivo nem uma soma de eus individuais, mas que sua configuração é a de "eu, tu, ele (ela)" em suas relações éticas recíprocas, de sorte que a comunidade assim formada se compõe de pessoas irredutíveis. Para compreender o nós é, portanto, necessário pensar as relações interpessoais não somente segundo a preposição "com" – uns com os outros –, mas também segundo o *coram* (frente a [todo outro]) e até o "entre" (do *inter*pessoal e, no caso da Igreja, de "Jesus no meio"). O recurso de Marion à teologia trinitária de Ricardo de São Vítor veio, em seguida, confirmar essas intuições, e isso nos ajuda agora a compreender melhor o pensamento do Papa Francisco sobre o povo de Deus e os povos do mundo, o "sujeito coletivo ativo" (EG 122) da espiritualidade e da mística populares, bem como o uso original que Bergoglio faz do modelo do poliedro.

3. A sociedade multicultural e a figura do poliedro

O papa conhece, por experiência pastoral própria, sociedades multiculturais como a de Buenos Aires. Por isso, ele reconhece que "é preciso não esquecer que a cidade é um âmbito multicultural" (EG 74). O que ele diz da cidade pode, aliás, ser aplicado a toda sociedade que tenha pluralidade cultural, urbana ou não:

---

[18] Cf. J. C. SCANNONE (ed.). *Sabiduría popular, símbolo y filosofía*.

Nas grandes cidades, pode observar-se uma trama em que grupos de pessoas compartilham as mesmas formas de sonhar a vida e ilusões semelhantes, constituindo-se em novos setores humanos, em territórios culturais, em cidades invisíveis. Na realidade, convivem variadas formas culturais, mas exercem muitas vezes práticas de segregação e violência. A Igreja é chamada a ser servidora dum diálogo difícil (EG 74).

De fato, como várias "cidades invisíveis" distintas, com seus imaginários culturais respectivos, se entrecruzam em cada grande cidade, assim também a sociedade globalizada de hoje é o lugar de uma "cultura do encontro" – que deve ser favorecida pela Igreja –, bem como da "mestiçagem cultural" de imaginários chamados a autênticas transformações interculturais,[19] mas também de discriminação cultural.

O povo fiel de Deus pode, assim, aperfeiçoar o seu "rosto pluriforme" não somente graças às riquezas das nações ou à contribuição de etapas históricas diversas, mas também se abrindo às diferentes "cidades invisíveis" de um mesmo espaço sociocultural, como o da cidade. O encontro fecundo entre essas cidades e seus imaginários respectivos pode ser ilustrado com a imagem do poliedro.

Essa figura geométrica, com a valorização que torna possível nela do que há de melhor em cada realidade singular, aplica-se então tanto ao povo de Deus pluricultural como aos povos da história na qual as culturas se entrelaçam, bem como à relação entre essas duas ordens, pelo fato de que é sempre possível buscar uma autêntica criação intercultural, justa, simétrica e solidária. Quando o papa rejeita o modelo da esfera e escolhe o modelo do poliedro, ele

---

[19] Sobre a "mestiçagem racial e cultural" latino-americana original, cf. DP 408; a propósito da atual "mestiçagem de imaginários culturais", ver o meu trabalho: Algunos caracteres socioculturales de la situación latinoamericana actual como desafío para la teología. In: CECILIA AVENATTI DE PALUMBO (coord.). *Miradas desde el Bicentenario. Imágenes, figuras y poéticas.* Buenos Aires: Educa, 2011, p. 111-119.

conclui constatando: "É a união dos povos que, na ordem universal, conservam a sua própria peculiaridade; é a totalidade das pessoas numa sociedade que procura um bem comum que verdadeiramente incorpore a todos" (EG 236).

Prologando o seu pensamento, poder-se-ia acrescentar: é o povo fiel, cujo rosto cultural é multiforme na comunhão das diferenças, porque é guiado pelo Espírito, vínculo de amor na distinção irredutível entre o Pai e o Filho.

CAPÍTULO XI

Quatro princípios para a construção de um povo segundo o Papa Francisco

A Exortação *Evangelii gaudium* (EG) desenvolve esses princípios ao falar da paz social no interior de um povo e entre os povos, sem esquecer o povo fiel de Deus. O seu objetivo é, portanto, a paz "que traz consigo uma justiça mais perfeita entre os homens" e que surge "como fruto do desenvolvimento integral de todos" (EG 219).

Para o papa, que estudou muito Romano Guardini,[1] esses princípios estão em relação com "as tensões bipolares próprias de toda realidade social" (EG 221), que poderiam ameaçar a paz, mas que podem e devem também ajudar, ao contrário, a favorecê-las.

Não se pode chamar de "povo", no sentido forte, qualquer grupamento de homens que habitem um mesmo território. Por isso, Francisco, partindo da noção de *nação* (e não de classe),[2] opõe ao povo uma "massa arrastada pelas forças dominantes" (EG 220). Com efeito, para ser povo não basta coabitar e conviver, é preciso também que "em cada nação, os habitantes desenvolvam a dimensão social da sua vida, configurando-se como cidadãos responsáveis" (ibid.). Porém, essa livre assunção de responsabilidade não pode estar sem

---

[1] Especialmente R. Guardini, *Der Gegensatz*.

[2] Ele está de acordo, nesse ponto, com a teologia do povo e da cultura. Cf. o meu livro *O papa do povo*.

uma dimensão histórica que precisa do tempo. Porque "tornar-se um povo é algo mais, exigindo um processo constante no qual cada nova geração está envolvida" (ibid.). Isso exige, por um lado, "querer integrar-se" – lembremos que, para Hannah Arendt, o poder político se constrói através do agir e do querer juntos[3] – e, por outro lado, "aprender a fazê-lo até se desenvolver uma cultura do encontro numa harmonia pluriforme" (ibid.). Daí se segue que um povo está sempre em construção – por isso será útil levar em conta os quatro princípios – e que, para compreender essa realidade em construção, não é a categoria estática de substância que nos será útil, mas as de *relação* e de *processo*. Além disso, no texto que acabo de citar, aparecem duas ideias decisivas para a compreensão de Francisco: a "cultura do encontro", à qual corresponde o método do diálogo que sabe assumir o conflito, e o modelo do poliedro como figura do acordo harmonioso ("harmonia pluriforme") que respeite e assuma as diferenças irredutíveis.

Esse acento colocado sobre a dimensão dinâmica, em processo e histórica, da realidade lembra a concepção do "povo" na teologia argentina que é designada com essa denominação, porque sublinha, segundo os três momentos do tempo, que não há povo sem uma história comum, um estilo de vida comum (cultura) e um projeto comum ("agir e querer juntos"). Isso não exclui que haja diferentes interpretações dessa história, diversas subculturas em unidade plural e propostas distintas de bem comum. O que prevalece, porém, é uma vontade de conviver e de agir de modo consequente para juntos buscar esse bem comum. Está claro, por outro lado, que o povo se encontra assim pensado como *sujeito* e *ator* comunitário de história e de cultura comuns, de ação e de paixão históricas e até, quando se trata do povo fiel de Deus, de evangelização (EG 111-134).

---

[3] Comparo a compreensão comunicativa do poder segundo Arendt com a do teólogo Suárez no meu trabalho sobre: Lo político y lo social según Francisco Suárez.

Com Mario Toso, é importante refletir também naquilo que ele chama de "precondição" – eu diria *afetiva* e *de experiência* – para viver a paz, a justiça, o respeito pela dignidade humana e a inclusão social dos pobres numa democracia efetiva, a saber: "ser, sentir-se e tornar-se constantemente *povo*", graças à experiência cotidiana dessa "cultura do encontro" numa "harmonia pluriforme" (EG 220).[4] Embora, como veremos, essa experiência implique um trabalho contínuo de assunção de conflitos a partir do sentimento primeiro de pertença. Segundo a minha interpretação, esse momento afetivo (não irracional, mas impregnado das "razões do coração" corretamente orientado) deve ser posto em relação com afirmações de Bergoglio, quando ele era arcebispo de Buenos Aires, a propósito do "povo" como categoria não lógica, mas "histórica e mítica" que inclua para isso "um *excesso* de sentido que nos escapa se não recorrermos a outros modos de compreensão, a outras lógicas e hermenêuticas".[5] Porque a novidade histórica não é deduzida logicamente, mas é provada e chama o discernimento, e não se capta o sentido do simbólico-mítico com a razão raciocinante, mas com a inteligência sensível ou o sentimento inteligente.[6]

Em EG 221, o papa afirma que os quatro princípios, em ligação com as tensões bipolares próprias de toda sociedade, "derivam dos grandes postulados da doutrina social da Igreja", mas não explica como. Evidentemente, eles estão todos orientados para o bem comum tanto de cada povo-nação como da realidade internacional; pressupõem também, como fundamento, a dignidade incondicional da pessoa e da comunidade humana, e movem-se também no interior da oposição bipolar entre solidariedade e subsidiariedade.

---

[4] Cf. M. TOSO. *Il Vangelo della Gioia. Implicanze pastorali, pedagogiche e progettuali per l'impegno soziale dei cattolici*. Roma: Società Cooperativa Sociale Frate Jacopa, 2014.

[5] Cf. J. M. BERGOGLIO. *Hacia un bicentenario en justicia y solidaridad (2010-2016)*, p. 6 e 59.

[6] Faço alusão ao livro de X. Zubiri, *La inteligencia sentiente*.

Consequentemente, estão em conexão estreita com os princípios da doutrina social da Igreja.

Neste capítulo, exporei de maneira breve (e nos limites do que sei a respeito) como essa reflexão sobre os quatro princípios nasceu no pensamento de Francisco. Depois os comentarei um por um. À guisa de conclusão, colocá-los-ei em relação com outra ideia bergogliana decisiva, a do *discernimento*, não apenas pessoal, mas também comunitário, pastoral e histórico.

A. Origem do enunciado dos princípios

Parece que, por trás dos quatro princípios, havia uma carta de Juan Manuel de Rosas, governador de Buenos Aires, datada de 20 de dezembro de 1834, enviada da fazenda de Figueroa e endereçada a Facundo Quiroga, governador de La Rioja: eles são encontrados postos em prática, de maneira implícita, nos conselhos dados por Juan Manuel de Rosas, e o jesuíta argentino Ernesto López Rosas dá uma explicação.[7] Bergoglio propôs uma primeira aplicação deles como provincial, em sua alocução de 18 de fevereiro de 1974, na 14ª Congregação Provincial da Província jesuíta da Argentina.[8] Ele retoma uma parte deles em 1990, quando se referiu à "união dos espíritos" nas comunidades jesuítas e à oposição "unidade-diversidade" harmonizada pela esperança e o amor.[9] Desenvolveu-os mais amplamente mais tarde, em 2010, como arcebispo de Buenos

---

[7] Ver essa carta em E. Barba, *Correspondencia entre Rosas, Quiroga y López*, p. 94. Remeto ao testemunho oral que recebi do Padre López Rosas.

[8] Cf. J. M. BERGOGLIO. *Meditaciones para religiosos*, p. 49s., onde ele cita três dos princípios, mas não o da superioridade da realidade sobre a ideia.

[9] Isso pode ser posto em relação com a prioridade da unidade sobre o conflito. Cf. FRANCISCO, *Non fatevi rubare la speranza*, Cidade do Vaticano/Milão, Libreria Editrice Vaticana/Mondadori, 2013, p. 142, 144-149. Na p. 161, esse livro faz referência aos quatro princípios.

Aires em "Para um bicentenário na justiça e na solidariedade 2010-2016. Nós como cidadãos, nós como povo", sobretudo no capítulo 4.[10] Como papa, ele introduziu dois desses princípios na encíclica "a quatro mãos" *Lumen fidei* (LF), n. 55 ("a unidade é superior ao conflito") e n. 57 ("o tempo é superior ao espaço"). Finalmente, ele os apresentou à Igreja universal como parte do roteiro do seu pontificado, em EG 217-237, e os retoma em numerosas ocasiões, por exemplo, em sua Encíclica *Laudato si'* (LS 110, 141, 178, 198, 201). No meu comentário, referirei-me principalmente à Exortação EG, esclarecendo-a pelos textos anteriores, sobretudo o de 2010, e dedicarei um parágrafo à LS.

B. O tempo é superior ao espaço

Em EG 222, Francisco, ao começar a tratar dos princípios, se refere à "tensão bipolar entre a plenitude e o limite", donde surge a prioridade do tempo sobre o espaço. Por outro lado, o documento de 2010 fazia entrar todos os quatro em três oposições bipolares e mencionava também desde o começo, além da dimensão inicial já citada, as que há entre a ideia e a realidade, bem como entre o global e o local.[11] Segundo esse mesmo texto, é em razão da polaridade plenitude-limite que são gerados os dois primeiros princípios: superioridade do tempo sobre o espaço e da unidade sobre o conflito.

À plenitude, buscada por todo homem sob a pressão do desejo do infinito, correspondem as expressões seguintes: "o 'tempo' considerado em sentido amplo", "o horizonte que se abre diante de nós", "a luz do tempo, de um horizonte maior, da utopia que nos abre ao futuro como causa final que atrai" (EG 222). Mais ainda, segundo LF 57, "o tempo projeta para o futuro e impele a caminhar na esperança", de modo que a utopia, fim e esperança se encontram em

---

[10] Ver J. M. BERGOGLIO. *Hacia un bicentenario en justicia y solidaridad (2010-2016)*.

[11] Cf. ibid., p. 59.

relação. Em todas essas formulações, a palavra "tempo" equivale ao horizonte sempre aberto para um futuro positivo e pleno, incondicional, que nos solicita como fim último e é vivido já teologalmente na esperança.

A essa plenitude se opõe "o limite [...], o muro que nos aparece pela frente" (EG 222), "o momento [...], expressão do limite que se vive num espaço circunscrito", "a conjuntura do momento", quer dizer, os condicionamentos presentes sobre os quais pesam também as repercussões do passado. Bergoglio conclui então: "Daqui surge um primeiro princípio para progredir na construção de um povo: o tempo é superior ao espaço" (ibid.), embora um não ande sem o outro.

De modo diferente das três outras prioridades, o enunciado desta não é facilmente compreensível à primeira vista. Porém, ela é compreendida mais claramente quando o papa, referindo-se à atividade sociopolítica, critica o fato de "privilegiar os espaços de poder em vez dos tempos dos processos" (EG 223). De fato, quem pretende "resolver tudo no momento presente" procura por isso mesmo "tomar posse de todos os espaços de poder e autoafirmação". Por outro lado, "dar prioridade ao tempo é ocupar-se mais com *iniciar processos do que possuir espaços*". Porque "trata-se de privilegiar as ações que geram novos dinamismos na sociedade e comprometem outras pessoas e grupos que os desenvolverão até frutificar em acontecimentos históricos importantes" (ibid.). Em resumo, ao esforço por ocupar espaços para possuir e controlar se opõe o fato de pôr em movimento dinamismos históricos nos quais outros intervenham e que precisam, portanto, de tempo.

Para Franz Rosenzweig, o pensamento novo – que o papa compartilha, em minha opinião, enquanto homem consciente de sua época – "leva a sério o outro e o tempo".[12] De fato, levar os outros em conta exige tempo e acolhê-los obriga a perder o controle dos

---

[12] Cf. F. ROSENZWEIG. Das neue Denken. Einige nachträgliche Bemerkungen zum *Stern der Erlösung* (1925) [trad. fr. La pensée nouvelle. Remarques additionnelles à *L'Étoile de la Rédemption*. In: *Foi et savoir*. Paris: Vrin, 2001].

espaços. Estes últimos não perdem nenhum valor, mas não é mais possível cristalizá-los nem firmá-los, porque devem ser regidos pelo tempo, que "os transforma em elos de uma corrente em constante crescimento, sem caminho de volta" (ibid.).

A prática desse princípio exige uma mudança de atitudes que, de viciosas, devem se tornar virtuosas. Com efeito, por um lado, isso proíbe "a obsessão por resultados imediatos". E, por outro lado, "permite trabalhar no longo prazo" e ajuda a "suportar com paciência as situações difíceis e adversas ou as mudanças de planos que o dinamismo da realidade impõe"; lembremo-nos de que esta é superior à ideia. Por isso Francisco resume esse ponto ao afirmar: "sem ansiedade, mas com convicções claras e tenazes" (EG 223).

Depois disso, ele recorre de novo a Guardini, ao nos fornecer o critério para julgar uma época como a nossa e pergunta-nos com ele "até que ponto *a plenitude da existência humana* se desenvolve nesta época e alcança uma autêntica razão de ser, de acordo com o seu caráter peculiar e as *possibilidades* da dita época" (EG 224).[13] De novo, trata-se da oposição entre plenitude e limite. Este último aparece agora com uma face dupla: ao mesmo tempo "caráter" singular[14] da época e "possibilidades" ou "não possibilidades" reais.

Embora, no começo, Francisco se referisse aos povos-nações, ele volta imediatamente o olhar para o povo fiel de Deus, ao qual ele aplica também o critério já indicado de Guardini. Com efeito, ele acrescenta: "Este critério é muito apropriado também para a evangelização, que exige ter presente o horizonte, adotar os processos possíveis e a estrada longa" (EG 225). É exatamente o que ele faz agora

---

[13] A nota desse texto indica que é uma citação de R. Guardini, *Das Ende der Neuzeit*, p. 30-31.

[14] Pode ser interessante fazer uma comparação com Paul Ricoeur que, em *L'homme faillible* (Paris: Aubier, 1960), opõe a infinidade (plenitude) da felicidade à finitude (limite) do caráter.

A TEOLOGIA DO POVO

com a "conversão" pastoral e missionária que deseja e com a reforma correspondente das "estruturas caducas" da Igreja.[15]

Finalmente, para ilustrar essa prioridade do tempo sobre o espaço, ele recorre, primeiro, à afirmação do Senhor que diz "aos seus discípulos que havia coisas que ainda não podiam compreender e era necessário esperar o Espírito Santo". Depois, ele se refere à parábola do grão que morre com o tempo e do joio que o inimigo semeia no espaço do Reino (EG 225). Na conferência de 2010, em Buenos Aires, ele opusera o pedido da mãe dos filhos de Zebedeu, em busca de espaços (de poder) para os seus filhos, à proposta de Jesus que os convidava a segui-lo na temporalidade de seu processo redentor.[16]

C. A unidade prevalece sobre o conflito

Em EG, Francisco não estabelece relação explícita entre esse princípio e a polaridade plenitude-limite, o que tinha feito em 2010 ao ligar o limite e a conjuntura.[17] Mas há ecos dessa conexão no texto, já citado, de EG 222, sobre "a conjuntura do momento" como limite, ou em 226, quando ele aplica o que disse à "conjuntura do momento".

Não há vida social e política sem conflitos. Segundo EG, são possíveis três atitudes a esse respeito. A primeira consiste em ignorar ou em dissimular o conflito (EG 226): "alguns limitam-se a olhá-lo e passam adiante como se nada fosse, lavam-se as mãos para poder continuar com a sua vida" (EG 227), como o levita e o sacerdote da parábola do bom samaritano à qual Bergoglio faz referência no

---

[15] Trata-se de dois conceitos decisivos do *Documento de Aparecida*.

[16] Cf. J. M. BERGOGLIO. *Hacia un bicentenario en justicia y solidaridad (2010-2016)*, p. 62.

[17] Cf. ibid., p. 61.

documento de 2010.[18] A segunda atitude é a daqueles que "entram de tal maneira no conflito que ficam prisioneiros" (EG 227), embora "percamos a perspectiva, os horizontes reduzam-se e a própria realidade fique fragmentada"; limitando nossa visão apenas ao conflito, "perdemos o sentido da unidade profunda da realidade" (EG 226), que não se reduz às ideias que fazemos dela.

Aparece assim com evidência não apenas a relação do princípio "a unidade é superior ao conflito" (EG 228) com aquele que dá prioridade à realidade com relação à ideia, mas também seu vínculo com a tensão plenitude-limite, visto que o papa critica, nesses textos, o fato de limitar os horizontes e as perspectivas quando "paramos numa situação de conflito" (EG 226) que funciona como limite; o que limita o avanço para o compartilhamento do bem comum.

A terceira atitude, a única adequada, consiste em *aceitar* o conflito (EG 226): trata-se de "aceitar suportar o conflito, resolvê-lo e transformá-lo no elo de ligação de um novo processo" (EG 227), como ele tinha dito antes ao falar dos espaços regidos pelo tempo (EG 223). Notemos os três verbos utilizados por Francisco em EG 227 para indicar a "longa estrada" (EG 225) a percorrer, tendo em vista a plenitude humana de todos, sem ficar parados em situações de conflito que entravam a caminhada. Os três verbos são: *suportar, resolver* e *transformar* os conflitos.

Suportar o conflito nos lembra ao mesmo tempo do que Bergoglio cita, a saber, que Cristo "pacifica pelo sangue da sua cruz (Cl 1,20)" (EG 229), assim como da teoria de René Girard, para quem o Senhor superou a violência ao sofrê-la nele mesmo.[19] Por isso, o papa indica que o sentido profundo dos textos bíblicos nos leva a "descobrir que o primeiro âmbito onde somos chamados a conquistar esta pacificação nas diferenças é a própria interioridade" (EG 229). O

---

[18] Cf. ibid.

[19] Cf. R. GIRARD. *Des choses cachées depuis la fondation du monde*, Paris: Grasset, 1978.

agente social ou pastoral, o político e o cidadão cristãos contribuem para a paz ao pacificar primeiro o seu coração; mas isso não basta para a paz social, embora, por outro lado, seja verdadeiro que "com corações despedaçados em milhares de fragmentos será difícil construir uma verdadeira paz social" (ibid.).

Como, então, *resolver* o conflito assumindo-o, sem o ignorar, mas sem ficar encerrado nele? Acho que a proposta do papa conjuga três elementos decisivos, que correspondem à sua visão antropológica. O primeiro elemento é fornecido pelo *pressuposto* e pelo *fundamento* dessa visão; o segundo elemento indica o *caminho* com vistas à resolução do conflito; o terceiro elemento nos dirige para o *fim* a obter, embora de maneira precária e parcial.

O *pressuposto* é a dignidade humana de todos e de cada um, mesmo adversário ou inimigo, o que dá "a coragem de ultrapassar a superfície do conflito" para aceitar essa dignidade. O *objetivo* de modo algum é um "sincretismo ou uma absorção de um no outro" (EG 228) nem sequer uma simples "paz negociada", mas a "comunidade nas diferenças" ou "a amizade social", ou seja, uma "unidade pluriforme" (EG 230) que supõe alteridades irredutíveis. Mais longe, o papa recordará o que já expliquei várias vezes, a saber, que o modelo geométrico correspondente a isso é o poliedro, no qual as diversidades se refletem numa unidade que as respeita sem as reduzir à uniformidade (EG 236).

A *via intermédia* entre o pressuposto e o objetivo consiste em buscar "a resolução num plano superior que conserva em si as preciosas potencialidades das polaridades em contraste" (EG 228). A *condição* é *não absolutizar* a sua posição própria, como se ela esgotasse a verdade da realidade, e não diabolizar a posição contrária, como se ela não tivesse nada a contribuir. Por isso, é preciso visar a aproximar-se daquilo que já foi indicado, "a harmonia pluriforme" (EG 220) e a "comunhão nas diferenças" (EG 228). Isso exige elevar-se a um *nível superior*, a partir do qual é possível compreender e assumir como tais as oposições bipolares na sua tensão vivificante.

No contexto de uma comunidade religiosa, Bergoglio junta a união dos espíritos com a esperança e o amor, ao afirmar que "a unidade passa também através da superação do conflito; essa superação se realizará num plano superior, cuja configuração vem da esperança amável, única maneira de forjar uma unidade superior ao conflito".[20] Se transpusermos isso para a paz social de um povo, parece-me que deveríamos falar da utopia da busca compartilhada do bem comum, na linha da esperança, bem como da experiência da amizade social, fundada no reconhecimento mútuo da dignidade de todos, o que corresponde ao amor e à "esperança amável".

Por isso, não se trata apenas de *suportar* e de resolver o conflito, mas de "*transformá*-lo em elo de um novo processo" (EG 227),[21] para o bem de todos, inclusive adversários, dando assim ao tempo a prioridade com relação ao espaço.[22] O método é o diálogo, por doloroso que seja (trata-se de suportar o conflito), porque os adversários devem renunciar a se autoabsolutizar ou a fetichizar ideologicamente a sua própria posição, a fim de reconhecer a verdade parcial do outro, porque "até mesmo as pessoas que possam ser criticadas pelos seus erros, têm algo a oferecer que não se deve perder" (EG 236). Compreende-se que Francisco dê tanta importância à "cultura do encontro".[23] Ao praticá-la, chegar-se-á a um reconhecimento mútuo

---

[20] Cf. J. M. BERGOGLIO. *Hacia un bicentenario en justicia y solidaridad (2010-2016)*, p. 161.

[21] Os itálicos são meus.

[22] Foi assim que, na Europa central do século XX, se conseguiu resolver, no plano nacional, os profundos conflitos entre o capital e o trabalho, ao passar para o plano superior da economia social de mercado e do Estado social de direito.

[23] É também a razão pela qual ele dá tal importância ao fato de saber "escutar" os outros: cf. Papa Francisco/J. M. Bergoglio, *La misericordia è una carezza. Vivere il giubileo nella realtà di ogni giorno*. A. Spadaro (ed.), Milão: Rizzoli, 2015, p. 216s.

sempre mais pleno entre cidadãos, sem cessar por isso de aceitar os limites próprios à condição humana. No interior da tensão plenitude-limite, ter-se-á, assim, de discernir historicamente uma pacificação que seja ao mesmo tempo possível politicamente e conforme à ética, portanto mais justa e, ao mesmo tempo, situada.

Para o crente que é o papa, a paz social encontra o seu fundamento na "convicção de que a unidade do Espírito harmoniza todas as diversidades" (EG 230) não somente no povo de Deus, mas também em e entre os povos da terra. Porque "a unidade do Espírito [...] supera qualquer conflito numa nova e promissora síntese" (*ibid.*) que não é o produto de uma lógica necessária de tese e de antítese, mas o fruto gratuito da liberdade cidadã em resposta à ação primeira (a maioria do tempo anônima) do Espírito. "A diversidade é bela [fala-se de harmonia] quando aceita entrar constantemente num processo de reconciliação até selar uma espécie de pacto cultural que faça surgir uma 'diversidade reconciliada'" (ibid.). De fato, é a beleza que atrai como causa final e como bem comum compartilhado.

D. A realidade é mais importante que a ideia

Nesse caso, formulação da tensão bipolar coincide com a tensão do princípio que convida a instaurar entre realidade e ideia "um diálogo constante, evitando que a ideia acabe por separar-se da realidade" (EG 231); de outro modo, a realidade está escondida ou deformada pela simples ideia que se torna *ideológica*. O papa enumera, então, diferentes formas dessa separação entre as duas, a saber: "os purismos angélicos, os totalitarismos do relativo, os nominalismos declaracionistas, os projetos mais formais que reais, os fundamentalismos anti-históricos, os eticismos sem bondade, os intelectualismos sem sabedoria" (ibid.). Pode-se notar que quase todas essas formas estão expressas por substantivos terminados em "ismo", o que significa, na maioria das vezes, a redução a um só aspecto da realidade ou à sua absolutização; a ideia torna-se, assim, exclusiva, ela deforma a percepção do real.

O que esses "ismos" têm em comum e a que se opõem? Com exceção do "nominalismo declaracionista", que se mantém na exterioridade de uma pura retórica sofística, os outros têm por característica ficar no abstrato, no formal, no anti-histórico, no "puro" tanto na ordem teórica como prática (eticismo); eles se opõem ao histórico concreto, à relatividade e à contingência da realidade histórica, à ambiguidade "impura" desta última, aos conteúdos irredutíveis a uma formalização integral. Minha atenção é particularmente atraída pela oposição do eticismo – formalista, casuísta e rigorista – à *bondade*, sem a qual não há ética verdadeira, cristã em particular; bem como, por outro lado, a oposição entre o intelectualismo – não a verdadeira inteligência! – racionalista e calculador e a *sabedoria*, que é inseparavelmente intelectual e afetiva, inspirada por afetos retos. Porque, segundo Santo Tomás, ela conhece afetivamente *por conaturalidade* ou, segundo a expressão inaciana que lembra o *sapere* (saber, sabor, sabedoria) de São Bernardo, "ao sentir e degustar as coisas interiormente". Em ambos os casos, seja no "eticismo sem bondade" ou no "intelectualismo sem sabedoria", leva-se em conta, para compreender verdadeiramente a realidade, apenas o *quê* ou o conteúdo do conhecimento e não o seu *como, com* ou *sem* bondade, *com* ou *sem* sabedoria. Mas como diz a filosofia da linguagem, o momento pragmático do *como* faz parte do significado ou do *quê*;[24] se ele for negligenciado em razão de uma atitude existencial ou pragmática inadequada, há aspectos talvez mais importantes da realidade que

---

[24] Sobre essa contribuição das filosofias contemporâneas da linguagem, ver meu artigo: Una teologia serena, fatta in ginocchio. *La Civiltà Cattolica* 3935 (7-6-2014), p. 421-432.

não se chegam a perceber, o que impede então o conhecimento integral dessa realidade.[25]

Essa necessidade da bondade e da sabedoria para um conhecimento justo é, em minha opinião, uma convicção muito característica do Papa Francisco; ela pode ser posta em relação com outras afirmações de EG, por exemplo, a sua crítica do segundo tipo de "mundanismo espiritual". Para ele, "os que se sentem superiores aos outros por cumprir determinadas normas ou por ser irredutivelmente fiéis a certo estilo católico próprio do passado", com "uma suposta segurança doutrinal ou disciplinar que dá lugar a um elitismo narcisista e autoritário" e "consomem as suas energias em controlar" (EG 94), não têm precisamente a bondade e a sabedoria que daí emanam. Pelo contrário, "o olhar do Bom Pastor não procura julgar mas amar" (EG 125), e é assim que ele conhece bem a realidade de suas ovelhas.[26] Porque "a revolução da ternura" à qual o papa não cessa de nos chamar e à qual "na sua encarnação, o Filho de Deus nos convidou" (EG 88), nos faz "superar a suspeita, a desconfiança permanente, o medo de sermos invadidos, as atitudes defensivas" (ibid.); ela emana de um coração bom e sábio, dotado dessa sabedoria dada por um amor capaz de discernir.

Pela mesma razão, a simples ideia, em sua abstração desligada da realidade, não tem eficácia, ela não convoca, não toca as profundezas da afetividade, não é fiel à sua "função de captação, de compreensão e de condução da realidade" (EG 232). "O que compromete e convoca é a realidade iluminada pelo raciocínio", de sorte que, para ser eficaz, "é preciso passar do nominalismo formal à objetividade

---

[25] Ver o meu artigo: Justicia, conocimiento y espiritualidade, *Stromata* 70 (2014), p. 23-28.

[26] No contexto de EG 125, Francisco se refere explicitamente à "conaturalidade afetiva que dá o amor"; essa palavra "conaturalidade" faz referência a Santo Tomás, que a emprega exatamente aplicando-a à questão da sabedoria.

harmoniosa" (ibid.). Verdade, bondade e beleza devem andar juntas: elas atraem, elas chamam, elas *com*-vocam.

Finalmente, o Santo Padre, como nos casos precedentes, põe igualmente esse princípio e critério, em si antropológico, da "realidade superior à ideia" em relação com a fé e a pastoral da Igreja, de modo que, de maneira muito especial, com a carne de Cristo, à qual ele remete tão frequentemente em sua exortação (cf. EG 24, 198). Ele, de fato, afirma: "este critério está ligado à encarnação da Palavra e ao seu cumprimento" (EG 233), porque "o critério da realidade duma palavra já encarnada e sempre procurando encarnar-se é essencial à evangelização" (ibid.).

E. O todo é superior à parte (ou à simples soma das partes)

O quarto princípio diz respeito à oposição bipolar entre globalização e localização. Se não se conservar a tensão viva entre as duas, o esquecimento da dimensão global pode levar a "cair numa mesquinha cotidianidade", transformando-se os cidadãos "num museu folclórico de eremitas localistas, condenados a repetir sempre as mesmas coisas, incapazes de se deixar interpelar pelo que é diverso e de apreciar a beleza que Deus espalha fora de suas fronteiras" (EG 234). Ou então, no outro extremo, deixa-se de "andar com os pés no chão", vive-se "num universalismo abstrato", se parece com "passageiros do carro de apoio, admirando os fogos de artifício do mundo, que é dos outros, com a boca aberta e aplausos programados" (ibid.). Neste último caso, a falta de tensão faz perder a criatividade pessoal, não se tem mais enraizamento sólido na realidade concreta e na identidade viva, cai-se, assim, na alienação ("mimetismo", "mundo dos outros", "boca aberta e aplausos programados"). No caso inverso, a pessoa se fecha naquilo que já passou ("museu"), reduz-se a uma identidade estática e morta ("repetir sempre as mesmas coisas" sem "se deixar interpelar pelo que é diverso"), vive no isolamento, ("eremitas localistas") sem deixar que seus limites estreitos sejam renovados pelas contribuições de fora.

É preciso, portanto, colocar que "o todo é mais que a parte, sendo também mais do que a simples soma delas" (EG 235). Como jesuíta, Bergoglio está acostumado a buscar a maior glória de Deus, por isso aconselha a "alargar sempre o olhar para reconhecer um bem maior que trará benefícios a todos"; mas ficando sempre na tensão dinâmica que torna fecundos, e sem permanecer apenas "nem na esfera global, que aniquila, nem na parte isolada, que esteriliza" (ibid.). Essa visão mais aberta à vida do todo não leva nem a "se evadir nem a se desenraizar", porque "é necessário mergulhar as raízes na terra fértil e na história do próprio lugar, que é um dom de Deus" (ibid.).

Pode-se pensar que, quando Francisco redigia essas páginas, lembrava-se de um epitáfio simbólico de Santo Inácio, editado no século XVI, que diz: "Não ser encerrado pelo máximo, mas ser contido pelo mínimo, isto é divino";[27] ainda que se "trabalhe no pequeno, no que está próximo, mas com uma perspectiva mais ampla" (EG 235), aberta ao universal.

Indiquei mais acima que, para Francisco, o modelo é o poliedro, que "reflete a confluência de todas as partes que nele mantêm a sua originalidade" (EG 236). De fato, cada parte tem apenas o que lhe é próprio para aduzir ao bem comum, para dar aos outros e ao conjunto que não homogeneíza nem uniformiza, mas que faz as diferenças *con*-fluírem ao colocá-las em consonância e em harmonia, como numa orquestra. Por isso, "o modelo não é a esfera, pois não é superior às partes e, nela, cada ponto é equidistante do centro, não havendo diferenças entre um ponto e o outro" (ibid.). Aí se vê de

---

[27] Esse epitáfio aparece em *Imago primi saeculi Societatis Jesu* (1640). O original latino diz: "Non coerceri maximo, contineri tamen a minimo, divinum est". Ver o breve comentário de Pascual Cebollada em: <www.espiritualidadignaciana.org/index.php?op>.

novo como a dialética das oposições polares (*Gegensätze*) de Guardini chegam a um resultado muito diferente da dialética da contradição (*Widerspruch*) hegeliana (cujas figuras são o círculo ou a espiral) ou da luta marxista de classes; aqui o conflito está subordinado a uma unidade superior que respeita a diversidade original de cada parte, sem se reduzir, no entanto, a uma simples soma dessas partes, como num individualismo liberal.

Francisco aplica imediatamente esse princípio à Igreja e à sociedade civil, pois acrescenta: "Tanto a ação pastoral como a ação política procuram reunir nesse poliedro o melhor de cada um" (EG 236). E para isso, tanto num caso como no outro, é essencial para ele a contribuição dos pobres, o que ele mostra ao intercalar, como *ex abrupto*, uma importante referência a estes últimos: "Ali entram os pobres com a sua cultura, os seus projetos e as suas potencialidades" (ibid.), indispensáveis para a integridade do povo fiel de Deus e dos pobres da terra.

No que diz respeito a estes últimos, o papa pensa tanto no ambiente nacional como no internacional e, em ambos os casos, trata-se para ele de favorecer a paz na justiça, o que ele resume ao afirmar: "É a união dos povos que, na ordem universal, conserva a sua peculiaridade; é a totalidade das pessoas numa sociedade que procura um bem comum que verdadeiramente incorpore a todos" (EG 236). A imagem do poliedro, em oposição à da esfera, ajuda a compreender melhor como se deve compreender o critério do todo superior à parte.

Como já havia feito no seu tratamento dos princípios precedentes, Francisco aplica também esse à fé, dizendo que "este princípio fala-nos também da totalidade ou integridade do Evangelho" (EG 237). Ele enumera, então, diversas categorias de cristãos, com o cuidado de não excluir ninguém: acadêmicos, operários, empresários, artistas etc. Refere-se mais uma vez aos pobres e à sua espiritualidade, com uma espécie de novo *ex abrupto*, que mostra que ele fala da abundância do coração, pois acrescenta que "a mística popular acolhe, a seu modo, o Evangelho inteiro e encarna-o em expressões de oração, de fraternidade, de justiça, de luta e de festa" (ibid.). Esse critério de totalidade é inerente ao Evangelho, o qual "não cessa de ser Boa-Nova enquanto não for anunciado a todos, enquanto não fecundar e curar todas as dimensões do homem" (ibid.), quer dizer, enquanto não trabalhar e não remir todo homem e toda mulher, bem como todo o humano em cada homem.

F. Os quatro princípios retomados na *Laudato si'*

O papa se refere muitas vezes a um ou a vários desses princípios nas suas alocuções e seus escritos. Por isso, não é de admirar que ele os tenha retomado na primeira encíclica que é inteiramente dele; não se trata de uma exposição sistemática, como em EG, mas de repetições em diferentes contextos.

Assim, quando Francisco constata que a especialização e a fragmentação dos diversos saberes científicos tornam difícil encontrar "caminhos adequados para resolver os problemas mais complexos do mundo atual, sobretudo os do meio ambiente e dos pobres", ele acaba concluindo: "Assim se demonstra uma vez mais que 'a realidade é superior à ideia'" (LS 110). Mais adiante, depois de ter feito de novo referência ao diálogo entre as religiões e entre as diferentes ciências (para prevenir os riscos que os ameaçam de se isolar e absolutizar o seu próprio saber), bem como entre as ideologias que separam os diversos movimentos ecologistas, ele repete esse mesmo princípio (LS 201). É através do diálogo entre ideias diferentes que se pode mais se aproximar da compreensão da realidade que é sempre complexa.

Do mesmo modo, quando Francisco constata que a análise dos problemas do meio ambiente não pode ser separada dos diversos contextos humanos, que há, portanto, "uma interação entre os ecossistemas e os diversos mundos de referência social", lembra de novo que "o todo é superior à parte" (LS 141).

Mais longe, quando critica a imediatez política e a "miopia da lógica do poder" que eliminam a questão do meio ambiente da agenda pública por razões eleitorais, sublinha que essa visão no curto prazo "se esquece de que 'o tempo é superior ao espaço' e que sempre somos mais fecundos quando temos maior preocupação por gerar processos do que por dominar espaços de poder" (LS 178).

Finalmente, ao ver que "a política e a economia tendem a culpar-se reciprocamente a respeito da pobreza e da degradação ambiental", o Santo Padre aconselha a elas "que reconheçam os seus próprios erros e encontrem formas de interação orientadas para o bem comum" (LS 198). E, nessa ocasião, reitera que "aqui vale também o princípio de que 'a unidade é superior ao conflito'" (ibid.).

Notamos que esses princípios fazem de tal forma parte das convicções e da maneira de agir de Bergoglio, que ele recorreu muito facilmente a eles nas diversas circunstâncias em que é chamado a dar conselhos aos políticos e a agir pastoralmente. LS é um novo exemplo disso.

G. À guisa de conclusão: os quatro princípios como critérios de discernimento

Tentei fazer perceber que Francisco se refere muitas vezes a essas orientações de pensamento que ele chama, no mais das vezes, de princípios, mas outras vezes também de critérios, polaridades ou tensões; ele os considera em suas inter-relações e com as três oposições bipolares que contêm. Trata-se de critérios porque servem para julgar e discernir acerca da situação de um povo (ou do povo de

Deus), em função de sua construção e de sua condução na paz, na justiça e na fraternidade (EG 221).

Uma maneira (não a única) de pôr em ordem essa inter-relação é fornecida pela concepção chave do todo como *poliedro*. Essa concepção reúne, com efeito, as diversidades na unidade, assume e supera os conflitos na harmonia das diferentes partes, conservando cada uma a sua contribuição original. Quanto à prioridade transversal do tempo, ela mostra que não se trata apenas de uma esperança ou de uma utopia que atrai como um fim, mas também de um processo dinâmico, imprevisível, histórico, que pode muito bem contribuir para orientar para esse fim, mas que não se controla, porque põe em jogo um grande número de elementos e de pessoas. Por conseguinte, a unidade profunda da realidade aparece assim como superior a toda ideia que tenta interpretá-la. Por isso se renuncia a toda absolutização da parte, do conflito, do espaço ou da ideia, concebendo-os numa polaridade de tensão com os seus opostos, mas também orientando e ordenando essa tensão segundo a esperança. Daí a necessidade de discernir – profética, pastoral e/ou politicamente – o que a situação histórica tem para contribuir, a fim de transformá-la com vistas à maior plenitude humana possível.

Eu já disse que EG 229 toma o exemplo da pacificação interior para melhor compreender a paz social. Pois bem, no escrito de 1990 citado mais acima,[28] Bergoglio desenvolvera o paralelismo entre a resolução, num plano superior, de conflitos interiores, graças ao discernimento espiritual e de conflitos que se referem à união social

---

[28] Cf. FRANCISCO. *Non fatevi rubare la speranza*. Em ambos os textos, Bergoglio remete a reflexões existenciais de Ismael Quiles, s.j. De minha parte, considero que, mais ainda que a Quiles, esse texto se refere à experiência de Blondel, que se inspira igualmente nos *Exercícios espirituais* de Santo Inácio. Ver o meu artigo: La filosofia dell'azione di Blondel e l'agire di papa Francesco. *La Civiltà Cattolica* 3969 (14/11/2015), p. 216-233. Acho que Bergoglio recebeu essa influência de Blondel através de Fessard e sua dialética dos *Exercícios*.

dos espíritos; ele especificava que, nos dois casos, não se trata de contradições, mas de oposições polares e que o processo temporal de discernimento a respeito deles ia da unidade na diversidade (unidade já obtida em certo nível, e cujo sinal é a paz) a outra unidade, mais alta, num nível superior, seguindo as etapas de um processo ascendente (NFRS, p. 151-153).

Para Diego Fares, Bergoglio tem, como Guardini, a qualidade que este último reconhecia em Hans Urs von Balthasar: ele tem "olhos que escutam",[29] é um sujeito contemplativo que sabe renunciar a si mesmo e se apagar para dar lugar ao que olha (o Concreto vivo) e deixar que ele se manifeste em sua história. O método de Guardini, o das oposições polares, que Bergoglio me parece aplicar através dos seus quatro critérios, é, por conseguinte, um método que favorece diretamente o discernimento histórico. Para Guardini, o "Concreto vivo" é (por antonomásia) Cristo, mas pode também ser as pessoas, os povos e o povo de Deus no processo de sua história, ou seja, respectivamente, aqueles que o diretor dos exercícios espirituais, o dirigente político e o pastor eclesial estão encarregados de ajudar em seu discernimento, com vistas a buscar e a encontrar o novo passo que é preciso dar para obter uma paz e uma justiça sempre maiores e de qualidade mais alta.

O mesmo Fares nos ilustra isso recorrendo às anotações pessoais de Bergoglio a propósito de um sonho contado por Guardini. Segundo este, no sonho lhe aparece que cada pessoa, quando nasce, recebe uma Palavra – eu diria: um chamado – que lhe serve de senha (*Passwort*) para tudo o que lhe acontece, que ele deve traduzir em sua vida, em seus atos, e pelo que será julgado. Em suas notas de então, o papa atual interpreta essa Palavra como um "*kérygma* existencial",

---

[29] Cf. D. FARES. Prefazione. L'arte di guardare il mondo, na tradução italiana do livro de Guardini, *Der Gegensatz*, publicado na coleção: La biblioteca di papa Francesco, sob o título de *L'opposizione polare* (La Civiltà Cattolica/Corriere della sera, 2011).

prévio mesmo ao *kérygma* do Evangelho. A consonância com essa palavra, na consolação e na paz, orienta sobre o caminho certo, ao passo que a dissonância (a desolação) indica tanto que ainda se está em busca como um desacordo e um encontro falho (consigo mesmo, com os outros, com a realidade, com Deus).

A minha hipótese é de que Francisco utiliza o método de Guardini e o método do discernimento inaciano, através da consolação e desolação (consonâncias e dissonâncias), como uma ajuda não somente para a vida das pessoas, mas também para a vida dos povos e até para a vida do povo de Deus, a fim de "encontrar e procurar – para eles – a Vontade de Deus"; e que os quatro critérios expostos neste livro o acompanham e não cessam de ajudá-lo nesse caminho do discernimento pastoral.

Porque Bergoglio não é apenas "o papa do povo" (do povo fiel de Deus e dos povos da história), mas também "o papa do discernimento" dos sinais dos tempos.[30]

---

[30] Ver o meu artigo: Interpretación de la actual realidad histórica: semillas de futuro. In: J. C. SCANNONE et al. *El surgimiento de un nuevo paradigma. Una mirada interdisciplinar desde América Latina.* Buenos Aires: CICCUS, 2015, p. 23-46; Nesse artigo, chamo o papa Francisco de "um novo sinal dos tempos em pessoa" (p. 40s).

ÍNDICE ONOMÁSTICO

A

ACOSTA, José de 223

ADORNO, Theodor W. 201

ALBERIGO, Giuseppe 195

ALEMANY, José J. 139

ALLIENDE, Joaquín 31, 49, 75, 114, 116, 156, 232, 239

ALONSO-LAS HERAS, Diego 199

ÁLVAREZ BOLADO, Alfonso 139

ANDRESITO 156

ANGELELLI, Enrique 23, 122

ANSORGE, Dirk 110

ANTÓN, Ángel 40

APEL, Karl Otto 201

ARAMBURU, Juan Carlos 21

ARATO, Andrew 40

ARENDT, Hannah 258

ARGUMEDO, Alcira 25

ARISTÓTELES 100, 191

ARRUPE, Pedro 211, 223, 224

ARTIGAS, José Gervasio de 125, 135, 136, 137, 142, 143, 147, 150, 153, 156

ASTRADA, Carlos 138

AUSTIN, John L. 202

AVENATTI DE PALUMBO, Cecilia 254

AZCUY, Virginia R. 24

B

BADANO, Víctor 143

BALBÍN, Ricardo 156

BALTHASAR, Hans Urs von 49, 69, 187, 229, 277

BARBA, Enrique 213, 260

BENEDETTI, Jorge 200

BENTO XVI 198, 216, 246

BERGOGLIO, Jorge Mario 13, 15, 16, 17, 21, 22, 54, 84, 153, 157, 199, 200, 203, 210, 211, 212, 213, 214, 223, 225, 234, 239, 245, 248, 253, 259, 260, 262, 264, 265, 267, 272, 275, 276, 277, 278

BERNARDO DE CLARAVAL 49

BERTOLINI, Alejandro 240

BERTONE, Tarcisio 34

BEUCHOT, Maurice 193

BIACHI, Enzo 47

BIANCHI, Enrique 21, 240, 246

BINGEMER, Maria Clara 117

BLONDEL, Maurice 276

BOASSO, Fernando 24, 27, 145

BOAVENTURA, são 49

BOFF, Clodovis 75, 112, 173, 175, 176

BOFF, Leonardo 92, 95

BOLÍVAR, Simón 147

BRUSCHERA, Óscar 135, 136
BÜNTIG, Aldo 48, 80, 81

C

CÁCERES FREYRE, Julián 117
CALDAS, Mariel 119
CALDERÓN DE LA BARCA, Pedro 141
CANO, Melchior 69
CAPELLARO, Juan Bautista 24
CÁRDENAS, Gonzalo 25
CARRIZO, Juan Alfonso 155
CASALLA, Mario 105
CASARELLA, Peter 117
CATENA, Osvaldo 48
CEBOLLADA, Pascual 272
CENTRO DE INVESTIGACIONES Y ORIENTACIÓN SOCIAL 81, 82, 86
CHAMORRO GRECA, Eva 88
CHENU, Marie-Dominique 69
CHICA, Fernando 40
CHURRUCA, Augustín 156
CODA, Piero 240
CODINA, Víctor 34
COHEN, Jean L. 40
COMBLIN, Joseph 126
COMISSÃO BÍBLICA 224
COMISSÃO TEOLÓGICA INTERNA-CIONAL 24, 65
CONFERÊNCIA DE PUEBLA 48, 57
CONFERÊNCIA DE MEDELLÍN 23, 48, 68
CONFERÊNCIA DE SANTO DOMIN-GO 56
CONFERÊNCIA DO EPISCOPADO

LATINO-AMERICANO 227, 246
CONGAR, Yves 187, 235
CONGREGAÇÃO PARA A DOUTRI-NA DA FÉ 33, 34, 186, 194
CONGRESSO INTERNACIONAL DE TEOLOGIA 245
CORBELLI, Primo 196
CORBIN, Michel 90, 169
CORTINA, Adela 41
CROWE, Fredericke 191
CUARTERO SAMPERI, Miguel 77
CULLEN, Carlos 176, 253
CZERNY, Michaël 205

D

DE SCHRIJVER, Georges (ver SCHRI-JVER, Georges de) 35
DIEGO, Juan 34, 145, 210, 277
DI PAOLA, José (\"Pepe\") 21
DUSSEL, Enrique 82

E

ECKHOLT, Margit 56
EINSTEIN, Albert 189
ELLACURÍA, Ignacio 44, 71, 164
ESPERÓN, Juan Pablo 45
EXELER, Adolf 168

F

FARES, Diego 277
FARRELL, Gerardo 24, 36, 37, 86, 88, 152, 215, 216
FEINMANN, José Pablo 25
FERNÁNDEZ DE KIRCHNER, Cristina 157

FERNÁNDEZ, Víctor M. 218
FERNANDO VII 135
FERRARA, Ricardo 24
FESSARD, Gaston 118, 129, 148, 252, 276
FIERRO, Alfredo 168
FIORITO, Miguel Ángel 134
FLORISTÁN, Casanio 28
FOGLIZZO, Paolo 205
FORNI, Floreal 81
FRANCISCO DE MARCHIA 110
FRANCISCO, papa 10, 14, 15, 21, 22, 42, 46, 47, 48, 56, 60, 62, 65, 68, 70, 74, 82, 85, 87, 96, 130, 132, 165, 176, 181, 183, 184, 185, 186, 188, 193, 195, 198, 199, 206, 209, 211, 212, 217, 223, 225, 227, 229, 237, 240, 241, 244, 247, 249, 251, 253, 257, 267, 270, 276, 278
Evangelii gaudium 15, 17, 22, 47, 49, 184, 186, 188, 194, 199, 200, 209, 223, 237, 241, 249, 257
Laudato si' 17, 184, 196, 209, 261, 274
FRANCISCO SOLANO, santo 119
FRANKEMÖLLE, Hubert 176
FREUD, Sigmund 191
FURLONG, Guillermo 155

G

GALILEU 189
GALLEGOS SÁNCHEZ, Jorge 110
GALLI, Carlos M. 24, 35, 36, 37, 38, 50, 53, 65, 92, 210, 229, 245

GARCÍA DELGADO, Daniel 148, 204
GERAERTS, Theodore 250
GERA, Lucio 14, 21, 22, 23, 24, 25, 27, 31, 35, 36, 37, 38, 47, 48, 49, 50, 51, 52, 53, 54, 55, 56, 57, 58, 59, 60, 61, 65, 67, 83, 86, 87, 91, 94, 123, 126, 161, 210, 213, 219, 231, 232, 238, 239
GERMANI, Gino 79
GIBELLINI, Rosino 34
GILSON, Étienne 187
GIRARD, René 265
GONZÁLEZ FABRÉ, Raúl 199
GONZÁLEZ-FAUSS, José Ignacio 34
GONZÁLEZ, Joaquín 117
GONZÁLEZ, Marcelo 24, 36
GRAMSCI, Antonio 94
GRANDE, Antonio M. 37
GUARDINI, Romano 140, 201, 214
GÜEMES, Martín Miguel de 77, 134, 143
GUIBERT, Joseph de 162
GUILLAUME d'OCKHAM 110
GUTIÉRREZ, Gustavo 45, 69, 73, 86, 167, 173, 239

H

HABERMAS, Jürgen 201
HEGEL, Georg W. F. 40, 162, 249, 250, 251, 252
HEIDEGGER, Martin 187, 201
HEISENBERG, Werner 189
HERNANDARIAS 134
HERNÁNDEZ ARREGUI, Juan José 79
HERNÁNDEZ, José 138

A TEOLOGIA DO POVO

HOORNAERT, Eduardo 146
HORKHEIMER, Max 201
HÜNERMANN, Peter 56, 69
HUSSERL, Edmund 107, 250, 252

I

INÁCIO DE LOYOLA 49, 191
INSTITUTO FE Y SECULARIDAD 34
INTERNATIONALE THEOLOGEN-
    KOMISSION 71
IRALA, Domingo Martínez de 134
IRAZUSTA, Julio 153
IRENEU, santo 230
ISAACSON, José 138

J

JACOVELLA, Bruno 117
JOÃO DA CRUZ, são 240
JOÃO PAULO II, são 33, 56, 57, 58, 59,
    60, 61, 104, 109, 197, 223, 224,
    229, 240
    Catechesi tradendae 224
    Centesimus annus 59, 198
    Dives in misericordia 240
    Ecclesia in Oceania 229
    Novo millenio ineunte 243
    Redemptoris missio 224
JOÃO XXIII 185, 186, 187, 189, 194,
    195, 196

K

KIRCHNER, Nelson 86
KUHN, Thomas S. 186
KUSCH, Rodolfo 82, 113

L

LACLAU, Ernesto 94
LADRIERE, Jean 115, 160
LANG, Albert 69
LARROUY, Antonio 146
LAURENTIN, René 69
LAZZARINI, José Luis 134
LEHMANN, Karl 71
LEÓN, Gustavo 82
LERCARO, Giacomo 195
LEVINAS, Emmanuel 90, 253
LIBANIO, João Batista 32, 173
LIBERTATIS conscientia 46, 194
LIBERTATIS nuntius 32, 164
LIBERTI, Luis 122
LONERGAN, Bernard 108, 162, 170,
    174, 190, 191, 194, 249, 250
LOPE DE VEGA, Félix 141
LÓPEZ, Aída 24
LÓPEZ ROSAS, Ernesto 153, 260
LÓPEZ, Vicente Fidel 125
LUBAC, Henri de 187
LUBER, Markus 110
LUBICH, Chiara 71, 219, 240
LUMERMAN, Juan 81

M

MACCARONE, Juan Carlos 22, 186,
    188
MALDONADO, Luis 28
MANCE, Euclides André 204
MANUEL (negrinho) 146
MARASSO, Arturo 117
MARCOS, Ferdinand 40

MARECHAL, Leopoldo 138, 144
MARENGO, Manuel 23
MARION, Jean-Luc 45, 201, 202, 219, 252, 253
MARTÍN FIERRO 125, 137, 138, 143, 144, 148, 149, 150, 151, 155
MARTÍN, José Pablo 23
MARX, Karl 191, 200
MARX, Werner 187
MENDES DE ALMEIDA, Luciano 204
MÉNDEZ, Julio R. 116
MENEM, Carlos 86
METALLI, Alver 216
METHOL FERRÉ, Alberto 32, 79, 118, 129, 215
METTE, Norbert 168
METZ, Johann Baptist 177
MITRE, Bartolomé 125
MORALES, María Soledad 41
MORANDÉ, Pedro 79
MOREIRA NEVES, Lucas 32
MORELOS, José María 156

N

NEUFELD, Karl 171
NEWTON, Isaac 189
NIETZSCHE, Friedrich 191
NOBILI, Roberto de 223
NOVAK, Michael 199

O

O'FARRELL, Justino 23, 25, 80
OLIVEROS, Roberto 32
OLIVETTI, Marco M. 187
ONGANÍA, Juan Carlos 24

ORÍGENES 49
ÓRTIZ, Juan A. 117
OTTAVIANI, Alfredo 186
OTTO, Rudolf 52

P

PANIZZOLO, Sandro 40
PAULO VI 30, 67, 68, 101, 196, 232, 238, 246, 248
Evangelii nuntiandi 49
PERDÍA, Mateo 24
PERINI, Marcelo 203
PERÓN, Juan 25, 78, 134, 141, 148, 156
PINTO DE OLIVEIRA, Carlos Josafat 186, 188
PIO XII 147
PIRONIO, Eduardo 30, 57, 67, 156, 232
PLANCK, Max 189
PLANDOLIT, Julián 119
PODETTI, Amelia 25
POLITI, Sebastián 23, 32, 238
POTTMEYER, Hermann J. 69
POUPARD, Paul 223
PRESAS, Juan Antonio 146
PUNTEL, Lorenz Bruno 97

Q

QUARRACINO, Antonio 32
QUILES, Ismael 276
QUINZÁ LLEÓ, Xavier 139
QUIROGA, Facundo 153, 213, 260

R

RAHNER, Karl 66
RAMOS, Abelardo 79

RATZINGER, Joseph (ver Bento XVI)
34, 35, 70

REMOLINA, Geraldo 41

RENARD, Laura 24

RIBEIRO DE OLIVEIRA, Pedro 92

RICARDO DE SÃO VÍTOR 252

RICCI, Matteo 223

RICOEUR, Paul 50, 100, 106, 107, 120,
170, 200, 221, 236, 249, 250, 263

RIVERA, Nicolás 119

RODRÍGUEZ MELGAREJO, Guillermo
83, 86

ROSA, José María 79, 133

ROSAS, Juan Manuel de 153, 213, 260

ROSBACO DE MARECHAL, Elbia 138

ROSELINO, Guillermo 37

ROSENZWEIG, Franz 262

ROUSSEAU, Jean-Jacques 135

RUBENS, Pedro 43

S

SAÉNZ, Guillermo 24

SALVAIRE, Jorge María 146

SAN MARTÍN, José de 135, 143, 147,
150, 156

SANTILLÁN GÜEMES, Ricardo 82

SANTUC, Vicente 42

SARMIENTO, Domingo F. 148, 149

SASTRE, Esther 24

SAUVAGE, Pierre 14, 15

SAUVAGET, Bernadette 14, 22

SCANNONE, Juan Carlos 9, 36, 37, 45,
90, 97, 115, 148, 157, 278

SCHERZ, Luis 48, 50

SEARLE, John 202

SECKLER, Max 70

SEGUNDO, Juan Luis 23, 31, 32, 107

SEIBOLD, Jorge 41, 45, 149, 234, 239, 240

SIERRA, Vicente 79, 133

SILY, Alberto 24

SIMIÁN-YOFRE, Horacio 46

SOBRINO, Jon 71, 171

SOPRANO, Pascual 146

SPADARO, Antonio 193, 267

SUÁREZ, Francisco 50, 243, 258

SUDAR, Pablo 36

T

TAMAYO, Juan José 28

TERESA D'ÁVILA, santa 240

TILLICH, Paul 30, 52

TOMÁS DE AQUINO, santo 90, 246

TORNOS CUBILLO, Andrés 65

TOSO, Mario 259

TREJO, Marcelo 37

TREVISIOL, Alberto 116

TRIGO, Pedro 34, 41, 149, 195, 203, 206

U

ULRICH, Peter 115, 202

UNAMUNO, Miguel de 138

UTZ, Arthur F. 147

V

VATICANO II 9, 15, 16, 21, 22, 23,
55, 68, 72, 78, 99, 102, 183, 185,
186, 189, 193, 195, 196, 199,
208, 210, 231, 237, 238, 241
Ad gentes 72, 99, 169, 241
Gaudium et spes 15, 16, 27, 183, 185,
186, 188, 228

VERA VALLEJO, Juan Carlos 117
VICENTE DE LÉRINS, são 193
VIDELA, Jorge Rafael 24

W

WAGNER, Harald 40
WALTON, Roberto 45
WELTE, Bernhard 10, 71, 219, 236
WHELAN, Gerard 249
WITTGENSTEIN, Ludvig 202

Y

YÁÑEZ, Humberto Miguel 199, 249
YORIO, Orlando 36, 145
YRIGOYEN, Hipólito 134

Z

ZANGHÌ, Giuseppe M. 71, 240
ZAN, Julio de 131
ZASPE, Vicente Faustino 23, 156, 157
ZUBIRI, Xavier 49, 259

Rua Dona Inácia Uchoa, 62
04110-020 — São Paulo — SP (Brasil)
Tel.: (11) 2125-3500
http://www.paulinas.com.br
editora@paulinas.com.br
Telemarketing e SAC: 0800-7010081